やわらかアカデミズム
〈わかる〉シリーズ

よくわかる

ＥＵ政治

坂井一成／八十田博人
［編著］

ミネルヴァ書房

はじめに

今日の複雑な国際政治の中で，EU（欧州連合）の存在感は非常に大きなものになってきています。域内の国境検問所を廃止してヒトやモノが自由に国境を越えて行き来できる体制を作り，世界最大規模の巨大な市場を形成し，統一通貨ユーロが国際経済の基軸通貨の一つとしての価値をもち，また地球温暖化に対応するための排出ガスの規制でリーダーシップを取るなど，様々な場面でその存在感を感じることができるようになっています。現在の EU は，米中などの大国とともに，国際政治の中核的役割を担う存在になっていることは疑いないでしょう。

しかし EU の重要性は漠然と認識できても，なぜ重要なのかを筋道立てて説明することは簡単ではないかもしれません。こうした要請に応えるために，本書は「よくわかる」シリーズの一つとして，EU 政治の基本項目を精選し，そのエッセンスを平易に解説することに努めました。

本書の構成は，次のようになっています。

- 第 1 部　EU 統合の歴史と理論
  EU 統合の歴史的経緯と，これを理解するための理論を解説します。
- 第 2 部　EU の政策決定
  EU の構造を把握するため，構成している機関と，それらの間の関係性を解説します。
- 第 3 部　EU の政策領域
  EU で進められている多岐にわたる政策分野を取り上げ，EU として具体的に何を行っているのかを解説します。
- 第 4 部　加盟国・加盟候補国・周辺国と EU 政治
  EU を構成している加盟国，および近隣諸国と EU との関係を，個別に解説します。
- 第 5 部　世界の中の EU
  EU の外にある日米中など主だった国々や，国連をはじめとする国際機構との関係を解説します。

いずれの項目もわかりやすい記述を心がけ，具体的な動きを取り上げながら解説しています。

本書の執筆陣は，EU 政治に精通した各項目のエキスパートが担当しており，最新の研究動向も盛り込んだ内容になっていると自負しています。もちろん国際政治情勢の変動の中で EU 政治も絶えず動いており，様々な新たな出来事，争点が現れてくることも事実ですが，EU 政治の本質を捉えるために必要な情報は本書に網羅されているはずです。

読者のみなさんの EU 政治の理解を助け，EU についてもっと学んでみようと思って頂けるようでしたら，編者としてこの上ない喜びです。

なお本書の執筆，編集は，2016年6月の国民投票に始まるイギリスの EU 離脱プロセスと重なる時期となりました。そのため多くの項目は，離脱となった2020年1月31日以前に脱稿しています。加盟国数の記述など，いつの時点でのものかを示すなど，混乱を極力避ける工夫を施しています。この点，読者のみなさんのご理解を賜りたく存じます。

2020年2月1日

坂井一成

もくじ

Ⅷ 周辺国と EU 政治

第5部 世界の中の EU

Ⅸ 国際機構・国際制度との関係

Ⅹ 国家・地域との関係

〈巻頭図・巻末資料〉

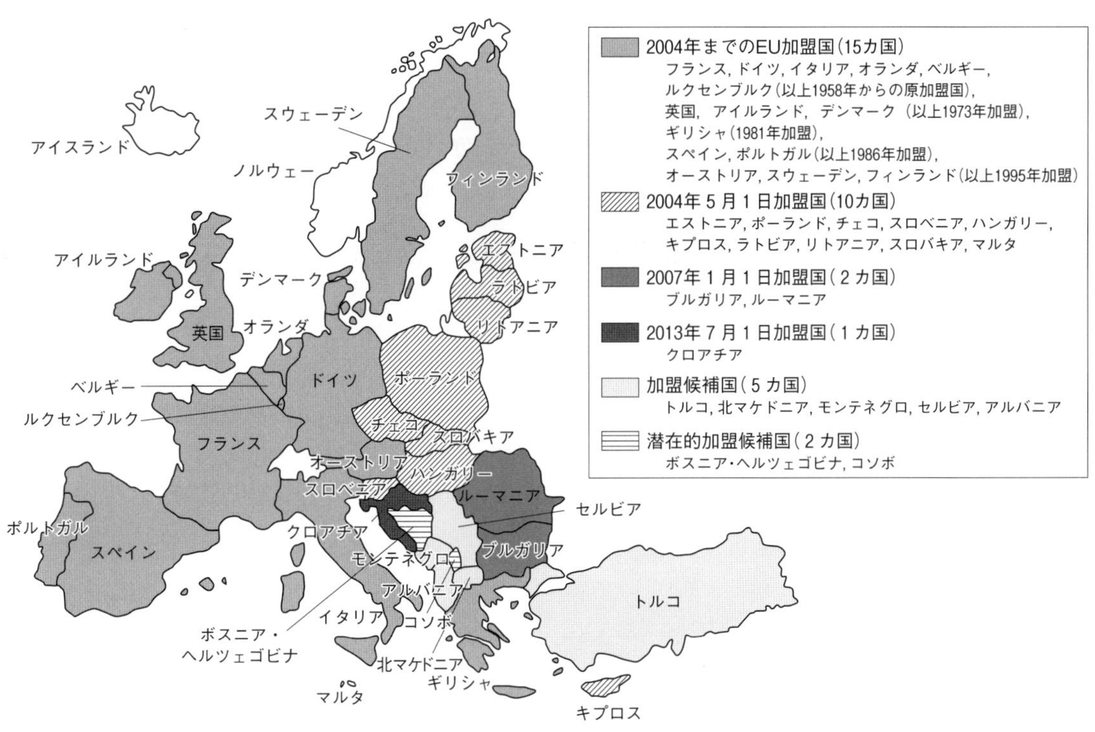

図1 EU 加盟国

(出典) 外務省資料より（2019年12月時点。2020年1月末，英国離脱)。

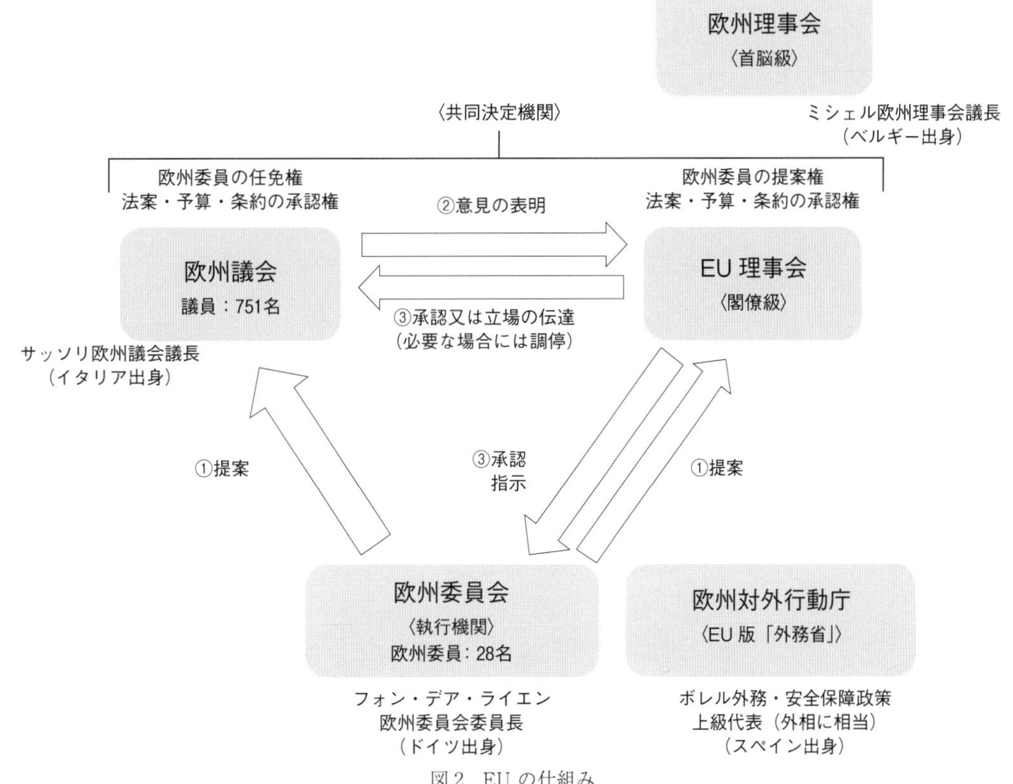

図2 EU の仕組み

(出典) 外務省資料より（2019年12月時点。英国離脱後，欧州議会議員は705名，欧州委員は27名になる)。

OSCE：欧州安全保障協力機構（57カ国）

バチカン
ベラルーシ
カザフスタン
キルギス
タジキスタン
ウズベキスタン
トルクメニスタン
モンゴル

CE：欧州審議会（47カ国）

ロシア
アルメニア
グルジア
ウクライナ
モルドバ
アゼルバイジャン

EU：欧州連合（28カ国）

アイルランド*
オーストリア*
スウェーデン
フィンランド*

NATO：北大西洋条約機構（29カ国）

アメリカ
カナダ

フランス*
ベルギー*
ルクセンブルク*
ギリシャ*
スペイン*
デンマーク
スロバキア*
ラトビア*
ハンガリー
スロベニア*
ルーマニア

ドイツ*
オランダ*
イタリア*
イギリス
ポルトガル*
チェコ
エストニア*
リトアニア*
ポーランド
ブルガリア
クロアチア

アイスランド
トルコ
ノルウェー
アルバニア
モンテネグロ

マルタ*
キプロス*

アンドラ
モナコ
リヒテンシュタイン
セルビア
ボスニア・ヘルツェゴビナ

サンマリノ
スイス
北マケドニア

図3　ヨーロッパの主な地域機構

（注）　*はユーロ参加国。2019年12月時点。2020年1月末，イギリスEU離脱。

第1部 EU統合の歴史と理論

I 歴　史

1 ヨーロッパ統合の先史

1 ヨーロッパ統合のインパクト

ヨーロッパは**国民国家**[1]を生み出した地域である。そのヨーロッパが20世紀後半になぜ統合を目指すようになったのであろうか。またその特徴は何か。

今日の国際関係の基盤は，17世紀に形成された**ウェストファリア体制**[2]に遡ることができる。ウェストファリア体制の下では，国際関係の基本的な主体は**主権**[3]を有する国家とされる。しかしヨーロッパ統合はこの国際関係に大きな改変を及ぼした。主権国家の上位にヨーロッパという超国家機関を設置し，重層的な空間が生み出された。そしてこの超国家機関には，本来国家がもつ主権の一部（たとえば関税を定める権利や経済政策を行う権利等）が移譲され，超国家的な権限を付与された国際機関が設置されたのである。そのため，加盟国と超国家機関は重層的かつ不可分の一体性を形成することになる。

2 なぜヨーロッパ統合は必要か

こうした構想が生まれた背景には様々な源流が存在した。第一は平和の探求である。ヨーロッパの歴史はしばしば戦乱の歴史でもあった。そのため，たとえばカントはヨーロッパに平和をもたらすために『永久平和のために』を記し，平和を実現するためには共和制の確立が不可欠であることを説いた。[4]

第二は広域市場の実現による繁栄の試みである。ヨーロッパ諸国の国民経済，そして領土，人口とも，米ソと比較するとはるかに小規模である。これらの諸国が単独で国際競争に挑み，繁栄を実現することは不利である。そのため経済界を中心として関税同盟等の広域市場を形成し，より効率的に成長を促す構想が唱えられてきた。その広域市場には，国家や公的機関の介入を極小化する自由主義的市場から，域外に対し域内市場の保護を優先する保護貿易的市場まで多様な形態が存在する。

第三は，テクノクラシー，専門家集団によるヨーロッパ行政の蓄積である。[5] 19世紀以降，ヨーロッパでは国境を越えた経済の相互依存が進展した。こうした相互依存状況に対応するために，従来は一国で施行されてきた行政も国際化・ヨーロッパ化した。国際河川の航行を促すためのライン川国際委員会や，国際鉄道の運用，国際標準時の管理，万国郵便連合等，国際的な行政協力の枠組みが生み出された。何より，戦間期の国際連盟での国際行政の経験は，のち

▷1　**国民国家**
主権・国境・国民が一致した国家を意味する。16～17世紀の西欧に誕生した主権国家には，国民は存在していなかった。市民革命を経て，ナショナルアイデンティティをもち，主権者としての様々な権利，そして納税や徴兵等の義務を負う国民を備えた国民国家が誕生した。

▷2　**ウェストファリア体制**
1648年に締結された三十年戦争の講和条約に基づく国際秩序。中世ヨーロッパにおいては，宗教的権威と世俗の権威，さらに世俗の権力においても皇帝・国王のみならず貴族も含めた封建諸侯が入り乱れて争った。しかしこの条約以降，主権国家が国際関係の基本的なアクターとなる国際秩序へと転換した。

▷3　**主権**
近代以降の国家における最高位ないし至上の政治的権威のこと。国家主権は，他国の干渉を受けることなく，領土と国民を定めて，統治し（統治権），国家間の外交関係を決定（対外主権）する権利等を指す。

▷4　⇨[I-2]「統合の目的と理念」

▷5　⇨[II-7]「テクノクラシーと民主主義」

のヨーロッパ統合に人材，アイディアとも大きな影響を与えた。◁6

第四は連邦主義構想◁7である。連邦主義的なヨーロッパ構想は，超国家主義的な統合という国際関係の革新を生み出した。ヨーロッパ統合が従来の国際機関と大きく異なるのは，国家主権の一部が移譲されている点である。そのため，中央集権的な主権国家の限界を意識し，アメリカ合衆国をモデルとし，ヨーロッパにおいて連邦－国家－地方などの分権的な権力空間を描く機構論的・立憲主義的構想が現れた。また家族や組合等の職能団体等の社会集団を重視する構想も根強い。

3 二度の大戦と負の遺産の克服

しかし，ヨーロッパ統合をめぐる思想には暗い，負の側面もある。第二次世界大戦が終わった直後，「ヨーロッパ」という語は，ナチスの新秩序構想◁8を連想させる言葉であった。実際，広域性という点では，ナチスドイツの侵略によるヨーロッパ支配や，そこで行われていたファシズム的な政治も該当する。戦後のヨーロッパ統合は，政治的にはこうしたファシズムの負の遺産を拒絶し民主主義的な理念を掲げているものの，その政策の一部には時としてファシズム期の思想や法を一部継承しているとも指摘されている。またヨーロッパの優越性や，イスラーム等を他者として排除する傾向など，帝国主義的な視点も払拭されていない点に留意する必要がある。

第二次世界大戦後に成立するヨーロッパ統合構想の源流は戦間期に遡ることができる。第一次世界大戦後，ヨーロッパ諸国は戦争の惨禍とヨーロッパの没落，そしてヨーロッパの事情を無視したヴェルサイユ体制の中で疲弊していた。名門貴族の出自をもつクーデンホフ・カレルギー（母は日本人，青山光子）が，「パン・ヨーロッパ」運動を掲げ，欧州各国の政治家，財界人，芸術家などのエリートを中心に，復古主義的ではあるが，ヨーロッパ建設の理想像が共有される契機となった。また1929年９月には，国際連盟の総会において，フランスのブリアンが「欧州連邦秩序構想」の実現を掲げ演説を行った。

しかし，アメリカに端を発する大恐慌の嵐がヨーロッパにも吹き荒れると，国際協調の気運は一変し，ブロック経済が進展し，各国は国益を最優先するようになる。そして1933年に政権に就いたドイツのヒトラーは，ナチズムのもと独裁体制を構築し，ついには侵略戦争に着手した。広域ヨーロッパを支配し，ナチスドイツを頂点とする新秩序を確立したのである。

第二次世界大戦中，ヨーロッパ統合は，ファシズムに対抗するレジスタンス活動からも支持された。国民国家の限界や，ファシズム等の行きすぎたナショナリズムを否定し，その解決策として連邦主義的なヨーロッパ秩序が注目されるようになったのである。（上原良子）

▷6　シューマン・プランの立案に関わったジャン・モネは，戦間期に国際連盟の事務次長を務めた。国際公務員として，ヨーロッパの国際行政の特質，困難さの経験が，戦後のヨーロッパ統合の構想を生み出した。⇨I-3「ECの発足と共通政策の開始」

▷7　19世紀の連邦主義思想は，ヨーロッパ統合に大きな影響を与えた。1848年革命後，第二帝制のパリで万国平和会議が開催され，議長に選出されたビクトル・ユゴーはヨーロッパ合衆国を提案する演説を行い，喝采を浴びた。またアナーキストの祖でもあるプルードンは，国家主権を批判し，家族，地域といった中間団体からヨーロッパに及ぶ重層的な連邦理論を訴えた。

▷8　ヒトラーは侵略戦争により，「東方生存圏」等西欧からロシアに及ぶ広域ヨーロッパの支配を目指した。侵略戦争後，広域圏経済を基盤とした新しいヨーロッパ秩序が形成されると考えられていた。広域性という点では戦後のヨーロッパ統合と共通性があるが，質的にはドイツを頂点とする人種差別主義とナチズムによる支配と従属を特徴としているため，戦後の民主主義的かつ対等なヨーロッパ統合とは大きく異なる。

参考文献

遠藤乾編『【原典】ヨーロッパ統合史』名古屋大学出版会，2008年。

I　歴　史

統合の目的と理念

1　新しいヨーロッパの模索

ヨーロッパ統合の歴史は単なる成功物語ではない。未来志向の構想ではあるが，それは様々な困難，矛盾に苦しむ中から生み出されてきた。とりわけ20世紀前半の二度の大戦は，これまでにない甚大な被害をもたらした。さらに**世界恐慌**[▷1]も深刻な打撃を与えた。第二次世界大戦後のヨーロッパは，恐慌と戦災という二重の軛（くびき）から脱し，刷新が求められていた。加えて米ソによる**冷戦**[▷2]が始まり，共産主義の脅威に直面し，新たな外交戦略も必要であった。そこでヨーロッパは国民国家と国際関係の枠組み全体の再構築に活路を求めた。

2　平和：「不戦共同体」を求めて

ヨーロッパ統合を生み出した理念の一つは「平和」への希求である。二度の大戦は甚大な被害をもたらした。ヨーロッパのあらゆる都市，町，村では，大戦の犠牲となった戦死者を弔う慰霊碑が建立され，また戦場だけでなく生活空間も破壊された。そこで第二次世界大戦後，二度と戦争を繰り返さない，という意志からヨーロッパ統合が生まれた。その第一歩は，1950年のシューマン・プランにより発表された欧州石炭鉄鋼共同体（ECSC）である[▷3]。これにより戦火を交えた独仏両国は，和解を誓い，「不戦共同体」が確立されたのである。

しかしなぜ不戦への第一歩が ECSC だったのであろうか。ECSC には，19世紀後半よりたびたび戦争を引き起こしてきた独仏対立の解消が意図されていた。過去，同盟や軍縮といった軍事的な解決策では両国の戦争を防ぐことはできなかったため，経済による解決策が求められた。石炭・鉄鋼は当時の基幹産業であると同時に，兵器を生み出す軍需産業にも関わる。そこで，石炭と鉄鋼という国力をも左右する基幹産業を国際的に管理し，国家の暴走を不可能とすることにより，戦争を抑止するという経済的安全保障を目指したのである。

3　豊かさ

第二の理念は繁栄の実現である。戦争により疲弊したヨーロッパは，戦後，アメリカの援助（マーシャル・プラン[▷4]）を支えとして，復興を進めた。ヨーロッパは19世紀には覇権的地位にあったものの，もはやアメリカに大きく遅れを取っていた。アメリカが掲げる貿易自由化の中で，中小国からなるヨーロッパ

▷1　**世界恐慌**
1929年10月24日のニューヨーク株式市場での株価暴落をきっかけに，大恐慌が起こり世界経済に大打撃を与えた。ヨーロッパでは1930年代前半から中盤にかけて景気が低迷し，失業者が増大した。各国では国家が市場に介入する経済政策やケインズ主義，政府が救済策を提供する福祉国家等，様々な克服策が考案され，その多くは第二次世界大戦後の改革に引き継がれた。

▷2　**冷戦**
第二次世界大戦後，アメリカとソ連は新しい覇権国として国際関係の主役となった。しかし自由民主主義を基礎とするアメリカと，共産主義を掲げるソ連とは，イデオロギー的に相容れず，また世界各国も米ソいずれかの陣営に組し，対立は一層激化した。両陣営は，朝鮮戦争等で一部戦争（熱戦）が勃発したものの，多くは戦争には至らない緊張状態を続けたため，「冷たい戦争／冷戦」と呼ばれた。

▷3　I-3「EC の発足と共通政策の開始」

は国際競争力でも劣り，埋没することが予測された。援助を供与するアメリカにとっても，ヨーロッパ自身が経済的に成長することが不可欠と考えられた。その解決策として，ヨーロッパの経済統合案がアメリカ側から提案された。広域市場を実現することにより，単なる戦前への再生だけでなく，ヨーロッパ経済全体の刷新を促すことが目的とされた。国民国家と，国境を越えた経済活動との矛盾を解消することが期待された。こうして欧州共同体（EC）の下で1968年に関税同盟が実現された。1960年代の西欧の経済成長の背後には，広域市場の整備が並行していたことを見落とすことはできない。

もう一つ，ヨーロッパにはドイツ問題という難問があった。ヨーロッパ経済の復活にあたっては，ヨーロッパ全体を牽引するドイツ経済の復活が不可欠であった。しかし安全保障の面では，ドイツ経済の復活は近隣諸国にとっての脅威でもある。経済的に復活するが軍事的には脅威でないドイツ，というパラドックスを解消するためには，ヨーロッパ統合という枠組みが有益であった。基幹産業の国際管理を実施し，ドイツの独走を防止すると同時に，勝者敗者の別なく，対等かつ平等に資源を分配するメカニズムが考案されたのである。

4 民主主義

ヨーロッパ統合の第三の理念は，**民主主義**◁5の実現である（マーストリヒト条約により明文化される）。ナチスによるファシズム的な政治と決別すること，また戦後東欧諸国で進行した共産主義とは異なる民主主義を実現することが求められていた。ヨーロッパ統合を実現した背景の一つには，共産主義拡大の恐怖があり，その危機感から西欧諸国が一つにまとまることができたのである。

ここから生み出されたヨーロッパ統合は，単なる空間的広がりだけでなく，民主主義的な価値・規範・手法の共有を基本とした。議会制民主主義に加え，個人の自由や人権，法の支配が確立していることが，不可欠である。そして紛争にあたっては，軍事力など力による解決方法は否定され，ルールによる解決が尊重されたのである。民主主義という規範を共有するからこそ平和を確立することができるという「**民主主義による平和（デモクラティック・ピース）**◁6」の実現が期待されていたといえよう。

（上原良子）

▷4 **マーシャル・プラン（欧州復興計画）**
1948年から西欧16カ国の戦後復興のためにアメリカが供与した大規模援助。援助の方法にソ連が反発し，ソ連・東欧諸国が不参加となったことから，東西の分断を促した。援助の機関であったOEEC（欧州経済協力機構）も貿易自由化による経済統合を進めた。OEECは援助終了後，OECD（経済協力開発機構）に改組された。

▷5 **民主主義**
⇨Ⅱ-8「EUにおける『共通の価値』」

▷6 **民主主義による平和（デモクラティック・ピース）**
カントが『永久平和のために』で論じ，現代の国際関係論においても用いられる理論。民主国家間では戦争が勃発する可能性が低く，平和的であるとする考え方。

参考文献

遠藤乾編『【原典】ヨーロッパ統合史』名古屋大学出版会，2008年。

I　歴　史

EC の発足と共通政策の開始

1 ECSC からメッシーナへ

1950年5月9日に，フランスの外相**シューマン**[◁1]は**モネ**[◁2]の提案を受け，石炭と鉄鋼の共同管理により独仏和解とヨーロッパに平和を実現する構想，「シューマン・プラン」を提唱した。そしてドイツ・フランス・イタリア・ベネルクス三国により1952年に欧州石炭鉄鋼共同体（ECSC）が発足した。

当時の石炭と鉄鋼は，経済，とりわけ軍需産業をも左右する基幹産業であった。ヨーロッパを度重なる戦禍に陥れてきた独仏間の対立緊張関係を，軍拡や同盟等の軍事的解決ではなく，超国家機関による基幹産業の共同管理という経済的手法を通じて和解と平和をもたらすことを目指したのである。

ECSC には，行政機関として各国から独立し共同総会に責任を負う最高機関，各国代表からなり重要問題を多数決で決定する閣僚理事会，また紛争を解決する司法裁判所が設置された。自主財源をもち（関連企業の売上高の一部を徴収），石炭・鉄鋼の生産目標の設定のみならず，カルテルの抑制や労働者に対する社会政策に至るまで，今日の EU と比較しても先進的な機能を付与されていた。

1950年代初頭には**欧州防衛共同体（EDC）**[◁3]および欧州政治機関の設置も試みられた。しかし提案国のフランス議会が条約批准を否決したため，この構想は失敗に終わり，統合への熱意は一時冷めかけたかにみえた。

しかしヨーロッパが経済的に再生を遂げ，国際社会に復活するためには，各々の国民経済を統合し，広域市場を誕生させることが必要と考えられた。そこで1955年6月のメッシーナ決議において，石炭・鉄鋼以外の経済分野に統合を拡大し，共同市場を設置することにより統一ヨーロッパの建設の前進を目指すことが改めて掲げられた。この「再出発」において活躍したのはベルギーの外相**スパーク**[◁4]であった。スパーク率いる委員会では，農業統合（**マンスホルト・プラン**[◁5]），関税同盟（**ベイエン・プラン**[◁6]）等，その後の統合の青写真ともいえる様々な構想が議論された。とはいえ，工業国ドイツは共同市場を支持したものの，農業国フランスはこれに懐疑的であり，農業への配慮と原子力の共同体を要求した。

2 EC の誕生：「ドイツ工業とフランス農業との結婚」

1957年3月にローマ条約が締結され，1958年1月1日，ECSC に加え，欧州経済共同体（EEC），ユーラトム（Euratom：欧州原子力共同体）が発足した。60

▷1　**シューマン**（Robert Schuman：1886-1963）
ロレーヌ出身のフランスの政治家。国境線の変更に伴い，ルクセンブルクに生まれ，ドイツで教育を受け，フランスの政治家となった。敬虔なカトリック信者であり，また国境やナショナリズムの矛盾を誰よりも経験し，統合の実現に貢献した。

▷2　**モネ**（Jean Monnet：1888-1979）
フランス，コニャックのネゴシアンの家族に生まれ，英語を学び，戦間期には国際連盟事務次長を務め，第二次世界大戦中は，連合国の軍事物資調達に尽力した。戦後はフランスの復興近代化計画（モネ・プラン）を立案した後，シューマンのもとでヨーロッパ統合の立案に尽力し，ECSC 初代最高機関議長を務めた。

▷3　**欧州防衛共同体（EDC）**
米ソ対立が深刻化する中で，ドイツの再軍備が議論されるようになった。しかしドイツの復活は近隣諸国の脅威でもあるため，これを克服するために，ヨーロッパの軍事統合構想が提案された。フランスの首相ルネ・プレヴァンが提唱したことから「プレヴァン・プラン」とも呼ばれる。

年代に入ってこれらを総称して欧州共同体（EC）と呼ぶようになった。ECは超国家主義的な組織体であり，立法機能を有する点が他の国際機関と大きく異なる。欧州委員会は法案を提案し，EC理事会（閣僚理事会）がこれを審議，決定する。欧州議会はこれに意見を提示するにとどまるように，立法プロセスも国内と大きく異なる。また対立・紛争時には司法裁判所がこれを裁く。ここで成立した共同体法は各国の行政機関で施行されるが，欧州委員会がこれを監督ないし一部直接施行することにより執行権にも関与している。欧州委員会はヨーロッパの全体の利益を体現するのに対し，EC理事会が各国の国益に基づく議論・決定を行うことにより均衡を図っている。

これらのヨーロッパ機関は，複数の国に分散して設置された。欧州委員会およびユーラトム本部はベルギーのブリュッセルに設置され，その他司法裁判所，会計検査院，欧州議会事務局，欧州委員会の一部はルクセンブルクに設置された。また欧州議会は，事務局はルクセンブルクにあるものの，本会議場はフランスのストラスブール（当初は欧州審議会の会場を「間借り」していた）と分散している。EECの初代欧州委員会委員長には，西ドイツのハルシュタインが就任した。

EECの原加盟国は，ECSC同様フランス，西ドイツ，イタリア，ベネルクス三国（ベルギー，オランダ，ルクセンブルク）の6カ国であった（「オリジナル6」）。しかしイギリスは，ECSC同様ECにも参加しなかった。イギリスはECが超国家的に立法を行うことに懐疑的であったためである。加盟に伴う自国の決定権の喪失とECによる束縛を嫌悪する姿勢は，今日の**Brexit（ブレグジット）**◁7にも共通している。イギリスの対外政策は，大陸ヨーロッパよりも，コモンウェルス諸国（旧英植民地諸国）との貿易を，そしてアメリカとの外交を優先していたのである。

3 関税同盟と共通農業政策

EECが共通政策としてまず取り組んだのは関税同盟の実現であり，1968年にEECの関税は完全に撤廃された。しかしイギリスはこれに対抗し，EFTA（欧州自由貿易連合）を結成（イギリス，オーストリア，ポルトガル，スウェーデン，ノルウェー，スイス，デンマーク）したものの，EECの急速な経済成長はEFTAを凌いだ。大市場の形成による経済的相互依存の深化は，1960年代における大陸の西欧経済の飛躍を促す大きな要因であった。

もう一つの共通政策の柱は，1962年に発足した**共通農業政策（CAP）**◁8である。CAPの目的は，域内での自給自足の実現と，農業生産者の所得維持，消費者への安価かつ安定した食料供給であり，ヨーロッパ農業を守るための複雑なシステムが生み出された。

（上原良子）

▷4 **スパーク**（Paul Henri Spaak：1899-1972）
ベルギー労働党の政治家で，首相，外相を務めた。統合においては，大国だけでなく，中小国の政治家が活躍することが多い。スパーク報告書は，ヨーロッパの停滞を救い，ECの発足に貢献した。

▷5 **マンスホルト**（Sicco Leendert Mansholt：1908-95）
オランダのSDAP（社会民主労働党）の政治家。1958年から72年まで農業担当の初代欧州委員会委員として，共通農業政策の実現・運営，またヨーロッパ農業の改革に尽力した。1972年から73年まで欧州委員会委員長も務めた。

▷6 **ベイエン**（Johan Willem Beyen：1897-76）
オランダの政治家。フィリップスや銀行等，実業界出身で，経済統合，とりわけ関税同盟の必要性を説いた。オランダ代表としてメッシーナ会議のとりまとめに貢献し，ローマ条約の調印，そして創設期のEECの確立に尽力した。

▷7 **Brexit（ブレグジット）**
⇨VI-7「離脱」

▷8 **共通農業政策（CAP）**
⇨V-9「農業」

参考文献

黒田友哉『ヨーロッパ統合と脱植民地化，冷戦——第四共和制後期フランスを中心に』吉田書店，2018年。
小島健『欧州建設とベルギー——統合の社会経済史的研究』日本経済評論社，2007年。

I　歴　史

ルクセンブルクの妥協

1 空席危機の勃発とその背景

1966年1月29日，ルクセンブルクにおいて欧州経済共同体（EEC）の特別閣僚理事会が開かれ，その合意事項として「理事会と委員会間の調整手法に関する理事会声明」が発表された。これが，いわゆる「ルクセンブルクの妥協」として知られる，閣僚理事会（現在の EU 理事会）の意思決定様式として全会一致方式を取ることを確認した文書である。このルクセンブルクの妥協は，その半年前に発生したいわゆる「空席危機」を解決するために成立した。空席危機とは，1965年7月1日をもってフランスが EEC の閣僚理事会および**コルペール**[◁1]という政府主義的な機構（加えていくつかの専門的な作業委員会）に自国代表を出席させないことで起きた危機である。欧州統合の主導国たるフランスが EEC への参加をボイコットする空前絶後の危機が勃発した。

フランスがこの日付で EEC をボイコットするに至った背景には，三つの文脈がある。第一に当時のフランス大統領**ド・ゴール**[◁2]のヨーロッパ政策，第二に，**ハルシュタイン**[◁3]率いる欧州委員会が同年3月に提出したパッケージ提案，そして第三に当時予定されていた理事会における意思決定方式の変更である。

第一の文脈とは，ド・ゴールの「祖国からなるヨーロッパ」と呼ばれるヨーロッパ政策である。ド・ゴールは，当初より統合に際して超国家的統合を望まず政府間主義的な方向性を志向していた。さらに空席危機が勃発する1965年の頃は，一国主義的な外交が頂点を迎えていた時期でもあり，次に述べる欧州委員会の超国家的統合路線に激しく反対することとなった。[◁4]

第二の文脈とは，欧州委員会が1965年3月に農業政策の財政規定ならびに委員会と欧州議会の権限強化に関するパッケージ提案を行ったことである。この提案は，EEC の予算を主に対外共通関税から得られる独自財源によって成り立たせ，この財政に対する統制権限を議会に与え委員会の役割もまた向上させようとするものだった。この構想は，EEC において加盟国政府が果たす役割を弱め，委員会と欧州議会の果たす役割を強めることを意図していた野心的な構想であったばかりか，加盟国政府との事前協議もほとんどないまま提案された。その背景には，共同体機関たる委員会と議会の権限を強化することで，EEC の超国家的な政治統合を加速したいハルシュタインの思惑があった。

他方で農業政策の財政規定は1965年6月末日に失効することになっており，

▷1　**コルペール**
常駐代表委員会。欧州共同体（EC）の加盟国の政府代表によって構成される組織。理事会で審議・議論される議題を準備・調査する役割を果たす。

▷2　**ド・ゴール**
⇨ Ⅶ-1 「フランス」

▷3　**ハルシュタイン**
（Walter Hallstein：1901-82）
西ドイツ出身の法学者。第二次世界大戦後外交に関わり，外務事務次官を経て1958年より初代欧州委員会委員長に就任した。

▷4　ド・ゴールは空席危機とほぼ同時期に，NATO（北大西洋条約機構）軍事機構からの脱退や，ソ連との関係改善などを行っている。

次期財政規定が策定され理事会で採択されなければならなかった。しかし，この委員会の野心的提案にド・ゴール政権期のフランスは反発し，財政規定に関する合意がされないまま7月1日を迎え，フランスはEECをボイコットするに至った。したがってフランスを復帰させることは，農業政策の財政規定を理事会で決定するためにも不可欠なものだった。このように，委員会によるパッケージ提案は空席危機の直接的出発点だった。

第三の文脈は，**ローマ条約**◁5の規定上1966年1月にEECの移行期間が終了し，閣僚理事会の表決手続きが，全会一致制から**特定多数決制**◁6に移行することが予定されていたことだった。ハルシュタインの提案もこの時期に移行することを想定してのことだった。これらの点も，加盟国の主権を掘り崩すものとしてフランスのド・ゴール政権は反発した。

▷5　**ローマ条約**
⇨I－9「リスボン条約」側注1

▷6　**特定多数決制**
人口比に基づいて国別に票数を割り当てた上で，票数および賛成国数の双方の要件を満たした多数決で決する方式。具体的には仏独伊の3カ国は各4票，オランダ，ベルギーは2票，ルクセンブルクは1票が割り当てられ，賛成には12票および4カ国以上の賛成が必要とされた。

2 ルクセンブルクの妥協の成立とその影響

ボイコットを指示したド・ゴールは1965年9月9日の記者会見で，委員会が目指す統合が官僚主義的で無責任なアレオパゴス（古代アテネにおける元老院に相当）を生み出そうとしていると非難し，条約の規定上翌年から導入予定の理事会における特定多数決制への反対を表明した。フランスは共同体復帰に向けた条件として，委員会の権限の抑制と特定多数決の導入の見直しの2点について求めるようになる。フランスとの交渉は理事会を舞台として進められ，最終的に1966年1月17・18日と28・29日の2回にわたって，ルクセンブルクにおいて委員会が参加しない形で開かれた特別理事会にて，フランスの要求が取り入れられる形で加盟6カ国の合意が成立した。

ここで合意された内容が，ルクセンブルクの妥協である。フランスによる委員会への要求の最大のポイントは，理事会の票決手続きに関し，加盟国にとって「極めて重要な利害」が問題になる場合，特定多数決による採択を紳士協定的に見送ることだった。すなわち全会一致制の事実上の維持が合意された。

これ以降，ローマ条約の規定にもかかわらず，理事会の意思決定方式として全会一致が保持された。これは，加盟国の拒否権を重視した意思決定手続きであり，ルクセンブルクの妥協は統合の推進にあたって加盟国すべての賛意を得て行う「コンセンサス文化」を生むこととなった。他方でこのコンセンサス文化は統合推進の妨げとみなされ，そのため1987年の単一欧州議定書において，特定多数決制があらためて正式に導入されることとなった。しかしコンセンサス文化はいまなおEUの意思決定における重要な原則であり続けている。

もう一つ，ルクセンブルクの妥協が残したのは，欧州統合最大の危機を乗り切ったという自信であり，危機はさらなる統合によって乗り越えられるという考えも生むことにもなった（しかし，2010年にユーロ危機が，15年に難民危機が次々と起こる中で，この楽観論は後退した感がある）。（川嶋周一）

参考文献

川嶋周一『独仏関係と戦後ヨーロッパ国際秩序』創文社，2007年，第7・8章。

I　歴　史

欧州市民権

1 欧州市民権とは何か

経済統合から出発したヨーロッパ統合は，1993年の**マーストリヒト条約**[1]により「**EU 市民権**[2]」の概念を導入した。加盟国の国籍を有するすべての個人に EU 市民としての政治的権利を付与するようになったのである。

「**欧州連合の機能に関する条約（EU 運営条約）**[3]」によれば，EU 市民には，「居住権」（EU 域内を自由に移動し，居住する権利），「公民権」（加盟国の市民が他の加盟国に居住する場合，欧州議会の選挙権と被選挙権，そして定住地の地方選挙権と被選挙権），「外交保護権」（EU 以外の第三国において，自国の在外公館のない場合は，他の EU 加盟国の在外公館において外交的な保護と領事保護を受ける権利），欧州議会に対する請願権，および欧州オンブズマンに苦情を申し立てる権利等が付与されている。

2 新しい市民権の登場

しかしながらこのようにヨーロッパ統合が，加盟国の国民に対し政治的権利や民主主義の観点から関わるようになったのは，EU 発足以降である。1950年代に経済統合から出発した EEC（のち EC）が想定していたのは「労働者」であり，域内出身の労働者およびその家族には，国境を越えて移動し居住する権利が付与された。

ところが1993年に発効したマーストリヒト条約は，EC とは異なるレベルの様々な規制や障壁を取り払った市場統合を目指した。人の自由移動についても，労働者に限らず加盟国の国籍をもつ国民すべてが自由に移動し，居住することが想定された。そのため域内の国境を越えて移動する加盟国の国民の地位や権利も，労働という経済状況に限定されず，政治的なものへと拡大し，「EU 市民」という新しい概念が導入されるに至った。

EU 市民権の対象となるのは EU 加盟国の国籍を有する国民である。国民国家が付与する市民権ではなく，EU という上位の超国家機関が付与する新しい市民権の形態であり，「ポストナショナル・シチズンシップ」とも呼ばれる。この EU 市民権は，各国の市民権を代替するものではなく，これに追加的に付与されるものであり，双方が重なり合う重層的な構造となっている。

この EU 市民権の登場により，とりわけ大きく変化したのが外国籍 EU 市

▷1　**マーストリヒト条約**
⇨ I-6 「マーストリヒト条約と EU の発足」

▷2　**EU 市民権**
マーストリヒト条約により「欧州連合の市民」という概念が導入された。通称「EU 市民権」ないし「欧州市民権」と呼ばれる。これは加盟国内の市民権を代替するものではなく，加盟国の国籍をもつ者すべてに追加的に付与される権利である。

▷3　**欧州連合の機能に関する条約（EU 運営条約）**
⇨ I-9 「リスボン条約」

▷4　**ユーロクラット**
欧州連合の諸機関に勤務する官僚たちを意味する。官僚を意味する「ビューロクラット」をもじった表現である。基本的に加盟国の国籍を有していることが求められるが，出身国の国益の実現ではなく，ヨーロッパの利益のために働く。EU では欧州委員会が政策立案や立法過程において中心的役割を果たしており，また各国の政策に影響を与えるため，ユーロクラットは大きな権限をもっている。

民への地方参政権の付与である。伝統的な主権国家では，国民であることと市民権を有することは一致していた。しかし EU 市民権の登場により国籍と市民権が切り離されるようになったのである。

とはいえ，問題も少なくない。EU 加盟国の国籍の有無により，権利が擁護された EU 市民と，対象とならない域外からの移民，というように加盟国に居住する外国人を分断する状況を生み出している。また国家と切り離した市民権にどこまで妥当性があるのか等，様々な批判が投げかけられている。

3 歩み寄る EU，背を向ける市民

しかしながら，こうした権利を得た EU 市民であるが，必ずしも EU の一員であることを誇りに思い，愛着を抱いている，というわけではない。EC の時代には，ヨーロッパに対する関心の欠如とヨーロピアン・アイデンティティの不在が EC の悩みであった。またイギリスを中心として EU に対する懐疑的な見方は強まる一方であった。EC の政策決定は，選挙により選ばれたわけではない**ユーロクラット**[◁4]たちが，勝手に政策を決めているように思われ，議会制民主主義からいえば民主的な正当性を有していないようにみえたのである（**「民主主義の赤字」**[◁5]）。そのため，ヨーロピアン・アイデンティティを育む様々な文化政策や，欧州議会の強化，さらに経済統合だけでなく政治統合推進の必要性等が意識されるようになった。

EU の登場により市民との関係も大きく変化した。EU は EU 市民権の導入による政治的な権利と，政治参加を促すだけでなく，2000年には **EU 基本権憲章**[◁6]を採択し，より広範な EU 市民の基本的な権利を定めた。さらに2009年に発効した**リスボン条約**[◁7]では，欧州市民イニシアチブとして，市民の側からの発議権が導入された。これは EU の政策分野について，加盟国最低７カ国から計100万人以上の署名を集めれば，立法を提案することを可能にする制度である。また世論調査ユーロバロメーターにより，EU 市民の意識も数値化して把握することができる。

しかしながら，EU の歩み寄りの努力にもかかわらず[◁8]，市民の目線は冷ややかである。自国の政策も，政府ではなく遠い EU のエリートたちが決定している，というイメージはむしろ強まっている。また政策の方向性についても，ブリュッセルの EU 首脳部は，グローバル・スタンダードの導入を促すあまり，域内で競争の激化，失業，生活の不安定化を招いていると，懐疑的な見方が強まる一方である。さらにリーマン・ショック後のユーロ危機の中で，反 EU のみならず，EU からの離脱さえ訴えるポピュリズムも台頭した。イギリスでは国民投票により EU 離脱が選択された[◁9]。

（上原良子）

▷5 **民主主義の赤字**
EU の政策は民主的であるものの，その政策立案過程は，議会制民主主義と比較すると民主的な手続き・統制に欠けているという批判。統合の初期は，市民は EC に関心を示さなかったが，90年代以降，政治の不満と EU への不信感が連動し，近年はポピュリズムとも連動した抗議・反発が高まっている。

▷6 **EU 基本権憲章**
⇨I-8「欧州憲法条約の挫折」，II-8「EU における『共通の価値』」

▷7 **リスボン条約**
⇨I-9「リスボン条約」

▷8 EU は，そのほか環境保護や個人情報保護（EU 一般データ保護規則／GDPR）等，EU 市民を高いレベルで擁護する諸政策に取り組んでいる。

▷9 ⇨VI-7「離脱」

参考文献

鈴木規子『EU 市民権と市民意識の動態』慶応義塾大学出版会，2007年。
中村民雄『EU とは何か——国家ではない未来の形』信山社，2015年。
デレク・ヒーター（田中俊郎・関根政美訳）『市民権とは何か』岩波書店，2002年。

I　歴　史

マーストリヒト条約と EU の発足

1 冷戦終結とマーストリヒト条約

1992年に調印された**マーストリヒト条約**◁1はEU を設立し，その下に三つの柱を置いた。従来の EEC（欧州経済共同体）が EC と改称されて第一の柱となり，その中に単一市場や経済通貨同盟等が盛り込まれた。第二の柱と第三の柱は，新設された共通外交・安全保障政策（CFSP）と司法・内務協力である。この二つは国家主権と深く関わる領域であるため，加盟国政府以外のアクターを政策決定から排除するため列柱構造が採用された。

元来欧州統合は，冷戦とヨーロッパの東西分断という国際状況を前提として，**ドイツ問題**◁2を解決するために推進されたプロジェクトだった。しかし東西分断の象徴だったベルリンの壁が1989年に崩壊し，翌年にはドイツ再統一が実現して，ヨーロッパにおける冷戦は終結した。マーストリヒト条約には国際環境の激変に欧州統合のあり方を適合させようとする試みという側面もあった。

2 経済通貨同盟

経済通貨同盟（EMU）の前身は1979年に設立された欧州通貨制度（EMS）である。EMS は為替レートの安定とインフレの沈静化に貢献したが，代償として各国は高い失業率に苦しんだ。加えて固定相場制には，維持するためのコストを誰が負担するかという問題がある。EMS の下では，強い通貨のマルクを擁する西ドイツのドイツ連邦銀行が金融政策を決定し，フランスやイタリアなど弱い通貨の国々は事実上これに追随することになった。フランスが EMS の改革を要求したのに対し，西ドイツは消極的だったが，1988年のハノーヴァー欧州理事会は経済通貨同盟について検討するため，ドロール委員会を設立した。同委員会は1989年４月に，経済通貨同盟を３段階で実現するよう提案する報告書を刊行した。

冷戦が終結に向かいドイツ再統一が現実的な可能性として浮上すると，周辺諸国は当初警戒的な姿勢をみせ，統一ドイツが欧州統合にコミットメントし続けるかどうか，疑問視するようになった。フランス大統領ミッテランと西ドイツ首相コールは，経済通貨同盟によって深化した欧州統合の中に統一ドイツを組み込むことで，こうした疑念を解消しようとした。かくして，経済通貨同盟はドイツ問題の解決という政治的な使命を帯びた。1990年12月に始まった政府間会議では，単一通貨が創設される最終段階に参加する国は**収斂基準**◁3を満たさ

▷1　**マーストリヒト条約**
正式名称：欧州連合条約。EU 条約とも呼ばれる。発効は1993年。

▷2　**ドイツ問題**
西ドイツを再軍備させ，西側陣営に加える一方，周辺諸国の脅威にはならないようにすること，さらに，ドイツの経済力を西欧諸国の復興のために用いること。I-2「統合の目的と理念」も参照。

▷3　**収斂基準**
経済的な格差のある諸国が単一通貨を導入するのは不可能なため設けられた。以下の四つの基準からなる。①最も物価上昇率が低い３カ国の平均値より1.5％以上高くないこと。②単年度の財政赤字が GDP 比３％以下，かつ政府債務残高が GDP 比で60％以下であること。③欧州為替レート・メカニズム（ERM）に２年以上参加し，その間に一度もレートを切り下げしていないこと。④名目長期金利が最もインフレ率が低い３カ国の平均値より２％以上高くないこと。

ねばならないこと，EU の金融政策を担う欧州中央銀行（ECB）は物価の安定を優先目標とし，そのために高い政治的独立性をもつこと等が決定された。

3 政治統合の進展

経済通貨同盟によって EU に多くの権限が移譲されることで，EU の民主的正統性の強化が必要となった。そこでマーストリヒト条約は欧州議会の権限を強化したほか，EU 理事会が多数決で決定する事項の範囲を拡大した。さらに，加盟国の市民に対して，自らが国籍をもつ国の市民権に加えて EU 市民権を付与した。[◁4] EU 市民権により，国籍を有する国以外に居住していても欧州議会選挙での投票権や地方選挙での投票権が与えられ，労働とは無関係に他の加盟国に居住する権利が認められた。このことは，EU が経済領域に限定された存在から政治的領域に拡張したことを意味する。

安全保障面では，冷戦期に西欧の防衛を担ったのはアメリカを中心とする北大西洋条約機構（NATO）であり，EC は「非軍事的なパワー」だといわれた。冷戦後も NATO は存続したが，ソ連という共通の敵が消滅したことで，米欧間の意見が相違する可能性が高まった。加えて，米ソ対立の中で沈静化していた民族紛争が再燃したため，EU には周辺地域の紛争に対応する危機管理能力が求められるようになった。そこで EU を外交安全保障面でも独立したアクターとしていくために，**共通外交・安全保障政策**[◁5]が新たに設けられた。

司法・内務協力には，難民政策，対外国境管理，移民政策，警察・司法協力が含まれる。単一市場が創設され，域内国境管理が撤廃されると，いったん EU に入った者は自由に移動できるようになるため，対外的な国境管理や難民政策の一元化が求められた。さらに欧州刑事警察機構が創設され，加盟国間の情報交換や各国警察組織による捜査の支援などにあたることになった。

4 欧州懐疑主義の誕生

ヨーロッパ統合は長らくエリート主導のプロジェクトであり，市民の「暗黙の了解」に基づいて進められてきた。しかし単一市場や経済通貨同盟という形で欧州統合が人々の生活に大きな影響を与えるようになると，統合の進展により悪影響を受ける人々を中心に，批判的な声が噴出するようになる。マーストリヒト条約の批准は，多くの加盟国で統合への反対が政治的に表面化するきっかけになった。デンマークの国民投票で条約の批准が否決され，フランスでは賛成は51％にとどまった。歴史的に統合に対し積極的でなかったイギリスでは，サッチャー首相が単一通貨の創設は連邦制的な EU の誕生につながるとして断固反対した。イギリスはデンマークとともにユーロ参加を見送り，社会憲章も適用除外になった。外国為替市場では単一通貨が現実に導入されるか疑問視され，1992年末から93年にかけて EMS に対する大規模な投機が起きた。（池本大輔）

▷4 ⇨ I-5「欧州市民権」

▷5 共通外交・安全保障政策
⇨ Ⅵ-1「外 交」，Ⅵ-2「安全保障」

参考文献

益田実・山本健編『欧州統合史』ミネルヴァ書房，2019年。

Ⅰ　歴　史

EU 拡大の歴史

1　６カ国から28カ国へ，しかしもうすぐ27カ国へ

EU は過去六度にわたって新たな加盟国を受け入れる「拡大」を実施してきた。これに伴い，1951年にわずか６カ国でスタートした欧州統合は2019年現在，28カ国まで加盟国を増やしている（ただしⅥ-7でも述べるように，2020年１月にイギリスの EU 離脱が実現したため，EU 加盟国数は27カ国に減少した）。以下では，その拡大の歴史をみていこう（表１，巻頭の図１参照）。

2　第一次拡大から第四次拡大へ

戦後ヨーロッパの統合は，ヨーロッパ大陸の６カ国（ベルギー，フランス，西ドイツ，イタリア，ルクセンブルク，オランダ）によって1951年に開始された。その後の欧州統合プロセスにおいては，果たして，そしてどのようにして，新たな加盟国を受け入れていくのかという問題が常に存在していた。EU 拡大の歴史は，ヨーロッパ統合の歴史そのものであるといっても過言ではない。

最初の拡大は，1973年にイギリス，アイルランド，デンマークを対象として実施された（第一次拡大）。そもそもイギリスは，戦後のヨーロッパ統合に対しては懐疑的な立場を取り続けてきたのだが，大陸６カ国の経済統合が順調に進展していったこと，さらに自らが抱える**コモンウェルス**[1]の経済が停滞していったことなどを受け，1961年，1967年の二度にわたって欧州経済共同体（EEC）への加盟を申請した。しかし，この加盟申請は二度とも，フランスのシャルル・ド・ゴール大統領によって拒否されてしまう。その後，ド・ゴール大統領が1969年４月に政治の表舞台から去り，同年末の EEC のハーグ首脳会合で

▷1　**コモンウェルス**
英連邦。主にイギリスとその植民地であった国々によって構成される緩やかな国家連合。

表１　拡大の歴史

1951年	ベルギー，フランス，西ドイツ，イタリア，ルクセンブルク，オランダの６カ国，欧州石炭鉄鋼共同体（ECSC）設立条約に署名
1973年（第一次拡大）	デンマーク，アイルランド，イギリスが加盟
1981年（第二次拡大）	ギリシャが加盟
1986年（第三次拡大）	ポルトガル，スペインが加盟
1995年（第四次拡大）	オーストリア，フィンランド，スウェーデンが加盟
2004年（第五次拡大）	キプロス，チェコ，エストニア，ハンガリー，ラトビア，リトアニア，マルタ，ポーランド，スロバキア，スロベニアが加盟
2007年（　〃　）	ルーマニアとブルガリアが加盟
2013年（第六次拡大）	クロアチアが加盟

EEC の新規拡大の方針が確認されたことにより，イギリスのみならずアイルランド，デンマークの加盟の道が開かれた。最終的にこれら３カ国は，1973年に EEC への加盟を果たしている。

1981年にはギリシャが，1986年にはスペインとポルトガルが加盟を果たした（それぞれ第二次拡大，第三次拡大）。この南欧の３カ国は1970年代まで軍事独裁体制を敷いており[2]，政治・経済・社会の様々な側面で EU 諸国と大きな格差があった。さらに，これら諸国と，EU 既加盟の地中海諸国との間での農産品の競合等も懸念されるなど，多くの問題が存在していたが，長期にわたる交渉の末加盟を果たした。

▷2 ⇨VII-10「ギリシャ」，VII-5「スペイン」，VII-6「ポルトガル」

3 第四次拡大から第六次拡大へ

冷戦の終焉後， EU 拡大の動きも大きく加速することになる。まず，1995年にはオーストリア，フィンランド，スウェーデンが加盟した（第四次拡大）。オーストリアおよびスウェーデンは中立政策を採っており，フィンランドもソ連との関係から冷戦中は西側ブロックに参加することは想定しえなかったが，冷戦の終焉によりヨーロッパ統合から距離を置く必要性が薄れたことから，EU への参加を決定した。

この第四次拡大の対象諸国は，冷戦中から先進的な政治・経済体制を有しており，EU 加盟に際しては大きな問題はなかった。これに対し，中東欧諸国を対象とした大規模な拡大（いわゆる「ビッグ・バン拡大」）は，長く困難なプロセスとなった。冷戦体制において，EU 加盟諸国とソ連の支配下にあった中東欧諸国との間には，大きな政治的・経済的格差が定着していたためである。このため，交渉期間は長期にわたり，農業をはじめとした様々な政策分野における合意形成も極めて困難であった。最終的に，2004年には中東欧諸国のチェコ，ハンガリー，ポーランド，スロバキア，バルト諸国のエストニア，ラトビア，リトアニア，旧ユーゴスラビアのスロベニア，そして地中海諸国のキプロス，マルタの合計10カ国が加盟，さらに2007年にはルーマニアとブルガリアが加盟した（この二度の拡大を合わせて第五次拡大）。そして，2013年には旧ユーゴスラビアのクロアチアが加盟している（第六次拡大）。なお，第五次拡大以降，「政治基準」，「経済基準」，「EU 法の体系の受け入れ」の三つを柱とした「コペンハーゲン基準」が適用されている。

VI-6で論じるとおり，拡大プロセスは現在も進行中である。　（東野篤子）

参考文献

益田実・山本健編著『欧州統合史――二つの世界大戦からブレグジットまで』ミネルヴァ書房，2019年。

東野篤子「EU の拡大」森井裕一編『EU の政治経済・入門』有斐閣，2012年。

鶴岡路人『EU 離脱――イギリスとヨーロッパの地殻変動』ちくま新書，2020年。

I　歴　史

欧州憲法条約の挫折

1　憲法作成に向かう背景

1999年から2000年代初頭にかけて，欧州の政治指導者の間では，EU の将来をめぐる議論が高まりをみせていた。1999年にドイツのフィッシャー外相が欧州憲法や EU 連邦化に言及する演説を行い，それに触発された他の指導者たちも欧州統合の針路について様々な構想を発信する状況となっていたのである。この議論はその後，現実の動きとして欧州憲法をつくる流れに発展してゆくのだが，その背景にあったのは，当時のEUの基本条約改正の行き詰まりである。EU は当時，中東欧諸国を迎え入れるための機構改革を行わなければならず，アムステルダム条約，ニース条約と基本条約の改正を重ねていた。しかしその成果は限定的で，フラストレーションをためこんだ国々が「欧州の将来に関する宣言」をニース条約に付し，その宣言の中に，EU の本格的な改革に向けての強い意思を書き込んだ。この宣言を根拠としてさらに「ラーケン宣言」が2001年12月にとりまとめられ，この宣言によって憲法作成のプロジェクトの開始が告げられることとなった。

2　諮問会議と政府間会議

欧州憲法条約は「**欧州の将来に関する諮問会議**[1]」と「**政府間会議**[2]」の二つの段階を経て作成された。諮問会議が始まったのは2002年２月であり，ジスカールデスタン元仏大統領が議長となって，各国議会，各国政府，欧州議会，欧州委員会の代表者が集まり，内容についての話し合いが進められた。この会議の前半は「法人格」，「対外行動」，「簡素化」等の作業部会に分かれて話し合いが行われ，中盤以降は制度問題も議題に加わった。最終的に2002年10月，様々な問題で意見対立は残ってはいたが，草案がまとめ上げられた[3]。

その後，交渉の舞台は政府間会議に移った。様々な争点がある中で最も対立が激しくなったのは，特定多数決制をめぐってである[4]。諮問会議が作成した草案では従来の方式にとってかわり，加盟国数と人口の２要素で構成される「**二重多数決制**[5]」が提案されていた。ドイツとフランスなどがこの新方式にこだわる中，自分たちの意思決定上の影響力の低下を危惧して強く反発したのが，スペインとポーランドである。結局，この対立が一因となり，2003年12月の首脳レベルの交渉は決裂して終わる。だがその後，スペインで政権交代が起こり，

▷1　**欧州の将来に関する諮問会議**
欧州憲法の作成時に設定された交渉の舞台であり，政府間会議の前段階となる。モデルとなったのはEU基本権憲章の作成時に開かれた諮問会議である。各国の政府代表のみならず，各国議会，欧州議会，欧州委員の代表者が参加し，幅広いメンバー構成となった。

▷2　**政府間会議**
EU 基本条約（設立条約）を改正するための交渉の舞台である。各国政府が中心となるが，欧州委員会や EU 理事会事務総局の者たちも交渉を補佐する。欧州議会も自身の要求を伝えるが，交渉に直接参加はしない。

▷3　諮問会議の段階で，条文案の中に「連邦」や「欧州合衆国」など，さらに踏み込んだ文言も一時的に入っていた。しかしイギリスの徹底抗戦にあい，削除されることとなった。

▷4　この交渉の展開については，武田健「EU 政府間交渉における威圧的な脅し」『国際政治』第177号，2014年，127-141頁。

▷5　**二重多数決制**
⇨Ⅲ-2「EU 理事会」

新政権が妥協路線を打ち出し，それにポーランドも追随したことで，最終的に二重多数決制の導入で決着をみることとなった。また，欧州理事会の常任議長と欧州委員の定数をめぐっても別の対立が起きていた。ここでは大国側と小国側とに分かれての意見対立である。小国側はEUの中での発言力の低下を懸念し，大国側の推す常任議長案と欧州委員の人数削減に反対していた。だが議長国アイルランドやベネルクス三国などが対立緩和を模索する動きをみせ，最終的に小国側は改革案を受け入れることとなった。

このように憲法条約の交渉は難航したのだが，2004年6月に最終合意が成立し，同年10月に憲法条約の調印式が行われた。でき上がった憲法条約には，国家を想起させるシンボリックな要素がいくつか施されていた。憲法という名が使われていることはもちろんだが，EUの歌と旗（図1）も明記され，**EU基本権憲章**[6]も憲法条約本体に組み込まれ，国家の憲法さながらの装いをとったのである。制度面では，欧州理事会の常任議長と外務大臣という新しいポストが設置されることとなり，欧州委員の人数削減とその日程も定められ，欧州議会議員の定数も決められた。EU理事会の特定多数制については二重多数決制が採用され，その適用範囲も拡大されることとなった。構造的に三つの部分に分かれていたEUの列柱構造は解消され，単一構造となり，対外的に条約を締結するためのEUとしての単一法人格も明示された。各国議会には，EUが定められた権限の範囲を踏み出していないかをチェックする役割も与えられることとなった。

3 憲法条約の挫折とその後

各国における憲法条約の批准手続きは当初，順調に進んでいた。しかし2005年5月29日にフランスで実施された国民投票において54.9％の投票者が反対票を投じて否決した。6月2日のオランダでの国民投票はそれに追い打ちをかけ，反対票が約61.6％にまで上っての否決となった[7]。両国とも再度，国民投票を行ったとしても勝算の見込みは低く，条約発効の道は閉ざされた形となり，EUは停滞感に包まれることになる。両国の反対票の中にはEUと憲法条約に直接関係のない要素も含まれていた。だが様々な調査は，欧州統合のあり方や急速に進む統合に対し不安を覚えた人たちも一定数いたことを示唆していた。

この両国の否決は，EUに懐疑的な勢力が勢いをもち始める一つの契機としてみることができる。憲法条約への反対キャンペーンを張っていた勢力の中に，フランスではジャン＝マリー・ルペン，オランダではヘルト・ウィルダースがいた。この勢力はしばしばEUを非難することで，自らへの支持を集めようとしている。その後の欧州議会選挙や国内選挙は，そのような反EU勢力がEUを攻撃する舞台としての性格を帯びるようになってきたのである。

（武田　健）

図1 欧州旗

▷6 **EU基本権憲章**
2000年に作成されたEUの権利章典。作成の主な目的は，欧州の人々に自分たちがもつ様々な権利の存在を知ってもらい，EUの民主的正統性を強化することにあった。当初は政治的宣言にとどまったが，2009年のリスボン条約の発効と同時に，法的効力をもつこととなった。Ⅱ-8「EUにおける『共通の価値』」も参照。

▷7 過去にもデンマークとアイルランドにおいて，改正基本条約が国民投票で否決されたことがある。吉武信彦『国民投票と欧州統合――デンマーク・EU関係史』勁草書房，2005年。

参考文献

遠藤乾『統合の終焉』岩波書店，2013年，第7章。
庄司克宏『欧州連合――統治の論理とゆくえ』岩波書店，2007年，第3章。
中村民雄「欧州憲法条約――翻訳と解決」衆憲資第56号，2004年。

I　歴　史

9 リスボン条約

1 憲法条約の否決後

2005年のフランスとオランダにおける憲法条約の否決を受け，EU は「熟慮の期間」という，憲法条約をめぐる最終判断を先送りにする期間を設けていた。この期間中に，今後の EU の針路をめぐって，各国の指導者の中からいくつかの案が出てくる。現行のニース条約のままで EU の運営・政策面の強化を図る案，「ミニ条約」をつくり，部分的に制度改革を行う案などである。だが多くの国々が望んだのは憲法条約の再生であった。そこで期待を集めたのが，ドイツのメルケル新首相である。彼女は2005年11月に政権の座に就くや，憲法条約の復活にかける意気込みを国内外に発信した。ドイツは2007年前半に EU 議長国となる。EU はその時期に合わせてドイツを舵取り役に指定し，憲法条約の否決によって生じた危機からの脱却を目指すこととなった。

ただし，憲法条約を従来の形のまま復活させることは，現実的には不可能であった。そこで浮上したのは，憲法条約をベースに新たな条約を作り直す案である。新条約をつくれば批准もやり直すことになり，今一度，EU は自身の改革の道筋を立て直すことができる。ドイツ政府はこの案を採用し，他の国々にも賛同するように積極的に働きかけを行っていった。

2 リスボン条約の交渉と内容

2007年3月に，**ローマ条約**[1]調印50周年を祝うための式典がベルリンで開催され，そこに加盟国首脳が集った。この機会にメルケルは新条約策定に消極姿勢をみせていた各国首脳からも渋々ながらも合意を取り付け，新条約に向けた交渉をより本格化させていった。[2]その交渉でドイツは，他の多数派の国々とともに，憲法条約の内容に大きな修正を加えない方針をとった。大きな変更を求めるポーランドやイギリスなどを牽制したのである。交渉ではドイツが時に強引になりながらも，着実に合意事項を積み上げていった。その結果，2007年6月，新条約の内容の大枠が定められた。その後，議長国の役割はドイツからポルトガルに引き継がれ，政府間会議が開催された。ポーランドが二重多数決制の導入に激しく抵抗するなどの難局はあったが，[3]最終的に妥協が成立し，12月に新条約の調印式が執り行われた。「リスボン条約」と名づけられた新条約の誕生である。

▷1　**ローマ条約**
1957年に西ドイツ，フランス，イタリア，オランダ，ベルギー，ルクセンブルクの間で結ばれ，1958年に発効した条約である。この条約により，欧州経済共同体（EEC）と欧州原子力共同体（Euratom：ユーラトム）が設立された。ローマ条約のうち，欧州経済共同体の設立条約の方は単一欧州議定書（1987年発効），マーストリヒト条約（EU 条約〔欧州連合条約〕と EC 設立条約〔欧州共同体設立条約〕の二本立て，1993年発効），アムステルダム条約（1999年発効），ニース条約（2003年発効），そして現行のリスボン条約（EU 条約と EU 運営条約の二本立て，2009年発効）へと改正されている。

▷2　ここで採択された「ベルリン宣言」の末尾には，「私たちは一体となって，EU を新たな共通の基盤のもとにのせることを目指す」との文言がある。直接的な表現ではないのだが，この文言が新条約策定に向けての各国首脳の合意を指し示すとされる。

リスボン条約は憲法条約とは異なり，従来の基本条約の形式に戻し，二本立ての構成（EU 条約と EU 運営条約）となった。この形式上の回帰は，フランスやオランダ，イギリスなどの一部の国々にとっては重要な意味をもった。これらの国々は，このリスボン条約は過去のアムステルダム条約やニース条約の時と同じように，基本条約の改正にすぎないため，国民投票を実施する必要がなく，議会による条約承認で十分だと国内向けに主張することができるようになったからである。とはいえ，形式上は異なるものの，その改革の中身は憲法条約の内容を概ね引き継いだ。まず，EU の列柱構造が廃止され，単一の制度枠組みとなった。欧州理事会の常任議長と外務・安全保障政策上級代表（名称が憲法条約の時の外務大臣から変更された）のポストが新設され，立法手続については「**通常立法手続**[4]」（旧共同決定手続）が基本となり，全会一致要件は，一部領域（安保・防衛，社会保障，租税，多年度予算など）でのみ残ることとなった。特定多数決制に関しては加盟国数55％と人口65％からなる二重多数決制が2014年から導入されることとなり，欧州委員の人数も加盟国数の３分の２に減らす予定となった（だがこの予定は後に覆る）。EU が権限の範囲を超えた行動を行っていないか，各国の国会が審査する権限も強化され，EU と各国の分野別の権限関係も明示されるようになった。条約改正のための簡易手続も導入され，のちにイギリスの EU 離脱問題で注目される脱退条項も挿入されることとなった。

3 発効までの道のり

批准に際して，各国首脳は否決される可能性のある国民投票をあえて実施しようとはしなかった。だが唯一，アイルランドは憲法上，国民投票を行わなければならず，その１回目の国民投票（2008年６月）は否決の結果が出た。だが EU 首脳は同条約を放棄しない方針をすぐさま確認し，同国はもう一度，国民投票を実施することとなった[5]。その際に，欧州委員の人数構成を一国一名にするなどの見返りが同国に与えられている。二度目の国民投票は2009年９月に実施され，今度はどうにか賛成多数となった。

また，チェコでも問題が起きていた。この国は議会承認は終え，大統領署名を待つ段階に入っていたのだが，EU に批判的なクラウス大統領が署名を一時，拒否していたのである。この問題も最終的に若干の譲歩がチェコに提示される形で決着し，大統領は最終的に署名した[6]。

このような紆余曲折を経て，リスボン条約は2009年12月に発効した。この条約は EU を根本から変えるものではないが，EU が長きにわたり議論し，解決を図ってきた制度的な諸問題に対し，ようやく一定の解答を提示することとなった。EU はこの条約の枠組みの中で今日まで10年以上の歩みを進めてきた。条約改正を訴える声は時折り聞こえてくるが，実際に改正しようとする具体的な動きにはまだ発展していない。

（武田　健）

▷３　この問題に関してポーランドのカチンスキ兄弟は第二次世界大戦の時の話をもち出した。その当時のドイツのポーランド侵略によって同国の人口は大きく減ったため，人口要素が含まれる二重多数決制は不当だと主張したのである。これによりドイツと同国の関係は一時，険悪なものとなっていた。

▷４　**通常立法手続**
⇨Ⅳ-1「各機関の関係と政策決定プロセス」

▷５　この経緯に関しては，武田健「EU 政府間交渉における威圧的な脅し」『国際政治』第177号，2014年，127-141頁。

▷６　この場面でのチェコの抵抗に関しては，武田健「EU 基本権憲章への反対に至る政治過程」『日本 EU 学会年報』第33号，2013年，120-142頁。

参考文献

福田耕治編著『EU・欧州統合研究――リスボン条約以後の欧州ガバナンス』成文堂，2009年。
森井裕一編著『ヨーロッパの政治経済・入門』有斐閣，2012年，第10章。
鷲江義勝編著『リスボン条約による欧州統合の新展開――EU の新基本条約』ミネルヴァ書房，2009年。

I　歴　史

10 リスボン戦略と欧州2020

1 リスボン戦略の開始

2000年3月，EU の加盟国首脳は「リスボン戦略」（リスボン・アジェンダとも呼ばれる）という今後10年に及ぶ政策目標を発表した。当時の欧州にはアメリカなどに対し，経済競争上，大きな後れを取っているとの認識が広がっていた。そこで EU はこの戦略の中で「知識経済」への移行を前面に掲げ，それによって世界的な競争力をつけ，持続的な成長と雇用創出へと結びつけていく展望を描いたのである。そのために取り組むべき政策として，研究やイノベーションへの投資拡大，情報通信社会への対応強化，域内市場の一層の活性化などを掲げた。同時に，貧困層や失業者などの社会的弱者を対象とした対応も重視し，教育改善，職業訓練，貧困救済策の強化を目指すとも表明した。このようにリスボン戦略は，経済成長を目指す路線と社会保護を目指す路線とがバランスをとりあいながら政策が展開していく設計図となっており，具体的な数値目標として経済成長率3％，就業率70％，研究開発投資を対 GDP 比3％などを掲げることとなった。

同戦略の特徴の一つに，「OMC（the Open Method of Coordination，開放型調整方式）」という手法を複数分野に適用した点が挙げられる。この手法ではまず，EU 全体としての共通目標とその達成評価基準が設定される。続いて各国がその共通目標に向かって取り組み，互いに実践例や進捗の程度を報告，評価し合い，ピア・プレッシャー（仲間同士でかける圧力）を働かせることで，各国に目標達成に向かって努力を促そうとする。基本的には国家に権限がある雇用，社会保護，年金，研究開発，教育，文化などの分野に適用されたが，その適用の仕方は分野によって大きく異なっている[◁1]。

▷1 OMC は環境分野など EU が権限を有する分野にも適用されている。環境問題に関する理解を共有し，現場に即した問題への取り組みを考案するために，補完的に活用されているのである。市川顕「環境政策統合――持続可能な発展への挑戦」香川敏幸・市川顕編『グローバル・ガバナンスと EU の深化』慶應義塾大学出版会，2011年，225-250頁。

2 リスボン戦略の限界

リスボン戦略は，当初から様々な問題に直面した。とりわけ大きな問題として指摘されたのは，数多くの目標と評価のための指標が導入され，目指すべき方向性がみえにくくなったことである。そこで同戦略は2005年に見直され，優先課題を「成長と雇用」に絞る形で再出発が図られた。研究開発，域内市場の規制緩和，金融サービス統合の推進，労働市場改革などに力点が置かれるようになり，競争力向上を目指す方向性を重視したのである。

同戦略は2010年に最終年度を迎え，各目標は達成されぬままに終わった。

2009年後半にEU議長国を務めたスウェーデンのラインフェルト首相は,「失敗であった」と率直に評したが,そもそも設定された数値目標は野心的すぎたという面はある。とはいえ戦略を実行に移していく中で,いくつかの問題点があったのも確かであり,その一つが,加盟諸国がこの戦略の目標達成に足並みを揃えて十分にコミットしようとしなかったことである。また,各国の構造的な社会経済問題を前にして,OMCというソフトな手法を中心に取り組もうとしたことにも限界があった。そしてこの戦略が終盤にさしかかった時点で発生した経済・金融危機も致命的であった。この危機によって,EU全体の成長率はマイナスに転じ,失業率も上がり,貧困層の削減もままならぬ状況となり,同戦略が掲げた諸目標が達成される見込みを一気に吹き飛ばすこととなったのである。

3 欧州2020としての再発進

リスボン戦略の下では目標を達成することができなかったが,EUは2010年にその精神を引き継ぐ形で「欧州2020」という新戦略を発表した。新戦略は短期的には経済危機からの脱却を目標とし,中・長期的には,①知識とイノベーションに基づく成長,②資源の効率的活用や環境に配慮した持続可能な成長,③社会的結束を重視し,雇用促進を促す成長,という三つの視角からバランスをとりつつ成長を目指す図式が描かれた。経済成長一辺倒にならずに,今一度,社会的な保護,包摂の側面も重視した調和のとれた社会の構築を目指したのである。数値目標としては,就業率75%,研究開発への投資をGDP比3%,温室効果ガスの排出を1990年比で20~30%削減,初等教育からの離学率を10%以下,貧困層の削減を2000万人などが設定されることとなった。

欧州2020の目標に向けた各国および全体の進捗状況は「**欧州セメスター制**[◁2]」の一環で評価されている。この制度の目的は,EUの経済ガバナンスの強化にあり,とりわけ経済危機の再発予防に主眼を置く。この制度の下,各国の財政状況,経済動向,予算計画がEUレベルで毎年,評価されることとなり,特に危機につながるような潜在的リスクがないかが審査されている。

2018年末までの欧州2020の進捗状況の発表によれば,国によって大きな差があるものの,就業率と離学者の割合および再生エネルギーのシェア率に関しては目標達成に近づきつつある。温室効果ガスの削減に関してはすでに目標ラインを超えている。他方,貧困削減や研究開発への投資は期待された成果が出ておらず,2020年までに達成される見込みは低いといえる。

様々な要因が絡むため,これらの数値はEUが取り組んできた政策の成果なのかどうか,評価するのは難しいところである。2020年にこの取組みは終わるが,EUの中ではすでに,教育,イノベーション,再生エネルギーなどの個別分野において,2020年以降を見据えた戦略再編の動きが始まっている。

(武田 健)

▷2 **欧州セメスター制**
EUが2010年に導入した各国の経済,社会政策を調整しようとする制度的な仕組み。この制度の下,各国の予算,経済状況,政策動向などが審査にかけられ,経済危機につながる潜在要因がないかがチェックされる。各国の安定・成長協定への遵守状況,公的・民間部門のマクロ経済上の動向,そして「欧州2020」の進捗状況などもこの枠組みの中で評価される。

参考文献

井上淳『域内市場統合におけるEU-加盟国間関係』恵雅堂出版,2013年,第5章。
小山晶子「EU教育政策にみるガバナンスの展開と課題——外国語教育政策と早期離学を抑制するための教育政策に着目して」『東海大学教養学部紀要』第47号,2017年,57-73頁。
原田徹『EUにおける政策過程と行政官僚制』晃洋書房,2018年,第5章。

Ⅱ　理　論

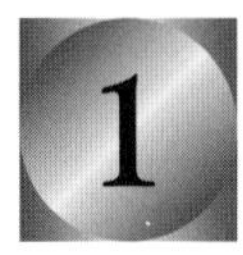

新機能主義

1　欧州統合研究の古典的理論

新機能主義（neo-functionalism）は，欧州統合のプロセスを説明する主要理論であり，いまや最も知られた古典的な理論といってよいものである。欧州石炭鉄鋼共同体（ECSC）の設立から数年を経て，欧州経済共同体（EEC）と欧州原子力共同体（ユーラトム）が活動しはじめる1958年に刊行された，**ハース**[1]の著書『ヨーロッパの統一（*The Uniting of Europe*）』が提示したこの理論は，多くの政策分野に波及した欧州統合の実際の進展によって説得力を増したが，1960年代半ばにフランスが起こした「**空席危機**[2]」によって統合が停滞すると，批判が高まり，1970年代に入って，ハース自身が時代遅れになったと認めるに至る。しかし，その後，欧州統合が再び活性化すると，この理論は再評価され，今日でも参照され続けている。

この理論の内容をみる前に，踏まえておかねばならないのは，この理論が「新」機能主義と名づけられている理由と，この理論が何を目指していたかである。「新」の付かない「機能主義（functionalism）」は，**ミトラニー**[3]が1943年に著した『機能する平和システム（*A Working Peace System*）』で示したものであり，第二次世界大戦の終結後の世界に平和的に国際組織が形成されるにはどうすればよいかを考察したものであった。

ミトラニーによれば，相互依存関係にある各国間では，伝統的な法的枠組みに従って政治的な統合を目指すよりも，鉄道や航空のように国境を越える経済・社会の実際のニーズに合わせた機能別の機関（functional agencies）を多く作るほうが着実に国際統合は進む。この考えは，大恐慌後のアメリカで憲法の枠組みに捉われずに必要に応じて機関[4]を創出したF. ルーズベルト大統領のニューディール政策の影響を受けたものである。ただし，こうした機能別機関の増加は最終的に世界連邦となる可能性はあるが，それは必然ではないという。

新機能主義は，ミトラニーの機能主義への批判から始まっている。ハースは，全世界的な国際統合でなく，地域統合に視点を集中し，ミトラニーのいうように政治的な統合と機能的な統合を完全に分別することは，そもそも何を技術的な問題とするかという総合的な判断も政治的なのだから，不可能であるとする。ハースはむしろ，政治と経済の区別が不完全な欧州統合のプロセスの観察から政治的な統合の理論としての新機能主義を導き出すのである。

▷1　**ハース**（Ernst B. Haas：1924-2003）
ドイツ生まれの政治学者。ナチスのユダヤ人迫害から逃れ，アメリカに移住。コロンビア大学で博士号を取得後，長くカリフォルニア大学バークレー校で教える。アメリカ学士院会員。

▷2　**空席危機**
⇨[Ⅰ-4]「ルクセンブルクの妥協」

▷3　**ミトラニー**（David Mitrany：1888-1975）
ルーマニア生まれの政治学者，歴史学者。ロンドン・スクール・オブ・エコノミクスで学び，プリンストン大学等で研究に従事。イギリスに帰化。

▷4　具体的には，TVA（テネシー川流域開発公社），CCC（民間資源保存局），WPA（公共事業促進局），連邦預金保険公社の設置，NIRA（全国産業復興法）やAAA（農業調整法），全国労働関係法に基づく諸措置などを指す。

2 スピルオーバー仮説

新機能主義の中核となる概念は,「スピルオーバー (spill-over)」である。これは,一つの部門(セクター)の統合が他の部門の統合を進める波及効果をもつ,ということである。一つの部門の統合は,それと相互依存関係にある他の部門の統合なしにはそもそも実行不可能であり,一つの部門統合によって生じた問題の解決のためにも他の部門の統合が求められるとする。それが繰り返されることで,統合プロセスは部門を越えて拡大していく。そうして当初は経済的な共通の利益のためにできた中核的な機関は,やがて各国の主権に関わる政治的な部門でも統合を進展させるようになると結論づける。

国家間関係でこれをみると,各国家が抱える問題を超国家的に解決するために国家エリートが相互に交渉する中で生じる「社会化」プロセスによって,相互に学習したエリートたちは,さらなる統合を促進することとなり,経済団体や労組などの非政府エリートもまた,このプロセスに参加することで,統合を加速させることになる。ハースは,この結果,ついには組織への忠誠心すら国家から新たな共同体に移ることになる,とまで述べた。

こうした考えにはもちろん,ハースが研究したECSCでの**ジャン・モネ**◁5ら の実際の活動が影響している。ECSCは当初は石炭,鉄鋼の共同管理に注力していたが,やがて派生的に労働・社会問題までを射程に入れることになり,ついには対象が経済全体に広がるEECの成立をみている。その結果,「新機能主義」は単に理論的な概念にとどまらず,「モネは新機能主義者だ」などというように,実践における統合手法・路線も指すようになった。

3 新機能主義に対する批判と再評価

しかし,このように統合プロセスを説明することには説得力をもつ新機能主義も,そのプロセスの先の完成像はどんなものなのかは教えてくれない。その意味で現実の欧州統合が常に「より緊密な連合」へ向かう過渡的なものであるのと同時に,この理論も常に過渡的たらざるを得ない。

このような現実の統合過程に寄り添った理論である新機能主義の特性が,1960年代後半の統合の停滞においては,理論の破綻の危惧を抱かせることになった。とりわけ統合過程はスピルオーバーといえるほど自動的でもダイナミックでもなく,統合の進展はその時々の各国政府の合意に基づくとする政府間主義に立つ研究者からは新機能主義的なアプローチへの批判が相次いだ。しかし,現実の欧州統合がこうした危機を乗り越えるたびに,長期的な統合の流れは新機能主義の見方を否定するものではないと反論できたのである。

さらに,近年の「超国家ガバナンス」への関心は,新機能主義の視点を活かし,修正したものといえ,理論的意義は失われていない。 (八十田博人)

▷5 **ジャン・モネ**
⇨Ⅰ-3「ECの発足と共通政策の開始」

参考文献

アンツェ・ヴィーナー/トマス・ディーズ(東野篤子訳)『ヨーロッパ統合の理論』勁草書房,2010年。

Ⅱ　理　論

2 超国家主義と政府間主義

1 超国家主義

超国家主義（supranationalism）は，理論というよりは，国際統合の手法を表す言葉である。近代の国家は主権国家であるので，国際的な連合を形成しようとすれば，本来は分割できないはずの国家主権をより高次の連合に委譲しなければいけない。この委譲された主権を，自らがもつ独占的ないしは国家に対し優位に立つ権限として，国際的な連合が主導的に用いようとする時，そのような権限の行使の仕方は，超国家主義と呼びうる。

超国家主義を生み出す思想的起源には，連邦主義（federalism）の思想がある。二度の世界大戦が主権国家の対立により生み出されたと考えたヨーロッパ人の多くは，第二次世界大戦後の欧州に国家を超える連合体を夢見た。1948年のハーグ会議に集まった政治家，財界人，文化人たちが作った様々な欧州連邦主義団体[1]は，1952年の欧州防衛共同体条約に欧州政治共同体の基礎を作る条文を入れるなど，当時は大きな影響力をもっていた。

しかし，同条約が頓挫すると，アメリカ合衆国の連邦結成のように，制憲議会的な欧州議会を通じて憲法的条約制定による欧州連邦結成を目指す**スピネッリ**[2]のような連邦主義者たちの動きは続いたものの，経済を中心に分野別の統合を一つずつ積み重ねていく**モネ**[3]のような現実的なアプローチのほうが実際の統合では優位になっていく。

モネが起案した欧州石炭鉄鋼共同体（ECSC）は，石炭と鉄鋼という基幹物資のみの共同市場の管理を専門家で構成される超国家的な委員会に委ねるものであり，各国政府代表で構成される閣僚理事会が決定に関わるとしても，このように限定された分野では専門性が働きやすく，今日の欧州連合（EU）の欧州委員会よりも超国家性は高かった。

つまり，実際の欧州統合は，連邦主義者たちが考えたほど広範に加盟国が主権を委譲したわけではなく，基本条約で定められた分野の主権の一部を委譲したのである。とはいえ，主権の部分的委譲も対象が徐々に広がり，やがて欧州共同体（EC）が欧州連合（EU）に発展していった過程は，それが単一の連邦国家を形成するものではないにしても，より連邦のほうに近づく「連邦化」を進めたといえるのである。現在の EU においても，欧州中央銀行の存在から，金融政策という限られた分野では連邦的機構が成立しているともいえる。

▷1　戦後初期の欧州連邦主義運動については，Ⅰ-1「ヨーロッパ統合の先史」参照。

▷2　**スピネッリ**
⇨Ⅶ-4「イタリア」

▷3　**モネ**
⇨Ⅰ-3「EC の発足と共通政策の開始」

2 政府間主義

一方，政府間主義は，実際の欧州統合がかなりの部分，政府間の交渉によってなされてきた現実を直視する考えである。つまり，交渉を通じた政府間の合意と利害調整によって，欧州統合は推進されると考える。

たとえば，1992年末の完成を目指した域内市場統合に至る過程では，当初は欧州議会で連邦主義的な議員グループが起草したEU条約草案の採択があったものの，これを各国政府の代表が集まる欧州理事会が採用することはなく，別に設けられた各国政府代表による政府間会議（intergovernmental conference）による審議を経て，初めての本格的なローマ条約改正となる単一欧州議定書の成立をみた。

その後の基本条約改正も仏独両国など加盟国政府のイニシアチブによるものが多い。とりわけ，外交・安全保障や警察・司法協力のような国家主権が強く関わる分野では，経済分野と異なり，今でもEU理事会が圧倒的な影響力をもっている事実も，この考えに説得力を与えている。

3 リベラル政府間主義

しかし，今日の理論的なEU研究では，超国家主義や政府間主義といった用語だけで語られることは多くない。そのため，もっぱら統合研究で用いられる理論としての「リベラル政府間主義（liberal intergovernmentalism）」について理解しておく必要がある。この理論は，広く国際政治一般に射程を広げ，EUを国際統合の考察の材料とする。

リベラルという形容詞がつけられているように，この理論は国際政治学におけるリアリズムに対抗するリベラリズムの視点をもつ。国家が国際政治における最重要アクターであり，国家が合理的選択を行うとする点ではリアリズムと共通点があるが，リアリズムと違い，国家は安全保障以外にも多様な選好をもつとし，制度を重要視する。

この立場を代表する**モラフチーク**[◁4]によれば，欧州共同体（EC）は「政策協調のための国際レジーム」と解されるのであり，国家は自らの国益に従い，他国と合意に向けた交渉を行い，将来の不確実性に備えるために他国と共同で制度を構築するとされる。欧州統合で特徴的なのは，多様な国家の選好が収斂しにくいはずなのに，それぞれの国家の非対称的な力関係に左右されつつも，情報やアイディアが開かれているために，脱中央集権化されたEUのもとでは，国家間交渉が効果的な結果をもたらすことであるという。

リベラル政府間主義に立てば，統合理念の提唱者たちの役割は軽視され，連邦主義は理論的研究から排除されてしまうが，国家が中心となって進む現実の欧州統合過程に合致した説得力があり，有力な理論となっている。　（八十田博人）

▷4 **モラフチーク**
（Andrew Moravcsik : 1956-）
アメリカの国際政治学者。ハーバード大学教授，プリンストン大学教授を歴任。リベラル国際主義を唱える。

参考文献

アンツェ・ヴィーナー／トマス・ディーズ『ヨーロッパ統合の理論』勁草書房，2010年。
ハラルド・クラインシュミット／波多野澄雄編『国際地域統合のフロンティア』彩流社，1997年。

Ⅱ　理　論

ガバナンスと EU

1　基本の意味

EU では総選挙による中央政府が存在しないのにルールがつくられ，遵守がモニタリングされ，違反にはサンクション（制裁）も下される。ガバナンスとはこうした中央政府なき秩序形成のシステムが持続的に成立している状態をいう。[1] そのシステムが選挙以外のデモクラシーの規範に則して運営される時，ガバナンスの質が改善されていると評価される。デモクラシーをベースにしたルールメイキング，モニタリング，サンクションの非国家的システム――国家のようで国家になりきれない制度複合体――を表現するのにガバナンスはとても便利な用語である。EU 研究では政治・政策・政体の三つの異なる問題関心に即して，それぞれのガバナンス論が展開されている。

2　政治の視点から：グッド・ガバナンス

EU では加盟国法に優先する法がつくられ，単年度20兆円にも及ぶ中小国なみの予算が編成される。にもかかわらず総選挙による中央政府は存在しない。加盟国の国民主権も脅かされかねない。いわゆる民主主義の赤字と呼ばれる問題だ。まさに統合の深化のゆえに，誰による誰のための政治なのかがたえず問われるようになったのである。こうした民主政治の問題に対する回答の一つが欧州委員会による2001年ガバナンス白書であった。[2] **共同体方式**[3]による EU 立法・政策過程をグッド・ガバナンスの原則により改善しようとする方針がこの文書によって示された。それが開放性・参加・説明責任・効果・一貫性の5原則である。立法過程で EU 市民による政治を実現し，政策過程で EU 市民のための政治を確実なものにしようというのがそのねらいだ。このような動きに反応しつつ，EU ガバナンスの質的改善を志向する研究が蓄積されている。[4]

3　政策の視点から：ソフト・ガバナンス

EU の共通政策は EU 法をベースに進められるが，それは加盟国法に優位し EU 司法裁判所により一元的に解釈される。ヨーロッパ統合研究には EU 立法による加盟国法の調和化をもって統合の深化だとみなしてきた経緯がある。しかし法を実施するために EU が手にする行政資源は予算的にも人員的にも限られている。それは加盟国の行政システムに依存する。しかもそのシステムは

▷1　この捉え方はローズノーによる政府なきガバナンスの概念に由来する。Rosenau, J.N., *Governance without Government: Order and Change in World Politics,* CUP, 2008.

▷2　European Governance: A White Paper, COM (2001) 428 final. この文書の策定過程には多くの学術研究者が招待され，その後のガバナンス研究のベースが形成されている。

▷3　**共同体方式**
EU 立法過程のあり方を示す用語で，欧州委員会が提案し，欧州議会と EU 理事会が共同決定する，という制度をいう。

▷4　たとえば EU ガバナンスの質的評価のために，議会の関与，社会団体の参加，透明性，熟議の質といった指標を用いることを提案する研究など（Borrás, S. and Conzelmann, T., "Democracy, Legitimacy and Soft Modes of Governance in the EU", *Journal of European Integration,* 29 (5), 2007, pp. 531-548），多数決（選挙）以外のデモクラシーのあり方が探求されているのが，EU ガバナンス研究の特徴の一つである。

加盟国ごとに多様だ。EU法はすべての加盟国にフィットするわけではない。加盟国によるEU法の不履行が生じやすい。これがEUを長年にわたり悩ませてきた。欧州委員会がEU法違反の加盟国を提訴するEU司法裁判所には長い行列ができている。しかもこのEU法の不履行は共通政策領域が拡張され加盟国が拡大するにつれ深刻化していった。

そこで進められたのがガバナンスのソフト化だ[5]。これはEU法による調和化ではなく加盟国の裁量を認める柔軟化の方策であり，公的規制より民間の自律的行動を優先する方向である。前者については開放型調整方式と呼ばれるガバナンス様式が導入された[6]。政策目標の数量化を進め，その実現は加盟国ごとの行動計画に委ねるというものである。後者の脱規制化では産業界と欧州委員会の共同規制や産業界の自主規制が試みられた。こうした取り組みはニューガバナンスとも名づけられ研究が進められたが，政策効果の点で限界が指摘され，規範的にも問題が提起された。業界団体や社会運動など市民社会の参加は進むものの，EU立法が必要ないため欧州議会が排除されてしまう。EU司法裁判所の管轄も狭まる。とはいえ加盟国が30近くまで拡大し多様性が増した現在，共同体方式による調和化を補足するガバナンスのソフト化は避けられない選択だ[7]。

4 政体の視点から：マルチレベル・ガバナンス

EUがすでに何らかの政体であることはまちがいないが，ではどのような政体なのかというとなかなかに一致した見解に至らない。EUは国際組織以上連邦国家未満であるとする見立てが一般的であるが，それは問題の提起にはなっても解答にはなりえない。しかもこの見立ては統合の進展を加盟国の主権の移譲にみる考え方を前提としている。EUは主権国家の同意に基づいた上でEU市民の参加にも開かれた組織である。加盟国は主権を放棄しない。国民的一体性の保持はEUの最重要原則の一つだ。しかし他方で加盟国中央政府はEUで唯一のアクターではない。EU法は実際には地方政府・自治体レベルで実施される。EUの補助金も執行はそのレベルだ。さらに価値志向の社会運動から業界利益追求の産業団体まで様々な市民社会組織がEU政治に関与する。EUがつくり出す政治空間では中央政府以外の政治アクターが躍動している。

こうした状況に政体論の視点から注目したのがホーヘとマークスによるマルチレベル・ガバナンス論であった[8]。それによるとヨーロッパ統合とは政治の権威や政策を左右する力が多次元にシェアされる政体の創出過程である。その過程を通じて地方自治体や市民組織がEUを媒介に各国中央政府と通常ではありえない関係を結べるようになる。そこでは主権が国民国家に保持されながらもなお国家間統合が進むという事態が生じる。マルチレベル・ガバナンス論は国家建設過程とは差異化された政体創出をEUにみるのである。

（臼井陽一郎）

▷5 これ以外にも，規制健全化（better regulation）と呼ばれる改革が漸進的に進められている。EU法上の義務をシンプルなものにして，いわゆるレッドテープの負担を最小限にしていこうという企てである。これもまた，EU法の施行不足への対策になる。

▷6 開放型調整方式（Open Method of Coordination：OMC）は主として1990年代後半から2000年代初頭にかけて，マクロ経済政策，雇用，財政監視，移民，税制，規制健全化，教育・訓練，企業，情報化社会，研究開発，社会的包摂，持続可能な発展，公衆衛生，若年者対策，年金，観光といった分野で進められた。Laffan, B. and Shaw, C., 'Classifying and Mapping OMC in Different Policy Areas,' *NewGov: New Modes of Governance*, 02/D09, 2005.

▷7 ガバナンスのソフト化以外では，中心となる加盟国間でEU法による調和化を進め，それ以外は緩やかな統合にとどまるといういわゆるコアヨーロッパ方式が構想されている。

▷8 Hooghe, L. and Marks, G., *Multi-Level Governance and European Integration*, Rowman & Littlefield, 2001, p. 2.

Ⅱ　理　論

外部ガバナンス

1　ダブリン・システム

シェンゲン圏（域内自由移動空間）の成立に伴い，EU 加盟国は共同で EU の対外国境を管理しなければならなくなった[1]。そして，EU 加盟国は1990年代には外国からの大規模な労働者の受け入れを停止していたため，難民（庇護）政策の共通化が課題となった。シェンゲン圏内では，パスポートチェックなどを行うための検問手続き所が撤廃されているため，非合法滞在の摘発が極めて難しい[2]。このシステム上の欠陥を悪用し，庇護申請を複数回行ったり複数の EU（シェンゲン）加盟国に申請を行ったりすることで EU 域内への滞在期間を実質的に延長し，その間に収容先から逃走するといった事件が相次いだ。これを受けて，EU は共通の難民受入れ政策[3]を整備するとともに，庇護審査の責任国を定めることで，庇護申請者の管理機能の強化を図った。これが，ダブリン・システムである。1990年に締結されたダブリン条約を基礎に置き，シェンゲン加盟国だけでなく，イギリスを含むすべての EU 加盟国に加えて，アイスランド，ノルウェー，リヒテンシュタイン，スイスの合計32カ国で構成されている。

庇護審査の責任国はこの法規[4]に基づき決定されるが，申請者が最初に上陸した国が責任国となるのが最も一般的である[5]。EU への庇護申請者の多くは，地中海を経由するルートを選ぶため，イタリア，ギリシャ，スペインなどが審査責任国となる場合が多い。連帯（solidarity）の理念の下，ダブリン・システム参加国には財政的あるいは人的支援が求められている。しかし，実際には上記地中海諸国が過度の負担を強いられており，それに対応する十分な補完措置が整備されていない[6]。

2　対外（外交）政策としての出入国管理

外部ガバナンス（external governance）は，このようなダブリン・システムの欠陥を，域外世界との連携により解消することを目的とした，国際連携のアイディアおよび実践形態である。EU はまず，EU 加盟候補国に対して，EU 法の集大成（EU アキと呼ばれる）の遵守を要件づけ，さらにはこれらの国々を「安全な第三国（safe third country）」と定めることでダブリン・システムに実質的に取り込んだ。この戦略は東方（第五次～第七次）拡大以前の東欧諸国に向けて適用された。また，2018年時点での EU 加盟候補国，加盟希望国，そし

▷1　⇨ VI-4 「人の自由移動」，VI-5 「移民・難民問題」

▷2　通常の国家と同様に，EU 加盟国は域内の外国人にパスポートや査証等の掲示を求める権限をいまだ有している。また，シェンゲン国境コードは，国家の安全保障に重大な影響を及ぼすような緊急事態が発生した時など，一定の要件において加盟国が一時的に検問手続きを再開することができる旨を定めている（第25条～35条）。

▷3　⇨ VI-5 「移民・難民問題」

▷4　ダブリン条約は2003年にダブリン規則（Dublin Regulation II）として EU 法規に編成された。2013年に改訂され，現在では Dublin Regulation III と称されている。なお，規則としての効力は，デンマークを除くすべての EU 加盟国に対して適用される。デンマークおよび非 EU 加盟国に対しては，条約としての法的拘束力をもつ。

▷5　中坂恵美子「EU における難民等受入れの責任と負担の分担――ダブリン規則の改正とリロケーション」『広島平和科学』38，2016年で詳しく解説されている。

てEUに滞在する外国人の出身国の一部をEUは「安全な出身国（safe country of origin）」[7]のリストに収め，送還のための二国間協定の締結を目指している。このうち，トルコは，2016年の「EU-トルコ声明」をもとに，トルコを経由しギリシャに上陸した人々のうち庇護申請が却下されたすべての人々をトルコが引き受けることに合意した。このため，EUは必要な財政支援を行うとともに，トルコからEU域内への合法的な人の移動に対してビザ発給の要件を緩和するとした。

このように，EUは，非合法滞在者の本国（あるいは経由国）送還を目的とする二国間の連携を再入国協定（readmission agreements）と呼ばれる複数の条約を組み合わせる形態を通じて行う戦略を打ち出している。EUはこれを対外政策（external policy）と位置づけている。しかし，ダブリン・システムへの協力を域外国に求める代わりに，ビザ緩和，財政支援，自由貿易協定や開発援助などを約束するというパッケージ・ディールの形を取ることが多いことなどを考えると，それは多分に外交的な手腕を要する政策であるといえよう。

3 グローバル・ガバナンスへの接近と今後の展望

EUは，このような出入国管理のための対外戦略を世界規模に据えた。体系化されたプランである「マイグレーションとモビリティに対するグローバル・アプローチ（The Global Approach to Migration and Mobility：GAMM）」は2011年に，EUの最高意思決定機関である欧州理事会（首脳サミット）において承認された。この文書には，近隣諸国だけでなく，アフリカ，アジア太平洋諸国，そして問題を共有する国々としてアメリカ，カナダ，オーストラリアなどとの連携方針が示されている。

GAMMの理念や実践形態からは，EUが出入国管理上の問題を解決するために多様な手段を用いて域外諸国との連携を実現するという意思が看取できる。到達すべき目標の一つは，交渉相手国が再入国協定に応じることである。相手国にしてみれば，自発的に国を出て行った人々を半ば強制的に帰還させることになる。それ以上に，移民[8]送出国の多くは異なる民族やエスニック集団が共生する社会であるため，これらの国々は，移民の帰還が自国内での新たな社会摩擦，ひいては政治／軍事レベルでの衝突に発展する可能性を恐れている。このため，移民の帰還に一定の責任を負うことになる再入国協定には多くの国々が受諾を躊躇していた。EUはこの状況を変えるため，とりわけEUへの新規加盟を交渉カードに据えることのできない国々（アフリカ，アジア太平洋諸国）に対しては，国連など国際機関を通じた開発援助を組み合わせるというアジェンダを志向している。それは，開発支援によって国内の安定的な平和や健全な労働市場を確保することにより，移民が生じるメカニズムを根源的に断とうとするアイディアに基づくものである。（岡部みどり）

▷6 2015年の「リロケーション」プランは，この問題の解消に向けてドイツ主導の下に生み出された。詳細はⅥ－5「移民・難民問題」を参照されたい。

▷7 「安全な第三国」も「安全な出身国」も，庇護申請者の「効果的な保護（effective protection）」を可能にするためにダブリン規範の中に生まれた概念である。ここで「安全」とは，①人種，宗教，国籍，特定の社会的集団への帰属や政治信条などを理由に庇護申請者が迫害を受けない，②深刻な被害（死刑や虐待，非人道的な扱いなど）を受けることがない，③ノン・ルフルマン原則（迫害を受ける恐れのある国に送還することができないという原則）や難民条約の規定を（当該国が）尊重しているなどの条件を満たしている，という意味である。EUがどの国が該当するかを選定するが，必ずしも当該国からの了解を得られているわけではない。

▷8 ここでは，国境を越えて移動する人を「移民」と総称している。

参考文献

岡部みどり「EUによる広域地域形成とその限界――対外政策としての出入国管理」『日本EU学会年報』第37号，2017年。
中山裕美『難民問題のグローバル・ガバナンス』東信堂，2014年。
中坂恵美子『難民問題と「連帯」――EUのダブリン・システムと地域保護プログラム』東信堂，2010年。

Ⅱ 理　論

「欧州化」の理論

1 欧州化とは何か

欧州統合が進展し，EUが様々な政策領域において権限を獲得したことで，EUとの関連をもたない国内政策をみつけることの方が難しくなった。欧州化は，このようなEUと加盟国の間の相互関係を分析するために用いられる概念である。欧州化には，「トップダウン」と「ボトムアップ」がある。トップダウンの欧州化は，EUが加盟国の政策，政治，政体に変化を引き起こすメカニズムに注目する。ラドレックは，このような立場から，欧州化を「ECの政治的・経済的な力学が加盟国の政治や政策決定の組織的論理の一部になるよう，政治の方向や形を再構成する漸進的過程」として定義した。[1] これに対し，ボトムアップの欧州化は，EUの政策や制度が加盟国によって形成されることを強調する。ボトムアップとは，加盟国が自らの政策選好をEUレベルに「アップロード」することを指す。加盟国は，EUの政策に適応しなければならないが，その際に生じる適応コストを最小限に抑えるために，自国の政策をEUレベルに上げようとする。EUの政策との適合度が高いほど，法的・行政的な適応の必要性が小さくなるからである。[2]

また，トップダウンの欧州化は，収斂や調和などの概念と区別される。[3] その理由の一つは，欧州化に伴う国内変容の大きさが様々だからである。加盟国はEUとの間に政策的・制度的な不一致が存在すると適応圧力を受けることになるが，国内の政治制度や意思決定過程の違いにより，EUの政策を国内に移植する過程には違いが生まれる。[4] そのため，欧州化研究では，加盟国がEUの政策に適応する際に重要となる国内要因を特定することが目指されてきた。

2 欧州化のメカニズム

EUの影響を媒介する国内要因は，合理的選択制度論と社会学的制度論に大別することができる。合理的選択制度論によれば，欧州化は，あるアクターには新たな機会を提供し，別のアクターには制約を課すことにより，アクターの影響力の再分配を導く。ただし，欧州化がもたらす機会を活用できるかどうかは，各加盟国の政治システムにおける拒否点の数や公式制度の存在に左右される。権限が分散的で拒否点が多く存在している環境では，欧州化に応じた改革のために必要な合意や「勝利連合」を形成することが困難になる。そのため，多重

▷1　Ladrech, Robert, "Europeanization of Domestic Politics and Institutions: The Case of France," *Journal of Common Market Studies,* 32 (1), 1994, p. 69.

▷2　Börzel, Tanja A, "Pace-Setting, Foot-Dragging, and Fence-Setting: Member State Responses to Europeanization," *Journal of Common Market Studies,* 40 (2), 2002, pp. 195-196.

▷3　Radaelli, Claudio M. "The Europeanization of Public Policy," in Kevin Featherstone and Claudio M. Radaelli (eds.), *The Politics of Europeanization,* Oxford New York: Oxford University Press, 2003, pp. 33-34.

▷4　ベルツェルとリッセは，EUと加盟国の間の不一致は国内変化の十分条件ではなく，必要条件にすぎないことを指摘する（Börzel, Tanja A. and Risse, Thomas, "Conceptualizing the Domestic Impact of Europe," in Kevin Featherstone and Claudio M. Radaelli (eds.), *The Politics of Europeanization,* Oxford New York: Oxford University Press, 2003)。

拒否点は欧州化に応じた国内変容の阻害要因として認識される。これに対し，公式制度は観念的・物質的な資源を提供することで，欧州化への適応を促す。たとえば，イギリスでは，機会均等委員会が賃金や待遇に関するEU指令を活用するための手段を女性団体に提供したことにより，ジェンダー平等が促進された。

一方の社会学的制度論は，観念的・規範的な過程に基づく国内変容を指摘する。その特徴は「**適切性の論理**」[5]に依拠していることである。それによれば，もしEUと加盟国の間に規範的あるいは認識的な不一致がある場合，規範起業家が説得や社会学習を通じて国内アクターを新たな規範や規則に社会的に適応させる。適切な行動に関する集団的な理解のような非公式制度もまた，欧州化に応じた国内変容を促すと考えられている。たとえば，協調的あるいはコンセンサス型の意思決定文化は，多重拒否点を乗り越えたり，適応圧力の調整を促す負担の共有を可能にしたりする非公式制度の一つとされる。[6]

3 加盟候補国の欧州化のメカニズム

主にEU加盟国を対象にしてきた欧州化の概念は，加盟候補国に対するEUの影響を分析する際の枠組みとしても用いられるようになってきている。加盟候補国の欧州化の特徴は，EUがコンディショナリティを通じて国内政治の変容を引き起こすことである。コンディショナリティは，EUが報酬を獲得するための要件を設定し，それを満たす加盟候補国に対し報酬を支払い，満たさない場合には報酬を撤回するという，「報酬による強化」戦略を通じて作用する。究極の報酬がEU加盟である。外部インセンティブモデル[7]によれば，EUのコンディショナリティの有効性は，要件の確定性，報酬の大きさと速さ，コンディショナリティの蓋然性，適応コストの大きさによって決まる。

確定性とは，EUが報酬のための要件として設定するルールの明確さと拘束力を意味する。EUがそのような要件を設定していなければ，EUの規則や制度への適応は起こらないと考えられている。次に，報酬の大きさと速さについては，拡大を約束することが最大の報酬とされ，その約束を得られるまでの期間が短いほど，加盟候補国による適応の可能性は高まるとされる。続いて，コンディショナリティの蓋然性は，要件を満たさない場合に報酬を撤回するという脅しと，要件を満たした場合に報酬を支払うという約束に関係する。最後に，適応コストは，政権や拒否権プレイヤーのような強力な国内アクターの選好によって決まる。適応コストを受ける拒否権プレイヤーの数によって，ルール適応の可能性は変化する。

以上を踏まえると，加盟候補国における欧州化の可能性は，要件が明確かつ拘束力をもち，大きな報酬が素早く提供され，報酬をめぐる脅しと約束の蓋然性が高く，拒否権プレイヤーの数が少ない場合に，最も高まると予想される。[8]

（佐藤良輔）

▷5 **適切性の論理**
アクターは規範やルールに照らして，その行動が適切かどうかを判断すると主張する論理（山本吉宣『国際レジームとガバナンス』有斐閣，2008年，第2章）。

▷6 Börzel and Risse (2003, 63-69).

▷7 外部インセンティブモデルは，アクター中心的で「結果の論理」に基づいているという点で，合理的選択制度論的アプローチに位置づけることが可能である。

▷8 外部インセンティブモデルによる加盟候補国の欧州化の詳細については，Schimmelfennig, Frank and Sedelmeier, Ulrich, "Introduction: Conceptualizing the Europeanization of Central and Eastern Europe," in Frank Schimmelfennig and Ulrich Sedelmeier (eds.), *The Europeanization of Central and Eastern Europe*, Ithaca: Cornell University Press, 2005 を参照のこと。

参考文献

力久昌幸「欧州統合の進展に伴う国内政治の変容――『欧州化』概念の発展と課題に関する一考察」『同志社法学』第59巻第2号，2007年，599-637頁。

Ⅱ　理　論

6 規制国家論

1 規制国家論とは

EU は国家建設であるかのような発展過程を辿りつつも，決して連邦国家にはなりえない方向に歩みを進めてきた。しかしそうであるがゆえに，EU とはどのような政体であるのかがたえず問われていった。本節で取り上げる規制国家論は，そうした EU 政体論の一つである。それによると，EU にあるべき政治は選挙による民主的コントロールの必要な分配政治[1]ではなく，専門家による熟議的コントロール[2]が要請される規制政治であるという。

▷１　予算編成や補助金配分といった富の取り分をめぐる政治の対抗関係を分配政治という。どの集団にどれほどの予算もしくは補助金を配分するのかという問題に専門的な正解は存在しないため，多数決で決せられるのが民主的だと考えられる。

▷２　分配政治とは異なり，議員による多数決ではなく，専門家の知見による精密な議論を通じて規制の内容を決定する場合をいう。

こうした規制重視の議論はマヨーネの1994年の論文に遡る[3]。ただマヨーネが問題にしたのは EU 政体ではなかった。彼は70年代中葉以降にヨーロッパの国家介入のあり方に変化が生じてきたこと，特にフランスとイギリスで独立の規制機関が多数設立されてきたことに注目する。後述のように EU でもこれに類似の機関がみられる。マヨーネはその含意を見定めるべく，規制について考察を深めねばならないと考えた。

▷３　Majone, Giandomenico, "The rise of the regulatory state in Europe", *West European Politics,* 17 (3), 1994, pp. 77-101. また Caporaso, J. A., "The European Union and Forms of State: Westphalian, Regulatory or Post-Modern?" *Journal of Common Market Studies,* 34 (1), 1996, pp. 29-52 も合わせて参照のこと。

マヨーネによると，ヨーロッパでは国家の役割は分厚く重たい。インフラ国有化，巨額の補助金，税制による所得再分配，国家自身の事業によって，国家は市場に介入し，望ましい経済をつくり出そうとしてきた。そもそも国家とは資源配分をめぐる戦いの場であるのだが，ヨーロッパの場合，その性格はいっそう色濃いものであった。それが変化しはじめ，規制が全面に出てきた状況に，マヨーネは注意を引く。規制という介入のあり方は，国有化とも補助金とも本質的に異なる政治をもたらすからだ。後述のように，この路線に拍車をかけたのがヨーロッパ統合の発展であった。

2 専門知による非政治的決定

規制の政治は分配の政治とは異なり，多数決になじまない。規制は選挙のたびに変更されてはならない。民意が示されたのちの最適手段の発見が重要になる。それゆえどこまでも専門知が求められる。その好例が中央銀行であり裁判所だ。どちらも選挙による多数決で判断は下せない。マヨーネがイギリスとフランスに見出した独立の規制機関は，専門知による非政治的決定に依拠している。金融機関の監視，エネルギー供給，職場の安全衛生，鉄道や航空や船舶の安全基準や運行規則，食品や薬品の安全，競争ルール監視といった公的機能を，大衆煽情的な選挙の政治から遮断すること，専門家の熟議を通じた基準とルールの設定を重視すること，これが独立の規制機関の存在意義となる。EU とはまさに各国が共同でそうした規制を管理する地域組織であり，そのような組織に求められるのは選挙という多数決の政治ではなく，熟議という専門知の政治だとする発想が，規制国家論の基本にある。

3 規制国家 EU のデモクラシー

なるほど，現在の EU の原点である欧州経済共同体設立条約（EEC 条約）には，農業や社会基金，均衡ある発展など分配志向の政策がリストアップされていた。[4] EEC の予算はそうした分野に投下されていた。そのため，一見したところ分配志向の政策統合が目指されていたようにみえる。しかし，その額は微々たるものであった。それは現在でさえ，単年度予算で EU の GDP の 1 %にすぎない。EU の役割は分配志向の政策ではなく，規制の策定にあるといえるのである。

このような見方は，EU のデモクラシーにとって重要な意味をもつことになった。総選挙による政権交代のない EU では，つとに民主主義の赤字が指摘されていた。EU の政策統合が進めば進むほど，加盟国議会は EU 法を国内法に置換するだけの機関になりさがる。では欧州議会の権限が飛躍的に高まったかといえばそうではなく，首班指名も議員立法も認められないままである。こうして EU 統合が進むほどに，議会による EU の民主的コントロールが効かなくなる。これが「民主主義の赤字」と呼ばれる事態だ。

けれども，EU が規制国家であり，重要なのは専門知と熟議だとなれば，事情は異なる。EU の規制主体・欧州委員会の使命は，先行して示された民意――EU 条約や EU 運営条約という基本条約の調印・批准と日々の欧州理事会や EU 理事会での合意――を専門的知見でもって実現していくことに限定される。EU に必要なのは利害当事者間の調整を専門家の熟議でリードしていく手続き的な仕組みであり，欧州委員会と加盟国政府は一方で**コミトロジー**[5]により，他方でエージェンシーにより，その仕組みをつくり上げていった。

現在の EU に特に顕著なのが，そのエージェンシーの普及である（巻末の資料 5 を参照）。EU の外郭団体のようなもので，リスク評価，監督，認証といった EU 規制に必要な業務が実に多様な領域で委託されている。2017年末現在，45のエージェンシーが欧州委員会の提案により設立されている。予算はわずかに12億ユーロ，EU 予算の0.8%にすぎず，強い権限が与えられているわけでもない。しかし，規制主体・欧州委員会の業務を補足する形で EU を支えている。EU 市民の日々の生活にとって，EU 内企業の日々のビジネスにとって，まさに欠かすことのできない存在だ。

（臼井陽一郎）

▷4 EEC 条約第 3 条に規定された共通政策分野は，関税，通商政策，人・サービス・資本の自由移動，農業，運輸，競争政策，経済政策調整，国際収支不均衡の是正，共同市場のための法の調和化，雇用機会改善・生活水準向上のための社会基金，欧州投資銀行，海外領土の経済社会発展であった。

▷5 **コミトロジー**
⇨Ⅳ-3「コミトロジー」

Ⅱ　理　論

7 テクノクラシーと民主主義

1 EU における民主的正統性

欧州連合（EU）の権限が強まるに従い，その**民主的正統性**[▷1]の問題が意識されるようになった。専門知識に基づき，合理性に訴える傾向のあるEUの権力行使が何に拠ってたつのか，基盤が問われたのである。

その最大のきっかけは，1980年代半ばの単一欧州議定書で立法過程に多数決が導入され，加盟国が拒否権を喪失したことである。それまでは，欧州共同体（EC）の権限が増強されていたとはいえ，国民の側からすると，拒否権をもつ自国政府を拘束しておけば，EC の決定は制御できた。しかし，限定的な分野であれ多数決が導入されると，それは時に意味がなくなる。そうすると，加盟国を通じてではなく，EC/EU それ自体の権力行使に直接正統性が問われることになるというわけである。その問題は，しばしば「民主主義の赤字」として括られた。EU権限が増えるのに対し，民主主義の制御が追いつかず，その分が「赤字」だと考えられたのである。

▷1　**民主的正統性**
正統性とは，それによって権力が権威に転化する転轍（てんてつ）メカニズムである。たとえば伝統，カリスマ，合法性などを経由して，支配者による命令を受け手の中で内的に正しいことと受容させ，それが命令であるというだけで従わせるものである。通常の民主国の場合，国民によって代表が選ばれ，その代表が支配するわけだが，その代表が支配する際の正しさは民衆による制御，とりわけ選挙により担保される。いわゆる民主的な正統性である。

2 議会制民主主義モデルの模索とその代替案

EC/EU は，その民主的正統性の問題に対し，議会制のモデルに基づき，欧州議会の権限を増強することでこたえようとした。1979年より欧州議会は直接民衆から選ばれるようになったのもその現れである。

議会の権限は，長いあいだ立法・予算・人事など枢要な事柄に限られ，概ね諮問的な役割にとどまっていた。けれども，1980年代半ばの単一欧州議定書における協力手続，より画期的なことに1992年調印のマーストリヒト条約で共同決定が導入されて以降，条約改正のたびに立法や予算での権限が増強された。並行して，欧州委員会委員長の選出過程でも議会関与が強められ，マーストリヒト条約では欧州理事会の指名する欧州委員会委員長への不信任手続が明記され，投票数の3分の2の賛成かつ議員総数の過半数を占めることが必要となった。現行リスボン条約では，欧州理事会が議会選挙の結果を「考慮」し，議会との協議を経て，委員長候補者を欧州議会に提案し，欧州議会が選出することになっている。2014年の欧州委員長選出の際には，議会多数が推すルクセンブルク元首相ユンカーを欧州理事会の特定多数決によって選んだことで，条文の精神が生かされた[▷2]。

▷2　2019年には，CDU の独国防相だったフォン・デア・ライエンが欧州委員長に選ばれたが，彼女は欧州議会の最大会派の一員ではあったものの，事前に議会が委員長候補にした者ではなかった。

ただし，こうした制度改正によって欧州議会，欧州委員会，ひいてはEU全体が民主的正統性を帯びているかというと，答えはおぼつかない。というのも，EUに一つの選挙民は存在せず，欧州議会選挙の際には，国ごとに異なる選挙法の下で，EUについてというよりも，それぞれの国民ごとの直近の関心（あるいは無関心）に従って投票しているのが実情だからである。実際，2014年の選挙までは，権能が強化されるにつれて逆に投票率は低下してきたこともあり，議会自体の社会的基盤は構造的に弱いといえる。また，EUの存在を否定的に捉える勢力が欧州議会で議席をもつことで政治的な存在感を発揮し，この民主的な場が反EU運動にプラットフォームを提供し，EUの拠ってたつ基盤を掘り崩すという皮肉な現象も，しばしばみられる。

むろんEUが参照すべき議会制民主主義の制度モデルは，英国型のものに限らない。その明示的な代替案として提示されてきた「**多極共存型民主主義**（consociational democracy）」**モデル**[3]は，文化的に深い亀裂を抱えている社会に適するとされてきた。それは，少数者の拒否権とコンセンサスの重視，複数の「柱（zuil）」（たとえば文化・階級・宗教的サブカルチャー）の並存・尊重，エリート連携といった要素をもつ。このモデルは，実際に極度の文化的な多様性をかかえ，小国を含めた全加盟国の拒否権，諸国民の文化伝統の尊重，エリート間の取引などの特色をもつEUの民主主義モデルとして，頻繁に言及されてきた。

ただ，多極共存型民主主義のモデルも，民主的安定を重んじる分，民主化の要素が少ないと批判される。それは，既存権力を固定する傾向をもち，ダーレンドルフがいうように「エリートのカルテル」を是認する機能をもちうるからだ。それをEUに当てはめると，理事会への重点的な権力分配という意味ですでに加盟国政府に「偏重している」代表制を，固定する機能をもつことになろう。

3 未解決の課題

結局EUは，越境的な民選議会をもつ珍しい政治体でありながら，「皆が決めたから従う」という民主的な正統性という以上に，いわば機能的な正統性に拠っている面が強い。つまり，「作動し，益をもたらしている（と概ね思われている）限り，その存在根拠を問わない」という性格のものである。とりわけ，EUが一国でなしえないことを共同で可能にする時，その存在意義は強含みとなる。逆に，通貨危機や難民危機のように，EUの機能不全が前面に出てくると，その正統性は揺らぐ。

その意味でEUは，合理的に機能することを目指す専門家支配，すなわちテクノクラシーとの親和性が強く，民主主義と緊張関係に立つことを意味する。その結果，選挙民たちの間に自分たちで欧州を動かしている感覚が希薄なままである。逆に，民主主義と相性の良い国民国家は常に正統性の点で強力である。結果として，いまに至るまで，EUの正統性は弱含みなのである。[4]（遠藤　乾）

▷3　**多極共存型民主主義モデル**
オランダやベルギーの政治を念頭に，政治学者レイプハルトにより定式化された民主主義のモデル。それは，英ウェストミンスター議会モデルと異なり，文化的に多元性をもつ社会に適合的なものとして提示された。

▷4　ただし，付言すべきは，国民国家の政治体もまた，予算，会計検査，競争政策を担当する部局や中央銀行など，専門家による合理的な権力行使を組み込んでいることである。その意味で，国家とEUを二極化して理解するのもまた困難を伴う。

参考文献

日本政治学会編『年報政治学2001——三つのデモクラシー』岩波書店，2002年。

遠藤乾『欧州複合危機——苦悶するEU，揺れる世界』中公新書，2016年。

II 理　論

8 EUにおける「共通の価値」

1 基本条約における「価値」への言及

欧州統合が始まった当初，価値や規範をめぐる問題は，加盟国に対し拘束力をもたない**欧州審議会**（Council of Europe）[▷1]が扱っていた。EUにおいて人権の尊重や民主主義といった「価値」が重視されるようになるのは，1970年代から1980年代にかけてであった。まずEU司法裁判所（ECJ）の判決を通じて，基本的権利や人権条約が重視されるようになり，次いでEU理事会，欧州議会，欧州委員会がこれらの価値に個別あるいは共同で言及するようになった。[▷2]単一欧州議定書（1987年発効）の前文は，「加盟国の憲法と法，欧州人権条約，欧州社会憲章に認められる基本権，特に自由，平等，社会的公正を基礎とする民主主義を，加盟国首脳はともに推進することを決意する」と述べ，「価値」に言及した。その後，マーストリヒト条約（1993年発効）の前文において，「自由，民主主義，人権と基本的自由の尊重および法の支配に対する忠誠を確認する」ことが謳われ，アムステルダム条約（1999年発効）では，「EUの基礎をなす加盟国に共通する原則」として規定された。

共通の価値への言及はさらに，2004年に署名された欧州憲法条約でもなされた。そこでは，それまでも価値として明記されてきた「人権の尊重」に「少数者に属する人々の権利」が含まれることになったほか，「平等」が新たに挿入された。[▷3]欧州憲法条約はフランスとオランダにおける国民投票で否決されてしまったが，価値に関する規定はその後のリスボン条約（2009年発効）に受け継がれた。リスボン条約では，「EUは，人の尊厳，自由，民主主義，平等，法の支配の尊重，および少数者に属する人々の権利を含む人権の尊重という価値に基礎を置く。これらの価値は，多元主義，非差別，寛容，公正，連帯および男女平等により特徴づけられる社会である加盟国に共通するものである」ことが明記された（リスボン条約1a条）。

2 EUにおける基本権保護の展開

このようにEUは，「共通の価値」をめぐり議論を続けてきたが，それは同時に人権や基本的自由といった基本権を保護するための体制づくりでもあった。1977年に欧州議会，欧州委員会，EU理事会が採択した「人権に関する共同宣言」は，その後のEU諸機関による基本権保護の基準となった。単一欧州議

▷1　**欧州審議会**
⇨IX-7「欧州審議会」

▷2　山本（2018，131）。具体例としては，1977年の欧州議会，EU理事会，欧州委員会による共同宣言が挙げられる。また，加盟国もこの時期，パリ宣言（1972年）とコペンハーゲン宣言（1978年）を通じて，人権や民主主義を強調した（山本直『EU人権政策』成文堂，2011年，序章）。

▷3　山本直「欧州憲法条約におけるEUの価値――I-2条の導入過程と展望」『同志社大学ワールドワイドビジネスレビュー』第6巻第2号，2005年，34-46頁。

定書は，加盟国憲法に共通の伝統および欧州人権条約を「法の一般原則」と規定することで，間接的に援用可能な基本権に関する法源を整えた。アムステルダム条約は，人権と基本的自由の尊重，法の支配といった共通の価値に違反する場合の具体的措置を定め，基本権保護を EU の原則の一つとして定めた。[4]

こうして徐々に基本権保護の体制を築いていった EU は，2000年10月に独自の EU 基本権憲章を採択した。これにより，それまで加盟国の憲法や欧州人権条約，欧州審議会が採択した人権条約などにおいて分散的に規定されていた諸権利が，憲章として一つにまとまり，可視化されるようになった。[5] 一方で，基本権憲章は，法的拘束力のない文書として採択された。これは，起草段階で，基本権憲章を EU 憲法の中核に位置づけようとする立場と，あくまで政治的宣言に止めようとする立場が対立した結果であった。[6] そのため，基本権憲章の法的拘束力をめぐる議論が引き続き行われることになった。そして，最終的に，2001年から始まった基本条約改正のための会議において，基本権憲章の条文を欧州憲法条約に挿入することが合意された。しかし，上述したように，欧州憲法条約が否決されてしまったため，基本権憲章に法的拘束力が付与されるのは，リスボン条約においてである。リスボン条約では，「基本権憲章に定められる権利，自由，および原則が条約と同じ法的価値をもつ」ことが規定され，これにより基本権憲章に法的拘束力が付与された。ただし同時に，リスボン条約では，それが EU の権限を拡大するものではないことも確認されている。また，基本権保護が EU の一般原則であることが維持された。[7]

3 加盟基準としての「共通の価値」

EU において「共通の価値」があるということは，加盟国がそれを受容することに同意していることを意味する。翻れば，共通の価値を受容しなければ，EU に加盟することはできないといえる。実際，1993年のコペンハーゲン欧州理事会では「民主主義，法の支配，人権および少数者の尊重を保障する制度の確立」が EU 加盟の基準の一つに掲げられた。[8] こうして，加盟候補国は EU 加盟に際し，人権，民主主義，法の支配といった EU における「共通の価値」を遵守することが求められることになった。EU は，候補国による自由権，社会権，少数者保護の進捗状況を，国際連合および欧州審議会の人権条約の実施状況とともに点検する。さらに，候補国の立法府，行政府，司法府の運営状況について，汚職防止策の実施状況，軍隊に対する文民統制，多国間協定の遵守状況，国際戦犯法廷への協力状況などをもとに確認している。[9] このような方法による価値の普及は，「コンディショナリティ」と呼ばれる。 （佐藤良輔）

▷4 アムステルダム条約では，欧州理事会の全会一致により，違反国の投票権などの権利の停止を含む措置をとることが認められた（安江 2009，187）。

▷5 EU 基本権憲章のその他の特徴としては，伝統的な国際人権条約の手法とは異なり，自由権と社会権を同一の文書に入れたこと，人間クローンの禁止や個人データの保護といった技術革新に対応した権利を含んでいること，文化的多様性に言及していること，よい行政を受ける権利の導入などが指摘されている（安江 2009，191）。

▷6 基本権憲章を拘束力のある条約とすべきという意見は，起草委員会，欧州議会，オンブズマン，欧州委員会の内部で強かった。他方で，イギリスなどは基本権憲章をあくまで政治的宣言にとどめようとした（安江 2009，192）。

▷7 基本権憲章が法的拘束力をもつまでの過程については，安江（2009）を参照のこと。

▷8 このような基準は，コペンハーゲン基準と呼ばれる。

▷9 山本（2018，80）。

参考文献

安江則子「EU リスボン条約における基本権の保護——ECHR との関係を中心に」『立命館法學』2009年第1号，185-205頁。

山本直『EU 共同体のゆくえ——贈与・価値・先行統合』ミネルヴァ書房，2018年。

Ⅱ　理　論

9 司法協力と EU 法の拘束力

1 司法協力の形成

1993年11月1日のマーストリヒト条約（EU 条約）発効に伴い創設された EU は，3本柱構造の下で，EC の活動，共通外交・安全保障政策とともに，EU 加盟国の政府間協力を基礎とする司法・内務協力を第三の柱と位置づけた。その後，アムステルダム条約では，査証（ビザ），移民，人の自由移動などの民事に係わる司法協力の領域を第一の柱である EC の管轄へと移動するとともに，第三の柱に残された領域を警察・刑事司法協力と名称を変更し，2009年12月1日発効のリスボン条約での柱構造解消後は，加盟国間の司法協力を EU に一定の権限を付与する領域へと変化させたのであった。

2 独自の法システムの下での EU 法の優位

EU の存立を基礎づける EU 条約，EU 運営条約という基本条約[1]は，その発効とともに加盟国の法の一部となり，加盟国の裁判所にその適用を義務づける独自の法システムを作り出した。そこでは，**権限付与の原則**[2]により EU の活動領域に限定が付されるが，EU の目的達成の範囲で EU 機関により制定される EU 法が加盟国間で異なって適用・執行されるようでは，EU の政策が域内で統一的に実施できないことになる。そこで，基本条約およびそれらに基づき制定される EU 法は加盟国の国内法よりも優位するとされる。

EU の基本条約の解釈・適用に関する紛争の解決は，EU 司法裁判所が管轄し，加盟国はその他の方法に訴えることができないという義務に服する[3]。そのために，EU 法そのものは自己完結的な法秩序を形成している。ただ，EU 法の優位という原則も EU 法に違反する加盟国国内法が無効になるという意味では理解されておらず，EU 法と国内法の両方が存在する場合に，EU 法が優先的に適用されることを意味するといわれている。しかし，EU 法が優先的に適用されるのであれば，EU 法に矛盾する国内法が存在してもそれが適用されることはないという点で，EU 法の優位という原則について効力の優位か適用の優位かを厳密に区別して取り上げることにあまり意味はないといえる。

▷1　これに EU 基本権憲章を加えたものを EU 基本条約と呼ぶ。

▷2　**権限付与の原則**
EU 条約5条で定められた EU の権限に関する原則の一つ。同条2項は，「連合は，条約に定める目的を達成するために条約で加盟国によって付与された権限の範囲内でのみ行動する。条約で連合に付与されていない権限は，加盟国に留保される」として，この権限付与の原則を明示する。

▷3　EU 運営条約第344条は，「加盟国は，条約の解釈あるいは適用に関する紛争の解決を，ここで定める以外の方法に訴えることはできない」とこの点をストレートに定めている。

3 加盟国間の司法協力とは？

EU 法の解釈・適用とは別に，EU 域内でのヒト，モノ，カネ，サービスの移動の自由が完成すれば，犯罪の広域化だけでなく，EU域外からの入国者に対する国境管理という点での加盟国間の協働が必要になる。この点，EU条約発効以前にも，**シェンゲン協定**[4]によって簡素化された国境検査の結果可能になった域内での自由な移動から生ずる，広域犯罪対策，入国管理での協力・情報共有および司法政策などで加盟国間の協働は行われてきた。また，EU域内での難民審査国の基準を定める**ダブリン条約**[5]による加盟国間の司法協力も行われていた。その結果，加盟国間での協働により一定の成果が得られる一方で，人の自由移動から生じる問題に十分対処できるのかという認識も生まれてくる。

たとえば，A加盟国の裁判所でB加盟国市民が判決を受けた場合，B加盟国市民が自国でA加盟国の裁判所の判決を他国での判決であるという理由で無視する行動に出た場合，それを認めることは法的規制の効力に対する抜け道を公然と認めることになる。そこで，特にリスボン条約による柱構造解消後，EU域内では，加盟国間の司法協力を単に政府間協力に委ねるだけではなく，一定の権限をEUに付与することにより，EUによる法執行・適用の制度構築の枠組みが整備された。それにより，EU法の適用だけでなく，加盟国国内法の効力も少なくともEU域内では同じように認められるようになる。

4 判決等の相互承認と高水準の治安確保

EU運営条約第3部第5編は「自由・治安・司法に関する領域」として，第3章で「民事分野における司法協力」を，第4章で「刑事分野における司法協力」を規定する。そこでは，同編第1章の一般規定になる第67条3項で「警察，司法機関および他の権限ある機関の間の調整と協力のための措置，ならびに刑事分野における判決の相互承認および必要に応じて刑事法の平準化を通じて，高水準の治安を確保するための努力」を，また4項で「特に民事分野における裁判上および裁判外の決定の相互承認を通じて，司法制度の利用を容易にする」とのEUの権限を明示し，その具体化を各章の条項で定めている。

民事分野・刑事分野の司法協力に共通するのは，判決等の相互承認の原則および加盟国の法令の平準化措置に関するEUの権限である。なお，民事司法協力でのEUの権限が，その行使の条件として「域内市場の円滑な機能に必要な場合」に限定されるのか否かが問題にされていたが，EU運営条約第81条2項は，必ずしもその場合に限定しないことを明示する。また，刑事司法協力でのEUの権限は，必要に応じた刑事法の平準化により，EU域内の高水準な治安の確保を目標にするという特徴をもつ。ただ，EUレベルでの法の統一は，加盟国の法的文化や伝統を考慮に入れた最小限のレベルにとどまり，それ以上の治安維持の権限は加盟国に委ねられることになる。[6]

(井上典之)

▶4 **シェンゲン協定**
⇨Ⅵ-4「人の自由移動」

▶5 **ダブリン条約**
EU加盟国において域外からの難民による庇護申請が申し立てられた場合に，当該申請を優先的に審査する国を決定するためのルールで，1990年に制定され，1997年に発効した。ダブリン条約によると，難民としての庇護申請者は，最初に到着したEU加盟国でその難民認定の申請を行い，そこで審査が実施されることになる。加盟国間でたらい回しにされたり，一度認定を却下された者が他の加盟国で申請を再度試みたりすることは認められない。Ⅱ-4「外部ガバナンス」も参照のこと。

▶6 なお，刑事司法協力の前提になる警察協力の問題は，司法協力とは区別されEU運営条約第3部第5編の第5章において定められている。

参考文献

庄司克宏「欧州連合（EU）法の下における司法・内務協力」『慶應義塾大学法學研究』第68巻9号，1995年，33頁以下。
中西優美子『EU権限の法構造』信山社，2013年。

第2部 EU の政策決定

Ⅲ　EU機関

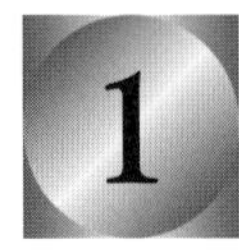

欧州委員会

EU そのものを代表する提案・執行機関

欧州委員会は，EU の行政執行機関であり，立法提案権をほぼ独占している。基本条約に基づく二次法は自ら制定できる。加盟国から各1人が選ばれる委員が各国政府閣僚のように職務を分担していることから，委員会は各国でいえば内閣，委員長は首相，委員は閣僚に相当するものと類推すれば，理解しやすい。

委員長は，外交・安全保障分野を除く分野で EU を代表し，外交・安全保障分野の代表である欧州理事会議長と同様，EU の対外代表である。しかし，EU においては歴史的に経済統合が先行し，外交・安全保障分野の統合は歴史が浅く，長く欧州統合の中核にいたのは，欧州委員会委員長である。先進国首脳会議（G7サミット）には，ジェンキンス委員長が1977年のロンドン・サミットに参加して以降，欧州委員会委員長が継続して参加している。

委員は，アムステルダム条約による改正（2004年）までは仏独伊英西の五大国から各2人，その他の中小国から各1人であったが，現在ではすべて各国から1人となっており，加盟国が27を越えてから，委員数を加盟国数の3分の2相当まで削減する規定があったが，延期され，各国1人態勢（イギリスの離脱後は27人）が続いている。委員は，任命後は自らの出身国でなく，EU 全体のために奉仕し，兼職はできず，任期は5年（再任可）である。

委員長は欧州理事会で選出され，欧州議会が承認する。委員は委員長の同意のもとで，EU 理事会で指名（各国政府が推薦）し，欧州議会が承認し，欧州理事会が任命する。委員の職掌[◁1]を決めるのは委員長であり，委員長には，EU 外務・安全保障政策上級代表を兼ねる1名を除く委員を罷免する権限もある。

委員長人事は，加盟国首脳間の協議で決められてきており，極端な欧州連邦主義者も国家主権主義者も選ばれることはなく，特に歴代委員長[◁2]13人のうち，実に3人が小国ルクセンブルク出身であることにも，妥協的な人事のあとがみられる。**ドロール**[◁3]のように各国首脳に負けない存在感をもった委員長は少ないが，かつてのような実務家タイプの委員長も少なく，近年は加盟国の首相経験者も多いことから，ポストの重要性が増してきたことが分かる。

▷1　2019年12月現在の委員の職掌は巻末の資料2を参照。

▷2　歴代の欧州委員会委員長は，巻末の資料1を参照。

▷3　**ドロール**（Jacques Delors：1925-）
欧州委員会委員長（1985-95）。仏社会党出身の政治家。欧州議会議員（1979-81），仏財務相（1981-84）を歴任。1992年域内市場完成，マーストリヒト条約締結など EC から EU への転換を図る時期に指導力を発揮した。経済通貨統合に関するドロール報告もまとめた。

2　「欧州官僚」批判に抗して

しかし，欧州議会のように EU 市民に直接選挙されるわけではない欧州委員会がエリート官僚たちとともにEU市民に影響を与える施策を行っていることを「民主主義の赤字」として問題視する「ユーロクラット（欧州官僚）」批判は根強い。欧州委員会には，各国政府の「省」に相当する多数の総局（DG：Directorate General）および局[4]があり，委員は必ずしも総局と1対1の対応関係ではないが，担当分野の総局，局を指揮し，その下には各国から派遣された官僚や専門家たちがEU官僚として補佐している。加盟国の官僚にとってEU機関への出向はもはやキャリア・パスの一部であり，EU法は公務員の必須の知識となっている。

欧州委員会にも，EU市民の政治的意思を反映した存在になりたいという意向はあり，現在のEU条約第17条7には，「欧州議会選挙を考慮し，適切な協議を行った後に，欧州理事会は，特定多数決により欧州議会に委員長候補者を提案する」という規定を踏まえ，2014年の欧州議会選挙で第一党になった欧州人民党（キリスト教民主主義勢力）の**ユンカー**[5]元ルクセンブルク首相が委員長に選ばれた。毎年9月の欧州議会での委員長の施政方針演説は，今や米国大統領の一般教書演説のように，State of the Union と呼ばれている。

欧州議会で不信任決議が可決されれば，欧州委員会は総辞職しなければならないが，現在まで一度も成立したことはない。委員会が自発的に総辞職したのは1例のみで，委員の不正行為疑惑からサンテール委員会が1999年3月に総辞職[6]している。

3 統合の推進役として

法案提案権を独占している欧州委員会こそが欧州統合の推進役であることは疑う余地がない。EUの予算，政策を執行し，域外国，国際機関との国際条約を締結するのも欧州委員会であるが，役割はそれにとどまらない。欧州委員会は基本条約の守護者の役割も与えられており，EU法の適用を監視し，違反を摘発する検察的な役割も有している。

たとえば，違反企業に課徴金を課すこともある競争総局は，日本の公正取引委員会と違い，独立機関ではなく，欧州委員が指揮している。ここには，プレイヤーと審判を兼ねていいのかという問題がある。しかし，もともと加盟国が共同で行う事項を委ねているEUという組織が一定の強制力なしに統合を進めることは不可能だっただろう。また，競争総局に限らず，出先にスタッフが少ない欧州委員会は各国政府機関と協力しないと，現場で力を発揮できない。

現在では，欧州統合の進展に伴う行政担当事項の増加に応じて，欧州委員会を補佐する「**専門機関（エージェンシー）**[7]」が多数作られている。各専門機関は，専門家を交えた情報収集・分析，特定分野の政策実施，各国政府機関等との調整などを行っている。

（八十田博人）

▷4　総局および局は，巻末の資料3を参照。

▷5　**ユンカー**（Jean-Claude Juncker：1954-）
欧州委員会委員長（2014-19）。ルクセンブルク首相（1995-2013），財務相（2009-13）。ユーログループ議長（初代，2005-13）。キリスト教社会人民党党首（1990-95）。

▷6　欧州委員会職員の内部告発などを受けて，サンテール委員会（1995-99）が提出した1999年度予算案が1998年末の欧州議会で承認拒否された。1999年1月に欧州委員会不信任決議案は否決されたものの，不正調査のための専門家委員会が設置された。専門家委員会の報告書は不正疑惑を払拭できず，主要会派が総辞職を迫る中で，同年3月，サンテール委員会は総辞職した。不正疑惑のあったクレソン委員はその後，EU司法裁判所に告訴され，有罪判決（報酬減額）が出された。

▷7　**専門機関（エージェンシー）**
⇨Ⅱ-6「規制国家論」

参考文献

福田耕治編『EU・欧州統合研究（改訂版）』成文堂，2016年。

Ⅲ　EU 機関

2 EU 理事会

1 各国政府を代表する政策決定の中核機関

EU に関する議論で，単に「理事会（Council）」という場合は，欧州理事会（EU 首脳会談）ではなく，この EU 理事会を指す。理事会は，各国政府の閣僚ないし閣僚以外の政府代表が分野ごとに集まり，政策決定を行う EU の中核機関である。ほとんどの場合，担当閣僚が集まるので，実際面から見れば，正式名称の「EU 理事会」よりも，以前の名称「閣僚理事会」のほうが分かりやすく，今も用いる人も多い。しかし，閣外の専門家などを政府代表として派遣することもあり，「閣僚」に限らないため，1993年のマーストリヒト条約以降，「EU 理事会」が正式名称となっている。

分野ごとに各国政府代表が集まるため，法的には一つの組織とみなされながら，実際には10種類の理事会が存在する。すべての種類の理事会の決定の一貫性を保持し，欧州理事会の準備を行うのが総務理事会（GAC）で，各国外相が集まり，半年ごとに交代する EU 議長国[◁1]の外相が議長を務める。外務理事会（FAC）だけは EU 外務・安全保障政策上級代表（欧州委員会副委員長兼任）が議長となるが，他のすべての理事会では，議長国の担当閣僚が議長となる。上記の２種類の理事会以外では，ユーロや財政に関わる経済・財務理事会（ECOFIN）が特に重要だが，他にも，司法・内務（JHA），雇用・社会政策・保健・消費者保護（EPSCO），競争力（域内市場，産業，研究）（COMPET），運輸・通信・エネルギー（TTE），農業・漁業（AGRIFISH），環境（ENVI），教育・青少年・文化・スポーツ（EYCS）の各理事会がある。これらは，大区分であり，たとえば外務理事会の非公式会合として防衛相が集まるなど，担当分野を細かく絞った会議も行われている。理事会に出席する閣僚をサポートする各国常駐代表が集まる常駐代表委員会（Coreper：Committee of Permanent Representatives）[◁2]が準備段階の交渉を行っている。

ただしこの政策分野ごとの，どの種類の理事会でも可決されたことは EU 理事会の決議であり，さらに決定を仰ぐ上部機関があるわけではない。首脳たちが集まる欧州理事会は立法せず，基本原則や優先事項を決定するもので，EU 理事会はこれに従うが，立法機能はあくまで EU 理事会と欧州議会にある。なお，欧州委員会の各分野の担当委員も関連する理事会に出席するが，理事会の正式メンバーではなく，採決には参加できない。

▷１　EU 議長国は，連続する３議長国で「トリオ」を組む。９代目トリオ（T９）は，ルーマニア（2019年前半），フィンランド（2019年後半），クロアチア（2020年前半）の３カ国。

▷２　Coreper には，各国の大使級が集まる Coreper Ⅱと，それ以下のレベルの各国官僚が集まる Coreper Ⅰがある。前者は重要性の高い，総務，外務，経済・財務，司法・内務の４分野の理事会に対応し，後者はそれ以外のより技術的な分野を担当する。Ⅰ-4「ルクセンブルクの妥協」側注１も参照。

2 外交・安全保障政策における優越

多くの政策分野が欧州議会との共同決定となっているなかで，外交・安全保障政策だけはEU 理事会の専権事項である。EU 理事会は，加盟国首脳たちが集まる欧州理事会が決定した方針に従い，外交・安全保障政策を決定，執行する。各国の主権の中核にある外交・安全保障分野の統合の進度は漸進的なもので，いまなお政府間協力の色彩が強いといえる。

また，欧州委員会が締結した国際条約を批准し，警察・司法協力分野の政策調整を行うのも，EU 理事会である。

3 各国の最後の妥協の場でもある政治的性格

EU 理事会は，加盟国間の最後の妥協の場でもある。1960年代に，各国の死活的な利益が絡む問題に全会一致を要する「**ルクセンブルクの妥協**[3]」を暗黙のルールとしたのも，理事会である。

現在では，全会一致でなく，加盟国数と人口による二重多数決の条件を満たした場合に可決する「特定多数決」を取る案件が増え，EU 理事会案件の80%がこの方法で採決される。まず，欧州委員会や上級代表が提案する案件の場合は，加盟国数の55%以上（27カ国の現在では15カ国以上）かつ，人口合計で65%以上が必要になる。一方，欧州委員会や上級代表が提案する案件でない場合は，加盟国数の72%以上（27カ国の現在では20カ国以上）かつ，人口合計で65%以上が必要である。なお，否決の場合も，国数で45%以上（13カ国），または，人口合計で35%以上が必要であり，最低でも４カ国以上が必要となる。

人口で65%という数字は，独英仏伊の四大国[4]のうち，いずれか３カ国がまとまらなければ，法案の可決を阻止できないことを意味する。逆に四大国のうち２カ国が同意しなければ，中小国だけで法案を可決することもできない。

ただし，すべての事項が特定多数決で採決されるのではなく，組織内部の規定などは単純多数決（14カ国以上）でよく，一方で新規加盟国の承認などの最重要事項は全会一致（27カ国）が必要である。

実際には，特定多数決で決められる案件でも，あえて投票せず，全会一致で決定することも多い。そのため，全会一致が期待される案件で，時に「拒否権」行使をチラつかせる加盟国首脳もいる。たとえば，経済・財務理事会は，欧州委員会が提案する，財政協定の違反国への制裁を最終的に決定する場所でもあり，当然制裁を受けそうな国はここで抵抗する。

しかし，各国間の妥協は，EU の団結の保持のためにも，ある程度まで欠かせないものである。欧州委員会がどれだけ野心的な統合計画を練っても，加盟国にここで最後の発言権を担保することで，EU が加盟国とともに進むことを可能にしているのである。（八十田博人）

▷3 **ルクセンブルクの妥協**
⇨Ⅰ-4「ルクセンブルクの妥協」

▷4 独英仏伊の四大国は，現行規定が2014年11月１日に現行規定が発効する前には，同じ票数（29票）をもっていた。人口ではドイツが他の３カ国より抜きんでた存在であるにもかかわらず，他の３カ国と同数の票しか与えられていなかったのである。当時は，各加盟国が全352票を人口に合わせて緩く傾斜配分され，人口で四大国に続くスペイン，ポーランドが各27票，最少のマルタが３票であり，260票以上が集まれば，加盟国数の過半数と加盟国人口の過半数をともに満たし，特定多数決で可決とされた。なお，現行規定発効後も，2017年３月31日までは，この旧規定による採決も可能であった。

Ⅲ　EU 機関

欧州議会

▷1　EU条約が定める議員定数は最大750まで，イギリスの離脱前はこれに議長1を加えて751となっていたが，イギリスの離脱後に705となった。

▷2　**本会議**
ストラスブールでは8月を除く毎月（2回開催される月もある），年12回開催され，いずれかの週の月曜から木曜までの4日間である。ブリュッセルで行われることも年に数回ある。本会議の開催時には，議員とスタッフが両都市間を大移動する。

▷3　現在の各加盟国の欧州議会議席数（イギリス離脱後）は表1の通り。

表1　議席数（英離脱後）

国名	離脱前	離脱後	増減
ドイツ	96	96	0
フランス	74	79	+5
（イギリス）	73	0	-73
イタリア	73	76	+3
スペイン	54	59	+5
ポーランド	51	52	+1
ルーマニア	32	33	+1
オランダ	26	29	+3
ベルギー	21	21	0
ギリシャ	21	21	0
ポルトガル	21	21	0
チェコ	21	21	0
ハンガリー	21	21	0
スウェーデン	20	21	+1
オーストリア	18	19	+1
ブルガリア	17	17	0
デンマーク	13	14	+1
フィンランド	13	14	+1
スロバキア	13	14	+1
アイルランド	11	13	+2
クロアチア	11	12	+1
リトアニア	11	11	0
ラトビア	8	8	0
スロベニア	8	8	0
エストニア	6	7	+1
キプロス	6	6	0
ルクセンブルク	6	6	0
マルタ	6	6	0
合　計	751	705	-46

1　直接選挙で選ばれる EU 市民の代表

欧州議会は，EU 加盟国市民から直接選挙で選ばれる定数705名[◁1]の議員からなる議会である。設立当初は諮問的な性格が強かったが，今日では EU 理事会と共同決定を行う事項が多くなり，重要な立法機関となった。現在では外務・安全保障政策事項を除き，欧州議会の承認や同意なく進む事項は少ない。

欧州石炭鉄鋼共同体（ECSC）の設立から加盟国国会議員の代表の共同総会として存在したが，1979年から直接選挙となった。**本会議**[◁2]の多くはフランスのストラスブールで行われるが，ベルギーのブリュッセルにも議場がある。

権限が強化された現在では，クレッグ元英副首相（自由民主党）やシュルツ元ドイツ社会民主党党首（元欧州議会議長）のように，各国の国内政治で重きをなす議員経験者たちも出てきた。一方で，ブレグジット党の創立者ファラージのような欧州懐疑派もまた，ここで議論するようになった。

議員は，加盟国政府閣僚や欧州委員会委員との兼任は不可だが，加盟国国会議員や地方首長・議員との兼任は可能で，任期は5年，解散はない。また，議員は各国ごとに決められた人数が選ばれ，選挙の細則は各国に任されているが，比例代表制に基づくものとされ，国内議会が小選挙区制のイギリスでも，国会議席が僅少な小政党が議席を獲得してきた。また，加盟国市民は国籍にかかわらず，居住する国で投票することができる。

各国の議席数[◁3]は，単純な人口比例ではなく，最大のドイツが96，最少のマルタなどは6と緩やかな傾斜が付けられている。イギリスの EU 離脱に際して，その議席を使って全 EU 選挙区を作る案もあったが，これは実現されず，各国に追加配分された。また，ユーロ・グループ（ユーロ圏経済・財務相会合）が制度化されたことに対応して，ユーロ圏議会の設置を求める声もある。

また，欧州議会は，EU 市民・法人から EU に対する異議申し立てを受理し，審査する**欧州オンブズマン**[◁4]を任命している。世界の人権や民主主義の発展に貢献した人物には「**思想の自由のためのサハロフ賞**[◁5]」を授与しており，歴代受賞者には，その後ノーベル平和賞を受賞したマララ・ユスフザイもいる。

2　法案提出権のない議会

欧州議会は，EU 理事会と共同で立法を行う共同決定機関であるが，立法への関わり方はやや複雑である。まず，理事会との共同決定となる通常立法手続では，理事会が特定多数決を用いるすべての分野が扱われる。次に，特別立法手続には，理事会の決定前に欧州議会の同意が必要で，欧州議会が事実上の拒否権をもつ「同意手続」と，欧州議会が意見を求められるが，拒否権はもたない「諮問手続」に分かれる。予算も理事会と共同決定となるが，欧州議会には予算全体の拒否権がある。◁6

しかし，欧州議会が本格的な議会なのか疑問符がつくのは，法案の提出権がないことで，欧州議会が法案を提出したい時は，提案権限をもつ欧州委員会に提案を要請することになる。ただし，**分野別の委員会**◁7が提出する報告書も重要で，欧州委員会や理事会との三者協議を通じて政策に影響を与える。人事では権限は強く，欧州理事会が指名する欧州委員会委員長候補の承認（単純多数決）や欧州委員会全体の承認（委員候補に聴聞あり）も行い，欧州委員会の不信任決議（投票数の3分の2，議員総数の過半数）も決議できる。不信任決議可決の場合，欧州委員会は総辞職するしかなく，欧州議会の解散はない。

3 欧州横断的な政党連携を促す会派

議員は，国ごとではなく，政治主張ごとに会派◁8を形成する。議会の役員も会派間の協議で決められる。会派の結成には，7カ国以上からなる25名以上の議員が必要で，第9会期（2019～2024年）には七つの会派が成立している。

最大会派はずっと，キリスト教民主主義勢力が集まる欧州人民党（EPP）で，フォン・デア・ライエン欧州委員会委員長もこの勢力に属す。2014年の欧州議会選挙では，主要5会派が次期欧州委員長候補を掲げて選挙戦を争い，EU 条約第17条にある，欧州理事会が欧州議会選挙の結果に配慮して欧州委員会委員長候補指名を行うという規定に配慮してユンカーが委員長に指名されたが，欧州理事会でキャメロン英首相（当時）が反対したように，欧州議会の多数派から欧州委員会委員長を選ぶ「疑似議院内閣制」は定着せず，2019年の欧州議会選挙も4会派が委員長候補を掲げたが，第一党の欧州人民党の候補ヴェーバーではなく，各国政府間の調整でフォン・デア・ライエンが選ばれた。

欧州人民党に次ぐ会派は，社会民主主義政党が集まる欧州議会社会主義・民主主義進歩同盟（S&D）であり，現在の欧州議会議長サッソーリもここから出ている。この2会派に加え，リベラル勢力の「欧州刷新（Renew Europe）」グループや環境政党や自治政党が集まる「緑・欧州自由同盟（Greens/EFA）」などを含めれば，まだ欧州統合推進派の多数は維持できている。

しかし，ポーランドの「法と正義（PiS）」などの「欧州保守・改革（ECR）」グループ，フランスの国民連合やイタリアの同盟など極右政党が集まる「アイデンティティと民主主義」（グループ）に集う欧州懐疑派，ポピュリスト政党の台頭は，今後の欧州議会に変化をもたらすかもしれない。（八十田博人）

▷4 **欧州オンブズマン**
⇨Ⅳ-4「欧州オンブズマン」

▷5 **思想の自由のためのサハロフ賞**
1988年創設。旧ソ連の反体制物理学者サハロフ博士を記念。欧州議会の外交委員会と開発委員会が候補者（団体も可）を選定する。

▷6 ⇨Ⅳ-1「各機関の関係と政策決定プロセス」

▷7 **分野別の委員会**
分野ごとに25名から71名の議員で組織され，法案の分析や修正法案の起草を行う。常設委員会と特別委員会があり，常設委員会には，外交，人権，安全保障・防衛，開発，国際貿易，予算など23の委員会がある（2019年5月現在）。

▷8 欧州議会の会派は巻末の資料4参照。

参考文献

児玉昌己『欧州議会と欧州統合――EU における議会制民主主義の形成と展開』成文堂，2004年。

Ⅲ　EU 機関

欧州理事会

1 統合の進展とともに制度化された首脳会談

欧州理事会は，報道では「EU 首脳会談」とも呼ばれる，EU と加盟国の首脳が集まる会議である。現在は年４回の会議（公式２回はブリュッセルで，非公式２回は議長国で）のほかに，近年ではユーロ危機やテロ，難民問題などに対応して臨時の会議も頻繁に行われ，加盟国首脳は年に何度も会談し，メディアの関心もここに集中するようになった。

しかし，EU のもととなった欧州経済共同体（EEC）設立当初には，加盟国の首脳会談は制度化されていなかった。当時は共同市場の貿易自由化推進など経済分野の統合が中心で，実務的な国際機関としての性格が強く，首脳が頻繁に会談するような組織とはみられていなかったのである。

転機となったのは，ド・ゴール仏大統領の退陣後に EC 統合を加速化しようとした1968年のハーグでの EC 加盟国首脳会談[1]である。そして，1974年12月のパリ首脳会談から，EC 基本条約に規定のないまま，加盟国首脳と外相，２人の欧州委員会の代表（通常は委員長と他の欧州委員１人）から構成される「欧州理事会[2]」として定例化した。欧州理事会では，EC に関する事項と，EC の外に置かれた「**欧州政治協力（EPC）**[3]」について話し合われることとなった。しかし，ローマ条約を改正した単一欧州議定書では，欧州理事会は言及されたものの，EC の主要３機関とは別規定で，法的性格は明確でなかった。

そして，EU 時代に入り，共通外交・安全保障政策（CFSP）の強化が進んだ1990年代以降は，欧州理事会の制度化が進み，2009年発効のリスボン条約ではついに，常任の議長が設けられた。現在では，加盟国首脳に加えて，欧州理事会議長と欧州委員会委員長が正式メンバーであり，EU 外務・安全保障政策上級代表（欧州委員会副委員長兼任）が陪席する，EU の最高レベルの会議となっている。

2 事実上の最高決定機関に

現在では EU の最重要事項の決定がなされるので，欧州理事会は事実上の最高決定機関となったといえる。ただし，ここで「事実上」というように，欧州理事会は立法機関ではなく，立法権限はあくまで，EU 理事会にある。欧州理事会は，その立法に先立つ EU の基本方針と優先順位を決定する。決定は

▷１　ド・ゴール仏大統領の後任であるポンピドゥ大統領が欧州統合推進，イギリスの EC 加盟支持に方針転換し，主導した。初めて加盟国首脳会談に EC 委員長（当時はジャン・レイ）が参加した。

▷２　「欧州理事会」という名称は，パリ首脳会談の終了後の記者会見で，当時のジスカールデスタン仏大統領が，国王の交代で用いられる表現を使い「欧州首脳会談は没した。欧州理事会万歳」と述べて，命名した。

▷３　**欧州政治協力**
⇨Ⅵ-1「外交」

全会一致が原則であり，票決の際は，議長と欧州委員会委員長は参加しない。陪席のEU外務・安全保障政策上級代表も議論には参加するが，当然議決権はない。ここには加盟国首脳会議としての性格が色濃く残っている。

欧州理事会議長は，報道で「EU大統領」とも呼ばれるように，EUの対外代表であり，加盟国の権限が強いEUの外務・安全保障政策も代表する。そのため，欧州理事会議長は，同じくEUの対外代表である欧州委員会委員長とともに，域外国首脳と会談する。年1回の**日・EU定例首脳会談**[4]で日本の首相と3人で記者会見する姿もお馴染みになっている。世界各国のEU常駐代表部代表（大使）は，欧州理事会議長に信任状を捧呈する。

欧州理事会議長は加盟国首脳の特定多数決で選出され，任期は2年半で，1回のみ再任可である。この任期は解散なし5年の欧州議会の任期に合わせたものである。初代（2009～14年）のヴァン・ロンプイ（ファン・ロンパイ）は元ベルギー首相，2代目（2014～19年）のドナルド・トゥスクは元ポーランド首相，3代目（2019年～）のシャルル・ミシェルは元ベルギー首相であり，各国首脳級の人物が求められていることが分かる。

欧州理事会では，**EU外務・安全保障政策上級代表**[5]の任命も行われる。他の欧州委員と異なり，欧州委員会委員長に上級代表の罷免権はなく，必要な場合は委員長の要請に従い，欧州理事会が判断することになっている。初代のキャサリン・アシュトン（英国，労働党，元EU委員），2代目のフェデリカ・モゲリーニ（イタリア，民主党，元外相）がいずれも女性で，社会民主主義系の政党出身であるのは，欧州理事会議長が2代続けて男性で，欧州議会で最大勢力である欧州人民党（キリスト教民主主義系の政党グループ）から選ばれたため，二大勢力のバランスを取った人事であった。3代目のジョセップ・ボレル（スペイン，社会労働党，元外相，元欧州議長）も社会民主主義系である。

3 トップ会談で緊迫した議論の場に

初代欧州理事会議長の候補には，ブレア元英首相の名前が挙がったこともある。しかし，各国政府はブレアのような強力な政治家がこのポストに就くことを望まなかった。国外では知名度の低いヴァン・ロンプイの就任は，そのことを証明しているようにみえた。しかし，ヴァン・ロンプイは，演説の名手としての能力を発揮し，EUの理念を語る際に意外なほど，聴衆の注目を集めた。

ユーロ危機に際しては，EUに瀬戸際政策を取るギリシャとの大詰めの交渉で，全加盟国の首脳ではなく，ユーロ圏の三大国である独仏伊の各国首相と欧州理事会議長，欧州委員会委員長，ユーロ圏議長だけが集まって，ギリシャのチプラス首相と最後の詰めを行う場面もあった。対外代表としての欧州理事会議長は，もはやEUの重要な交渉や政治決定に欠かせない存在になったといえるであろう。

（八十田博人）

▷4 **日・EU定例首脳会談**
⇨Ⅹ-1「日本」

▷5 **EU外務・安全保障政策上級代表**
⇨Ⅵ-1 外交

Ⅲ　EU 機関

EU 司法裁判所

1 EU 司法裁判所の構成と司法手続

EU 司法裁判所（Court of Justice of the European Union：CJEU）[1]は，EU 条約[2]第19条１項によれば，主に，司法裁判所（Court of Justice），および総合裁判所（General Court）からなる。

司法裁判所（TEU19条，EU 運営条約[3]251～253条）は，独立性に疑義がなく[4]，自国で最高の司法上の職務遂行に必要な資格を備えるか，または周知の能力を有する法律専門家であるという条件を満たす者から，各加盟国１名ずつ選出される裁判官で構成される。任期は６年で，再任が可能である。法廷には，全員法廷，大法廷（15名），小法廷（５名，３名）がある。

総合裁判所（TEU19条，TFEU254条）は，独立性に疑義がなく，自国で高度の司法上の職務遂行に必要な能力を有する者から選ばれる裁判官により構成され，少なくとも各加盟国から１名選出される（2019年９月１日より各加盟国から２名）。任期は６年で，再任が可能である。法廷には，全員法廷，大法廷（13名），小法廷（５名，３名），一人法廷がある。

EU 司法裁判所での審議は，非公開かつ合議制であり，多数の結論が裁判所の判決となる。少数意見および反対意見は公表されない[5]。

また，アヴォカ・ジェネラル（l'avocat général；Advocate-General：AG）が司法裁判所を補佐する。アヴォカ・ジェネラルは，判決前段階で完全に公平かつ独立の立場から，理由を付した意見を提示する（TFEU252条）。意見は，司法裁判所を拘束しないが，高い権威および事実上の影響力を有する。

EU 司法裁判所の司法手続には，国内訴訟で提起された EU 法上の問題について，国内裁判所が司法裁判所に質問する先決付託手続と，総合裁判所または司法裁判所で始まり，そのいずれかで終わる直接訴訟がある（取消訴訟，義務不履行訴訟，不作為訴訟[6]，損害賠償訴訟[7]等）。EU 司法裁判所では，私人が提起する直接訴訟の場合，二審制となる（第一審が総合裁判所となり，法律問題についてのみ，司法裁判所への上訴が可能）。

2 先決付託手続（TFEU267条）

加盟国の国内裁判所は，EU 司法裁判所で直接訴訟の対象となる問題を除き，EU 法上の問題を扱う役割を負う。しかし，EU 法は，EU 全域の国内裁判所

▷1　**EU 司法裁判所**
司法裁判所，総合裁判所等の総称である。欧州司法裁判所も同じ意。

▷2　**EU 条約**
Treaty on European Union. 以下「TEU」。

▷3　**EU 運営条約**
Treaty on the Functioning of the European Union. 以下「TFEU」。

▷4　出身加盟国とは無関係に，EU 法にのみ基づき公平な判断ができなければならない。

▷5　独立性を実現するために必要。日本の裁判制度とは異なる。

▷6　**不作為訴訟**
EU 諸機関が EU 法に違反して行為を怠る場合に，その違反の確認を求める手続。

▷7　**損害賠償訴訟**
EU 機関または職員が与えた損害の賠償を請求する手続。

で，統一的に解釈・適用される必要がある。そのために用意されているのが，国内裁判所がEU法の問題を扱う場合に，司法裁判所に判断を仰ぐための先決付託手続である。同手続の下，国内裁判所は，EU条約，EU運営条約，およびEU派生法（規則，指令，決定等）の解釈[◁8]について，司法裁判所に先決判決を求めることができる。当該国内裁判所の「決定が国内法上，上訴を許さない場合」は，先決判決を求めなければならない。また，EU派生法の効力[◁9]については，いずれの国内裁判所も司法裁判所に先決判決を求めなければならない。

▷8　たとえば，EU運営条約規定の文言の意味を確認する問題。

▷9　たとえば，EU規則がEU運営条約の規定に違反しているため無効ではないかという問題。

3 取消訴訟（TFEU263条）

取消訴訟は，EU司法裁判所が，EU条約，EU運営条約等に照らしてEU諸機関により採択された派生法（規則，指令，決定等）の適法性を審査する手続である。訴訟を提起する原告適格を有する提訴者として，まず，加盟国，欧州議会，EU理事会，欧州委員会は，特に条件なく，司法裁判所に取消訴訟を提起できる（特別待遇の提訴者）。次に，会計検査院，欧州中央銀行，地域評議会は，自己の特権の保護を目的とする場合に，司法裁判所に取消訴訟を提起できる（準特別待遇の提訴者）。私人（自然人，法人）は，当該EU派生法が自己を対象，または自己に直接的かつ個別的に関係する場合等に，取消訴訟を提起できる（非特別待遇の提訴者）。私人は，まず総合裁判所に取消訴訟を提起し，法律問題について，司法裁判所に上訴が可能である。提訴期限は，当該措置の公表，または通告等から2カ月である。

4 義務不履行訴訟（TFEU258～260条）

一般的な義務不履行訴訟は，EU法上の義務を履行しない加盟国を欧州委員会が司法裁判所に訴える訴訟である（TFEU258条，260条）。たとえば，加盟国の最高裁判所がEU法に違反したり，加盟国がEUの指令を期限内に的確に実施しない場合等に提起される。

まず，行政的段階として，欧州委員会が加盟国常駐代表に接触し，次に拘束力のない公式の通知状，追って理由を付した拘束力のない公式の意見を加盟国に送付する。次に，司法的段階として，加盟国が欧州委員会の理由付意見に期限内に従わない場合，欧州委員会は問題を司法裁判所に付託することができる。司法裁判所は，加盟国がEU法上の義務を履行していない旨を判決する。

最後に，判決不履行手続として，加盟国が司法裁判所判決に従うために必要な措置を講じない場合，欧州委員会は，司法裁判所に加盟国を再度提訴できる。この場合，司法裁判所は，加盟国の判決不履行に対し，一括制裁金または（および）履行強制金[◁10]を科すことができる。　（東　史彦）

▷10　司法裁判所は金額の決定の際，広範な裁量権を有している。一括制裁金が200万ユーロ，履行強制金が1日1万6000ユーロ科された例もある。

参考文献

庄司克宏『新EU法基礎編』岩波書店，2013年，第4章。

Ⅲ　EU機関

 経済社会評議会と地域評議会

1 EUにおける諮問的機関

主要機関に加えて，EUの政策執行や立法において地域や社会・経済の視点から意見をとりまとめ諮問する役割をもつ機関として，経済社会評議会と地域評議会がある。経済社会評議会は，EUの市民社会組織の代表として，経済社会領域についてEU各機関からの諮問を受けて答申を行う。地域評議会は加盟国内の地域・地方政府[1]の代表者によって構成され，EUの政策決定において地域・地方の利害に関わる問題について答申を行う。両機関は，EU運営条約においてその役割が明記され，特定分野においては両機関が協力して諮問作業にあたるものと規定されている。

▷1　ここでの「地域」とは，EU加盟国の一部である地域・地方の行政単位を意味しており，実際のメンバーも加盟国の制度によって，連邦構成主体である地域や共同体，州から，複数の県が集まった地域，そして市町村に至るまで幅広い。

2 経済社会評議会

欧州経済社会評議会（European Economic and Social Committee：EESC）は1957年にローマ条約により設立され[2]，「組織化された市民の社会（organised civil society)」の代表として，様々な経済的・社会的主体から構成されている。EUの政策決定と立法がより民主的で効果的，かつEU市民のニーズを的確に反映したものになるようにすることを目的としている。

▷2　ローマ条約のうち，欧州経済共同体設立条約による。

具体的には，①欧州議会，EU理事会，欧州委員会に助言を与える，②市民社会の考えがEUの政策立案に関わり合いを深めるような働きかけをする，③EU域外，および域内において，市民社会組織の役割の増大と強化を支えることである。

EESCはブリュッセル（ベルギー）に本部を置き，加盟国から概ね人口比によって割り当てられた326人のメンバーからなる[3]。5年の任期で，各加盟国政府によって指名されて欧州理事会によって任命されるが，あくまでも出身国の政府機関とは独立した個人としての資格で欧州市民全体の利益を代弁するとされている。メンバーは，①雇用者グループ，②労働者グループ，③その他の利益集団グループ（農業従事者，専門職，消費者団体など）のいずれかのグループに属する。

▷3　2020年1月末のイギリスの離脱にともなって，350人から24人減少した。

EESCの諮問する対象領域は，マーストリヒト条約で拡大され，経済から社会問題にまで及び，具体的には運輸，環境，農業，エネルギー，インフラ，経済的社会的結束など幅広い。EUと市民をつなぎ，より民主的な意思決定のた

めの役割を期待されている一方で，その権限が強化されているということはなく，諮問的役割としての限界を指摘されることもある。

3 地域評議会

地域評議会（European Committee of the Regions：CoR）はヨーロッパ統合が政策領域を広げ，政策実施に関わる主体も多様化させながら進展していく中で，マーストリヒト条約によって設置され，1994年に活動を開始した。EU 加盟国の下位国家レベルが果たす役割を重視するスローガン「地域のヨーロッパ（Europe of Regions）」の一つの表れでもある。「**補完性原則**[4]」，「**近接性**[5]」，「**パートナーシップ原則**[6]」を理念として掲げ，自らの領域内を対象に行われる施策について，地域や地方自治体などが，政策の立案から実施に至るまでより積極的に関与できるようになった。

CoR は，条約が規定する場合，および EU 理事会または欧州委員会の一つが適当と判断する場合，特に国境を越える協力に関する場合には，EU 理事会または欧州委員会と協議することとされている。また，下位国家主体の利益に関係すると判断する場合には，自らの発意で「意見（opinion）」を表明することも可能である。

具体的な活動領域としては，地域の利害に関わる問題という視点で条約によってあらかじめ規定されていて，当該領域について，欧州委員会ならびに EU 理事会は CoR に諮問しなければならないものとされている。政策領域別に以下の六つの専門委員会に分かれていて，CoR としての見解を協議している。①市民権・ガバナンス・制度および対外関係，②結束政策と EU 予算，③経済政策，④環境・気候変動・エネルギー，⑤天然資源，⑥社会政策・教育・雇用・研究および文化である。

CoR のメンバーは，発足時の189人から1995年には222人，2004年の拡大でさらに大規模となり，2019年12月時点では350人の構成となった。各加盟国の提案に基づき EU 理事会によって任命される形をとり，4年の任期で務める。再任は可能だが，アムステルダム条約で欧州議会議員との兼務は禁止された。

活動の実効性についていえば，同委員会が欧州委員会や EU 理事会に対して諮問的地位にあり，その意見に拘束力がないために，CoR の出した意見がどの程度最終的に政策に対して影響力を及ぼしたのかを認識されにくいという批判がある。一方で，EU 予算の中で域内の地域格差の是正に関わる分野（構造基金や結束基金など）が拡大する中，地域・地方自治体が自らの問題について関与を深める必要性は一層増しており，CoR の果たす役割への期待も大きい。

（正躰朝香）

▷4 **補完性原則**
⇨Ⅳ-2「補完性の原理」

▷5 **近接性**（proximity）
市民の意見に耳を傾け，市民が EU の意思決定に近しく関われることを目指すという考え方。

▷6 **パートナーシップ原則**
超国家レベル（EU），加盟国レベル，下位国家レベル（地域・地方）の三者が，協力して意思決定のプロセスに参加すべきとする原則。地域政策の実施においては特に重視されている。

参考文献

正躰朝香「EU の多層統治と『地域のヨーロッパ』――『地域委員会』設立15年」『京都産業大学論集』社会科学系列第27号，2010年3月，255-267頁。

CoR，https://cor.europa.eu/en

EESC，https://www.eesc.europa.eu

Ⅲ　EU機関

欧州対外行動庁と在外代表部

1 EU外務・安全保障政策上級代表の設置

リスボン条約（2009年発効）は，新たな役職として，EU外務・安全保障政策上級代表（以下，上級代表）を設置した。外務・安全保障政策の分野にはもともと，アムステルダム条約（1999年発効）により，共通外交・安全保障政策（CFSP）上級代表が置かれていた[◁1]。CFSP上級代表はEU理事会事務総長を兼務し，その主な任務はEU理事会議長を補佐することであり，CFSPについてEUを代表するのはEU理事会議長であった。

これに対し，新設の上級代表の主な任務は，CFSPの指揮である。上級代表には，外務理事会に対して提案することが認められている[◁2]。欧州理事会やEU理事会によって採択された決議の実施を確保することも任務の一つである。また，上級代表はCFSPについてEUを代表して，CFSP関連協定の交渉を担当したり，国際機構や国際会議においてEUの立場を表明したりする。さらに，上級代表は，外務理事会議長と欧州委員会副委員長を兼務することになった。この背景には，上級代表が理事会と委員会の両機関において一定の重要な役割を果たすことで，EUの対外行動の一貫性を向上させるという意図がある。

2 欧州対外行動庁の役割と組織構造

初代上級代表には，イギリス出身のアシュトン[◁3]が任命された。アシュトン上級代表が取り組んだ最大の任務の一つが，自らを支援する欧州対外行動庁（European External Action Service：EEAS）の創設であった。EEASは，2010年12月1日に立ち上がり，翌年1月から稼働を始めた。

EEASの主な役割は，次のとおりである。第一に，上級代表の補佐を通じて，EUの対外行動の一貫性を確保する。第二に，欧州理事会議長や欧州委員会委員長に対しても支援を行う。第三に，EU理事会の事務局，欧州委員会の部局，EU加盟国の外務省と協働しながら，EUの対外行動の異なる分野間，あるいはこれらの分野と他の政策分野間の一貫性を担保する。

EEASの組織構造に目を向けると，EEASはEUのいずれの機関からも機能的に自律した機関として位置づけられ，EU理事会の事務局および欧州委員会の関連部局の職員，ならびにEU加盟国の外務省からの出向者で構成される。また，EEASは上級代表の権限の下に置かれているものの，組織運営は

▷1　初代CFSP上級代表には，スペイン外相やNATO事務総長を務めた経験をもつハビエル・ソラナが着任した。

▷2　EU理事会には，分野ごとに理事会（経済・財政，司法・内務など）が置かれており，外務理事会もその一つである。外務理事会は，欧州理事会が定めるガイドラインに従いながら，EUの対外行動を決定し，EUの行動の一貫性を確保する。

▷3　**アシュトン**（Catherine Ashton：1956-）
イギリス労働党の政治家で，通商担当欧州委員を務めていた。

▷4　在外代表部の数は，国際機関に置かれているものも含めて138とされる。

▷5　たとえば，2014年12月から駐日代表部代表（EU大使）を務めたヴィオレル・イスティチョアイア＝ブドゥラは，在日ルーマニア大使館での勤務経験をもつ外交官である。

執行事務長が行う。執行事務長は2人の事務次長から補佐を受ける。以上の3人に運営事務長を加えた4人が役員会を形成し，その下に特定の地域や事項を担当する部門の責任者がいる。

次に述べる在外代表部とEEASの関係についてみると，リスボン条約発効以前の代表部は欧州委員会を代表する機関（欧州委員会代表部）であったが，発効後はEUを代表とする機関（EU代表部）に変わった。これは，EU代表部が上級代表の監督下に置かれ，代表部の代表は上級代表およびEEASからの指示を受け，その執行に責任を有することが規定されたからである。

3 在外代表部と日本における活動

EUは，日本を含めたいくつかの第三国に在外代表部を置いている。[4] 欧州委員会代表部の頃の在外代表部は，通商や開発援助を中心に活動していた。その後リスボン条約の発効に伴いEU代表部となってからは，外交・安全保障政策を含むより幅広い活動を行うようになった。また，代表部の構成についてみると，EU代表部になって以降，欧州委員会の職員のみならず，EU加盟国の外交官も出向するようになっている。[5]

日本における代表部については，EC委員会と日本政府が1974年3月11日に「EC委員会の代表部設置・特権免除協定」に署名し，同協定が5月31日に発効したあと，EC委員会代表部が7月16日に「外交関係に関するウィーン条約」の適用を受ける外交使節の在日公館として設立された。その後，マーストリヒト条約によりEUが発足すると，EC委員会代表部は欧州委員会代表部となり，さらにリスボン条約の発効を受けて，EU代表部に名称を変更した。EU代表部には現在，政治経済部，通商部，広報部，科学技術部，総務部の5部署が設置されている。また，駐日代表部代表は，1990年以降天皇に信任状を捧呈し，大使の地位を認められるようになった。[6]

駐日代表部のこれまでの活動を振り返ると，設立当初は主に通商関連の活動が中心であった。これは，設立された1970年代の日本とEUの関係を反映していた。当時のヨーロッパ諸国は輸出が振るわず経済的困難に直面していた一方，日本は鉄鋼，船舶，自動車，家電製品などの輸出が好調であった。加えて，日本の市場への参入が困難であったことから，EC加盟諸国は恒常的に対日貿易赤字に陥っていた。そのため，通商問題が代表部の取り組む優先課題となったのである。[7] より近年の動向については，2013年に始まった**日・EU戦略的パートナーシップ協定**（SPA）[8] と**日・EU経済連携協定**（EPA）[9] の交渉を早期に完了できるよう助力することが，代表部の主な活動であった。[10] また，この他の代表部の優先課題としては，研究開発分野における互恵的連携の強化や，宇宙の平和利用・サイバーセキュリティを含む外交・安全保障政策といった新たな分野における協力などが挙げられている。[11]

（佐藤良輔）

▷6 EU MAG ホームページ，eumag.jp/feature/b0714/（2018年12月27日アクセス）。

▷7 同上。

▷8 **日・EU戦略的パートナーシップ協定**
⇨Ⅹ-1「日本」側注3

▷9 **日・EU経済連携協定**
⇨Ⅹ-1「日本」側注2

▷10 EPAについては，2018年12月21日にベルギーのブリュッセルにおいて，日本とEUがEPAの効力発生のための国内手続きの完了を相互に通知する外交上の公文を交換したことにより，同協定は2019年2月1日より効力をもつことになる。

▷11 EU MAG ホームページ，eumag.jp/questions/f0114/（2018年12月27日アクセス）。

参考文献

庄司克宏「リスボン条約（EU）の概要と評価――『一層緊密化する連合』への回帰と課題」『慶應法学』第10号，2008年，195-272頁。

辰巳浅嗣「グローバルアクターとしてのEU――CFSP/CSDPの発展をとおして」『日本EU学会年報』第33号，2013年，1-32頁。

辰巳浅嗣編著『EU――欧州統合の現在（第3版）』創元社，2012年，第4章1節。

中西優美子「対外関係におけるEUの一体性と誠実協力・連帯義務――法的観点からの一考察」『一橋法学』第12巻第3号，2013年，895-928頁。

Ⅳ　政策決定プロセス

各機関の関係と政策決定プロセス

EU 諸機関

EU の主要機関としては，欧州理事会，欧州委員会，EU 理事会，欧州議会，EU 司法裁判所，欧州会計検査院，欧州中央銀行（ECB），欧州投資銀行（EIB）が挙げられる。欧州理事会は，EU 首脳会議とも呼ばれ，加盟国の大統領や首相など国家元首・政府首脳および欧州委員会委員長から構成される政治的方針の決定機関である。欧州委員会は，超国家的性格を有し，欧州全体の利益を守る観点から行動する義務がある EU の行政府である。欧州委員会は，各国 1 名の委員から構成される EU の政府ともいうべき政治的執行府であり，その監督下にある二万数千名の EU 専属の欧州国際行政官僚の支援を得て，EU 法令や予算の原案を策定し，諸政策の形成，実施にあたる。EU 理事会は，各加盟国政府の国益を表出する機関であり，EU の立法府である。この機関は，加盟国の閣僚から構成され，予算問題であれば財相理事会（経済・財務理事会），外交問題であれば外相理事会（外務理事会），農業問題であれば農相理事会（農業・漁業理事会）として開催される。欧州議会は，欧州市民の民意を代表する機関であり，EU 理事会と同様に EU の立法府でもあり，立法権を行使できる。EU 司法裁判所は，EU 法令の遵守を確保する任務を担う司法機関であり，憲法裁判所，行政裁判所の役割をも担う。下級審として第一審裁判所，専門裁判所も置かれ，EU 職員の人事問題等の係争処理にあたっている。欧州会計検査院は，各国 1 名の会計官から構成され，EU 予算の合規性，効率性，健全性を確保する任務がある。その他，諮問機関として，欧州経済社会評議会，地域評議会があり，また欧州対外行動庁（EEAS）がある（巻頭図 2 も参照）。

2　各機関間の関係

欧州理事会は，EU 統合に関する政治的方針を決定することができる最高の意思決定機関である。しかし，EU の立法に関与することはできない。EU の立法や予算決定に関与できる機関は，行政府として法案・予算案を提案する唯一の権限がある欧州委員会，二つの共同立法機関である EU 理事会と欧州議会という 3 機関だけである。欧州委員会からの法案，予算案の提案に基づいて，国家にたとえれば上院にあたる EU 理事会と，下院にあたる欧州議会との間で，それぞれ 2 読会ずつ審議を重ね，修正を重ね，両機関で合意や共通の立場が採択されれば，EU 法令（規則・指令・決定）の制定に至る。このようにして採択された EU 制定法の合法性の審査にあたるのが EU 司法裁判所である。欧州委員会が施行した EU 予算の会計検査を行い，その適切性を審査して欧州議会の決算委員会へ報告する役割を担うのが欧州会計検査院である。欧州議会は，この欧州会計検査院の報告に基づいて欧州委員会の予算執行責任を確認し，問題があればその政治的責任を追及して，欧州委員会の総辞職を迫る。このようにして，EU 主要機関は，行政府，立法府，司法府の間での抑制と均衡を通じて EU の法令や予算の民主的統制を確保している。欧州委員会事務局は各国行政官僚制と，EU 理事会は各国政府と，欧州議会は各国議会（国会）と，EU 司法裁判所は各国最高裁判所と，欧州会計検査院は各国会計検査院と連携協力する。

以上のように EU 諸機関と加盟国統治機構は有機的に連携してあたかも一つのマシーンのような仕組みとなっており，「欧州ガバナンス」や「欧州政体」と呼ばれている[◁1]。

▷1 以上の機関以外に，欧州委員会の過誤行政の有無について調査する権限のある欧州オンブズマン（⇨ Ⅳ-4 「欧州オンブズマン」）も設置されている（福田耕治「欧州オンブズマン制度と EU 行政の適正化」『季刊行政管理研究』No. 139，2012年 9 月）。EU レベルのこの機関は，加盟国レベルの各国オンブズマンと連携協力して任務を遂行する。

3 政策決定プロセス

EU の政策決定（立法）プロセスは，現行 EU（リスボン）条約の下で，政策決定における欧州議会の関与の程度により，①通常立法手続（共同決定手続），②特別立法手続（旧諮問手続），③承諾手続（consent procedure）の 3 通りの政策決定手続に分けられる。

① 「通常立法手続」は，欧州委員会の提案に基づき，立法機関として欧州議会と EU 理事会が対等の立場で EU 立法に参画する手続きである。この方式は最も時間を要するが，人の自由移動政策，域内市場政策，教育・文化・研究政策，欧州横断ネットワーク政策，保健衛生政策，消費者保護政策など，約 8 割以上の EU 政策に適用されている。

② 「特別立法手続」は，欧州対外行動庁などの機関の新設等に適用され，欧州委員会が提案し，欧州議会は法案の諮問を受け，賛否もしくは修正を提案できるが，EU 理事会は，その意向に拘束を受けずに，全会一致または特定多数決で決定できる。

③ 「承諾手続」は，欧州議会の意向を最も強く反映させる決定方式であり，法案は欧州議会が賛同しない限り採択できず，欧州議会は拒否権を行使することもできる。これは，基本条約の改正のための会議招集，基本条約の締結もしくは加盟国の EU からの脱退（第50条）や条約改正の会議招集（第48条）などに限定的に適用される。

（福田耕治）

参考文献

福田耕治編著『EU・欧州統合研究（改訂版）』成文堂，2016年，第 5・6 章。

Ⅳ　政策決定プロセス

2 補完性の原理

1 重層的政治体の理念

補完性（subsidiarity）の理念は，欧州連合（EU）における多元多層的な秩序を基礎づける構成原理である。それは，1992年締結され，EUを設立したマーストリヒト条約で掲げられたことで知られる。

それは，ラテン語のsubsidiumを語源にもち，元来「予備」とりわけ「予備軍」を意味していたが，のち広く「補助」という意味を帯びるようになった。

欧州石炭鉄鋼共同体（ECSC）以来の統合の結果，EUは高度に制度化された共同統治の機構を抱え，強大な権限を行使するようになった。地方や地域への分権も各地で進んだことも手伝い，いわゆる重層的な統治体制が出現し，EU，国家，地域・地方の間で統治権能が分有されるようになっている。補完性は，そうした変化を理念的に表現し，支えている。

2 思想史の中の補完性

補完性は両義的な理念である。一方でそれは，「より大きな集団は，より小さな集団（究極的には個人も含まれる）が自ら目的を達成できる時には，介入してはならない」という消極的な介入限定の原理であり，他方で「大きな集団は，小さな集団が自ら目的を達成できない時には，介入しなければならない」という積極的な介入肯定の原理でもある。

それは，ヨーロッパ思想史の長い伝統の中で醸成された。その源流は，J. アルトゥジウス（Johannes Althusius）などのカルヴァン派の思想にみられる。北独エムデンの市政をつかさどる彼は，特に絶対主権化するルター派の領邦主との対抗関係の中で，のちの補完性につながる考え方を提示し，重層的な政治体の中で，下位の単位の決定を重んじ，上位の政治体はそれにしかできないことに専念するべきとした。

その政治理論は長らく忘れ去られていたが，19世紀末から20世紀初頭に活躍したギールケ（Otto von Gierke）は，アルトゥジウスに拠りながら，ローマ法の伝統における国家主権の全能性・絶対性と個人の原子化の双方に対抗し，ドイツにおける仲間・団体（Genossenschaft）原理に調和的な国家社会を再建しようとした。それは，メイトランド（Frederic Maitland）をはじめ，フィッギス（John Neville Figgis），バーカー（Ernest Barker），ラスキ（Harold Laski），コール（G. D. H. Cole）など，20世紀前半の英国多元主義者たちに引き継がれた。

他方，通常社会主義者として紹介される19世紀半ばの人格主義者プルードン（Pierre Joseph Proudhon）も，補完性に通じる議論を展開し，後世のムーニエ（Emanuel Mounier），ドゥ・ルージュモン（Denis de Rougemont），マルク（Alexandre Marc）などの人格主義的な思想家や連邦主義者のみならず，ドロール（Jacques Delors）元欧州委員長など，多くのカトリック政治家・統合主義者にも多大な影響を及ぼした。

補完性の定式化として最もよく知られるのは，カトリック教会によるものだろう。1931年，ローマ教皇のピウス11世は，回勅『クアドラジェシモ・アノ』において，19世紀末以降の社会問題の登場に伴う教義の発展と，戦間期におけるファシズムの台頭を背景に，補完性を原理として打ち出した。それにより，社会ができることに国家が口や手を出すべきでないとし，よって国家社会関係に一定の枠をはめ，家族や教育などの面で，教会の自律的な領域を守ろうとした。

3 EU の立憲原理へ

こうした理念が，やがて EU と加盟国，ひいては地域・地方の関係に適用されることになる。マーストリヒト条約は，前文において「補完性の原理に従って，できる限り市民に近いところで決定が行われ（る）」と謳った上で，３条B（現在は微修正のうえリスボン条約第５条２項）で「排他的権能に属さない分野においては，共同体は，補完性の原理に従い，加盟国によっては提案された行動の目的が十分達成されず，また，提案された行動の規模や効果の点からみて，共同体によってよりよく達成できる場合にのみ，また，その限りにおいて活動を行う」とした。同条約では，地域の代表に対して意見表出の回路を開く地域評議会の設立も決めている。

これにより，通貨などの分野における EU への権限増強が進む中，規模や効果の点からそれを合理的と思われるものにとどめる一方，EU，国家，地域などの重層的な権能分有を理念的に肯定した。それは，一定領域内における排他的権能を志向する主権原理とは異なる。補完性はEU が設立された瞬間に，いわばそれを支える立憲原理として提示され，その主権原理と並行する形で，いまなお維持されている。

（遠藤　乾）

参考文献

遠藤乾『統合の終焉』岩波書店，2013年（特に第10章）。

Ⅳ　政策決定プロセス

3 コミトロジー

1 コミトロジーとは

コミトロジー（comitology）とは，立案，決定，執行という一連の政策サイクルで，EU において多用される専門家による小規模の委員会制度の一つを指す。EU の政策決定過程には，それぞれの政策分野の専門的知識を有する多数の「専門家（エキスパート）」と呼ばれる識者が関わっている。これらの専門家は，必要に応じて設置される少人数の委員会（コミティー）のメンバーとして参加し，そこでの詳細かつ実質的な議論を通して，EU 政策の立案，決定，執行という一連の政策決定過程の一部を担っている。コミトロジー委員会は，一次法である EU 法の執行に関わる二次法について設置される委員会である。

コミトロジーは，1962年，農業政策分野での市場調整のために初めて導入された。この加盟国官僚による委員会レベルでの手続きは，1970年代には農業分野に限らず他の EU 政策分野へも急速に拡がっていった。その進展の中で，EU という組織に特有の機関間の権限の均衡を反映したテクノクラートによる閉鎖的な決定過程という批判を受け続けた。

批判の焦点はコミトロジーの非民主性にあった。一連のコミトロジー委員会による政策執行方法の決定は，監視機関としての議会がほぼ排除されており，チェックアンドバランスの原則から大きく外れた運営がなされていた。こうした課題に対して，手続きレベルにとどまる大小の改革はあったものの，本質的な改革は2009年のリスボン条約まで待つことになる[1]。コミトロジーは，リスボン条約によって2012年から EU の基本的法体系の中に組み込まれ，一次法である EU 法と同様の方式に改革された。つまり，コミトロジー手続は，EU の両立する立法機関である EU 理事会と欧州議会から欧州委員会への委任行為（delegated acts）であり，その中の実施行為（implementing acts）であるという位置づけが明記され，その実施権限は，EU の通常手続に従って立法機関による統制を受けるとされている[2]。

2 コミトロジー手続の概要

EU 設立条約[3]が規定する EU の政策決定は，まず，欧州委員会が専任権限をもつ「提案（proposal）」を提出し，欧州議会と EU 理事会の合意によって「提案」は法化される。すなわち，政策が決定され，その後，法の施行によって政

▷1　リスボン条約，EU 運営条約第290，291条。

▷2　リスボン条約に基づいて，EU 規則182/2011が，欧州委員会による実施権限に対する加盟国による監視メカニズムとして，詳細な内容を規定している。REGULATION (EU) No 182/2011, OJL 55/13-18. ただし，コミトロジーという用語は，条約にもEU規則にも使用されない。

▷3　**EU 設立条約**
「ローマ条約」（1958年発効）から直近の「リスボン条約」（2009年発効）までの EU 基本条約をいう。

策が実施される[4]。

法の施行は欧州委員会の権限であるが，実態は各加盟国政府の行政機関が執行を担い欧州委員会は執行を監視する。法の施行は，一次法であるEU法を実施するために，具体的かつ技術的な実施方法を規定するという二次法の必要が出てくる場合がある。EU運営条約は，法の実施行為を定める権限を立法機関が欧州委員会に委託することを認めており，実施権限が委譲されれば，欧州委員会職員が議長を務めるコミトロジー委員会が設置される。コミトロジー委員会は各加盟国の官僚から構成されるが，彼らは議題となる分野の担当官である。こうした専門家による委員会議事は極めて機能的に進められ，ほとんどの場合，欧州委員会が準備した提案がそのまま認められ，政策実施の方法を具体的に規定した二次法が成立する。ここにはEUレベルと加盟国レベルの政策実施における具体的かつ現実的な連携がよく表れている。

こうしたコミトロジー委員会には，発足時以来，制度的に欧州議会の関与が排除されるか，諮問のみにとどまっていた。また，議事録が公開されることもなかった。そのためにコミトロジー手続は，EUの悪しき官僚主義と市民の監視を欠く非民主的制度として批判され続けていた。このような本質的課題は，2009年の「リスボン条約・EU運営条約」により制度的に修正された。

3 コミトロジーの現在

リスボン条約は従来のコミトロジー手続を廃止し，市場統合の初期から運用され複雑化した一連の手続きは，EUの立法手続きとしての「実施行為」と位置づけられた。実施行為とは，立法機関であるEU理事会と欧州議会とが欧州委員会へ政策実施の権限を委任することであり，助言手続（advisory procedure）と審査手続（examination procedure）の2通りがある。審査手続は，あらかじめ決められている政策分野[5]についてのみ適用され，（コミトロジー）委員会は，欧州委員会が提案する手続きの可否を投票で決める。提案への反対意見が採決されれば，欧州委員会提案は廃案とされるか，修正提案を提出して再度投票による可否を諮る。即ち，EUの通常立法に従う。しかし，実施行為の原則は助言手続であり，その場合は，（コミトロジー）委員会は意見を表明し，欧州委員会の提案が承認されれば，投票にかけることなく即座に，政策実施のための権限（二次法）が行使される。

手続きの簡素化とともに，（コミトロジー）委員会議事録は欧州委員会が保存し，EUが規定する情報開示と公文書保存規則が適用されることになった。これによりコミトロジー手続が長らく批判されてきた閉鎖性の問題が大きく改善されたと言える。しかしながら，助言手続においては，決定過程の監視機能は変わらずに不備である。超国家機関による政策実施の効率性の追求を，いかに民主的に実施できるかという課題は残されている。　（八谷まち子）

▷4 ⇨IV-1「各機関の関係と政策決定プロセス」

▷5 一定の予算処置を伴う政策，もしくはEU域外諸国に対する政策分野，共通農業および漁業政策，環境，ヒト，動植物の健康と安全の保護，共通通商政策，課税である。EU規則182/2011，第2条，L55/14(14)，28.2.2011.

参考文献

八谷まち子「コミトロジー考察――だれが欧州統合を実施するのか」『政治研究』第46号，1999年，159-208頁。

川嶋周一「EUにおける専門性とテクノクラシー問題」内山融・伊藤武・岡山裕編著『専門性の政治学』ミネルヴァ書房，2012年，第5章。

Ⅳ　政策決定プロセス

欧州オンブズマン

1　欧州各国におけるオンブズマン制度

欧州諸国では公的制度としてオンブズマン制度が確立している国が多いが，その役割は多様である。欧州オンブズマンはこれらの伝統の延長線上にある。

オンブズマン（ombudsman）はスウェーデン語で「代理人」を意味する。スウェーデンでは，議会から任命され，国民の権利を守り，官吏による法の遵守を監督する議会の代理人として1809年に設置された。スウェーデンでは，閣僚が指揮し政策立案を行う省とは別の行政機関が公務を執行するため，それを監視する役目が議会の「代理人」として必要であったという特殊事情があった。◁1 当初はオンブズマン自身の職権による調査が中心だったが，今日では国民からの苦情の申立ての処理が中心となっている。

▷1　欧米各国のオンブズマン制度については，林屋礼二『オンブズマン制度――日本の行政と公的オンブズマン』岩波書店，2002年。

その後，オンブズマン制度は，フィンランド（1920年），デンマーク（1955年），ノルウェー（1962年）などで導入されたが，その管轄や職務には国により違いがあるものの，議会から選出され，行政機関の行為に対し，国民の権利を守る職務となった。その後のオーストリア（1977年）やスペイン（1981年）で，この職務が「護民官」と呼ばれているのは，その性格をよく表している。一方，ニュージーランド（1962年）やイギリス（1967年）では，「コミッショナー」と呼ばれ，議会の推薦に基づいて行政府の長や国王が任命するものとなり，フランス（1973年）では「メディアトゥール（仲介者）」と呼ばれ，大統領に任命され，市民と行政府を媒介して良好な行政を実現する役割を担った。

2　欧州オンブズマンの職務

欧州オンブズマンは，1993年に発効したマーストリヒト条約に基づき，1995年に設置された。欧州オンブズマンは，欧州議会が1名を選出し，任期は5年である。各国のオンブズマンと同様，行政を監視する市民の代表なので，欧州議会に対して責任を負い，EU機関からは完全に独立した立場にあり，兼職は営利・非営利を問わず不可である。現職のエミリー・オライリー（2013年就任）◁2 は，ジャーナリスト出身で，アイルランド初の女性オンブズマンだった。欧州オンブズマンとしては3代目で，初の女性である。

▷2　オライリーは前任者の退任により2013年に任命されたので，前任者の残り任期を終えた2014年に再び任命されている。

EU市民と加盟国居住者および登録法人は，EU機関により不当な行為がなされた時，直接または欧州議会議員を経由して，苦情申立てを行うことができる。ただし，加盟国政府の行政に属する事項は扱えない。また，加盟国のオンブズマンの判断に不服な市民が上訴する機関でもない。さらに，EU 機関に対する苦情であっても，EU 司法裁判所の司法権に属する事項は対象外となる。

欧州オンブズマンは苦情に正当な理由があると判断した場合に調査を開始し，行政過誤を認定した場合，当該の EU 機関に送付する。送付された機関は 3 カ月以内に回答しなければならず，欧州オンブズマンは調査結果を関連機関に報告し，申立て者にも結果を通知する。EU 機関は欧州オンブズマンの勧告に従う法的義務はないが，概ね尊重し，対応している。

2018年の活動報告書によれば，欧州オンブズマンに市民から新たに寄せられた申立ては 1 万7996件，このうち 1 万4596件はウェブサイトを介して助言が与えられ終結，2180件は受理されたが，1220件は受理されなかった。受理された苦情への対応は，助言や他機関への送付が1016件（46.6%），助言が与えられない旨の通知が682件（31.3%），調査が開始されたのが482件（22.1%）で，これにオンブズマン独自の調査に基づく 8 件が加わり，調査件数は490件となる。苦情の対象となる機関は，欧州委員会が285件と全体の58.2%を占める。

一方，終結した案件は545件，うち534件が苦情申立てによるもの，残り11件が独自の調査に基づくものである。行政の不当行為が認められなかったのは254件（46.6%）で，不当行為が認められ，各機関により対応されたり解決されたのは221件（40.6%）だった。要件別でみると，透明性・説明責任（情報公開など）が最も多く134件（24.6%），次いでサービス状況（市民への対応など）が108件（19.8%），行政執行の適否が88件（16.1%）となっている。

国別の苦情申立て件数では，スペインが393件と最多で，次いでドイツ，イギリスの各186件，ポーランド179件，ベルギー174件となっている。ただし，調査開始件数でみると，スペイン（42件）は，ドイツ（60件）より少ない。

3 欧州オンブズマンの可能性と限界

欧州オンブズマンは単に受動的に苦情処理を行っているわけではなく，よき行政の実施につながる提案にも積極的である。初代オンブズマンの J. ソデルマンが独自の調査に基づき提出した是正勧告「よい行政行為の欧州コード」は，EU 加盟国の行動規範的な存在となった。市民の申立てには，イギリスの EU 離脱交渉についても，交渉期間中に関連資料を閲覧したり，意見を提出できるように欧州委員会に要請していた。

しかし，加盟国には環境，医療など専門分野別のオンブズマンが置かれている国もある。これは，行政行為の是非の判断にも，行政の専門化に対応した高度の知識が求められているからである。欧州オンブズマンは各国のオンブズマンとも協力関係にあるが，限られた人員で専門性の高い分野に対応できるか，今後問われるだろう。

（八十田博人）

参考文献

安江則子『欧州公共圏 EU デモクラシーの制度デザイン』慶應義塾大学出版会，2007年。

EU の政策領域

V　経済・産業・社会分野

1 経　済

1 共通経済政策

EU は，欧州石炭鉄鋼共同体（ECSC）の設立以来，経済統合を深化させてきた。欧州経済共同体（EEC）では，1957年に関税同盟設立を決定し，1960年代には**共通農業政策**（CAP）[1]を開始した。関税同盟は，域内関税を撤廃するとともに，対外共通関税を設定することにより形成されるもので，1968年に完成し，域内貿易を拡大させるとともに，アメリカとの１人当たり国民所得の差を1957年の2.4倍から71年には1.8倍へと縮小させた[2]。

しかし，域内貿易を妨げるものは関税だけではない。経済の国際化，ソフト化が進み，サービス・資本取引も拡大したことから，商品・サービス・労働・資本の移動を自由化するため，『域内市場白書』（1985年）で，非関税障壁（物理的障壁・技術的障壁・税障壁）を撤廃することが提案され，1986年に「単一欧州議定書」が調印された。1993年１月に単一市場がスタートしたが，この時期，社会主義経済から市場経済への移行を開始した中東欧諸国へ欧州生産ネットワークが拡大したこともあり，欧州経済の成長期待は大きく高まることとなった。

単一市場の成功は，1970年代に開始された通貨協力を通貨統合へと加速させ，1999年に共通通貨ユーロが導入された[3]。また CAP 以外にも，通商政策[4]，競争政策，産業政策だけでなく，環境政策，エネルギー政策など多様な分野で共通経済政策が実施され，経済統合の深化が図られている。今後は，財政政策の共通化などの課題が残されている[5]。

2 経済水準

EU の GDP（2017年）は17兆2777億ドルであり[6]，アメリカの19兆3906億ドルを下回るが，中国の12兆2377億ドルを上回り，第２位の経済圏を形成している。加盟28カ国の１人当たり GDP は３万3715ドルであり，アメリカ５万9531ドル，日本３万8428ドルを下回るが，既加盟15カ国加重平均では３万8697ドルで，日本とほぼ同水準となる。

ルクセンブルクの１人当たり GDP は10万4103ドルで，世界で最も所得の高い国である。次いで，アイルランド６万9331ドル，デンマーク５万6308ドル，スウェーデン５万3442ドル，オランダ４万8223ドルと続き，ドイツ４万4470ドル，フランス３万8477ドル，イタリア３万1953ドル，スペイン２万8157ドルで

▷1　**共通農業政策**
⇨V-9「農業」

▷2　田中ほか（2018，45）。

▷3　⇨V-3「通貨」

▷4　世界貿易機関（WTO）との交渉や，他国・地域との関税や自由貿易協定の交渉など。

▷5　⇨V-2「財政」

▷6　https://data.worldbank.org/indicator/NY.GDP.MKTP.CD?locations=EU-US-CN（2018年12月９日アクセス）。EU 15カ国平均所得は筆者計算。

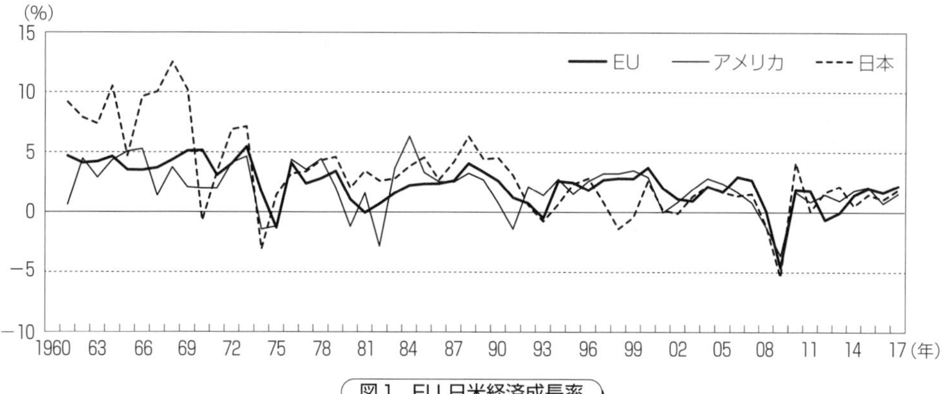

図1 EU 日米経済成長率

(出典) 側注6と同様。

あり，既加盟15カ国の最低はギリシャ1万8613ドルである。他方，新規加盟国では，マルタ2万6946ドル，キプロス2万5234ドルが最も高く，中東欧諸国では，スロベニア2万3597ドル，チェコ2万368ドル，エストニア1万9705ドルがギリシャを上回り，ハンガリー1万4225ドル，ポーランド1万3812ドルであり，最低はルーマニア1万814ドル，ブルガリア8032ドルとなっている。新規加盟国の既加盟国へのキャッチアップにはまだ相当の時間がかかることがわかる。

3 経済成長率と現在の経済政策

EUの経済成長率は，1960〜70年代は概ねアメリカを上回るものの，日本を下回っていた。その後，1980〜90年代にかけては，1990年代の日本のマイナス成長期を除いて，3地域には大きな差がみられない。しかし，2000年中頃になると，EUが日米を上回っており，欧州経済バブルが進んでいたことを示している（図1）。

リーマン・ショック（2008年）後の不況対策として，銀行危機対策とともに，EU各国が財政支出を行った結果，危機後の経済回復は日米と同様に順調に進んだ。しかし，2010年から**安定・成長協定**[7]達成のため財政引き締めに転換し，景気調整が金融政策頼みとなった中で，ギリシャ債務問題に端を発したユーロ危機が発生した。

▷7 **安定・成長協定**
⇨V-3「通貨」側注3

欧州中央銀行（ECB）は，ユーロ危機対策として，短期的な金融支援対策を行うとともに，2012年7月，「ユーロを守るためにECBは何でもする」とのドラギ総裁発言によりユーロ危機を収束させ，銀行同盟等の長期的なユーロ制度改革を行ってきた[8]。2014年6月にはマイナス金利政策，2015年1月には量的緩和政策を実施することにより，デフレ懸念の払拭に努めた結果，EUの成長率は2017年に2.1％まで回復し，ECBは，2018年6月に量的緩和政策を終了する方針を決定した。同じく2018年6月には，ギリシャの債務軽減策などで合意し，再び債務危機に陥る可能性は残されているものの，ギリシャはユーロ圏からの金融支援から脱却することになった。 (吉井昌彦)

▷8 ⇨V-3「通貨」

参考文献

田中素香・長部重康・久保広正・岩田健治『現代ヨーロッパ経済（第5版）』有斐閣，2018年。

V　経済・産業・社会分野

財　政

欧州各国の財政は，福祉水準の高さなどから，概して大きな政府となっている。[1] しかしながら，EU の予算（2016年）は1550億ユーロであり，GDP（14兆7910億ユーロ）の1.05％にすぎない。これは，EU 財政は共通政策を賄うためのものであるためである。[2]

EU は，７年ごとに中期財政枠組み（MFF）を決めており，現在は2014〜20年を MFF としている。

1 歳入

EC 予算は，設立当初，加盟国の拠出により賄われていたが，共通通商政策（関税同盟），共通農業政策が進むとともに，伝統的独自財源（関税と農業・砂糖課徴金）により賄われるようになった。その後，付加価値税（現在の税率は0.3％），国民総所得（GNI）を基礎とした独自財源が加わり，[3] EU 財政は強化されている。その他の財源は，EU 公務員給与への課税，非加盟国からの拠出，EU 法違反の企業への罰金となっている。

2018年予算（1601億ユーロ）では，国民総所得独自財源71％，付加価値税独自財源12％，伝統的独自財源16％，関税等12％，その他１％という構成となっている（図１）。

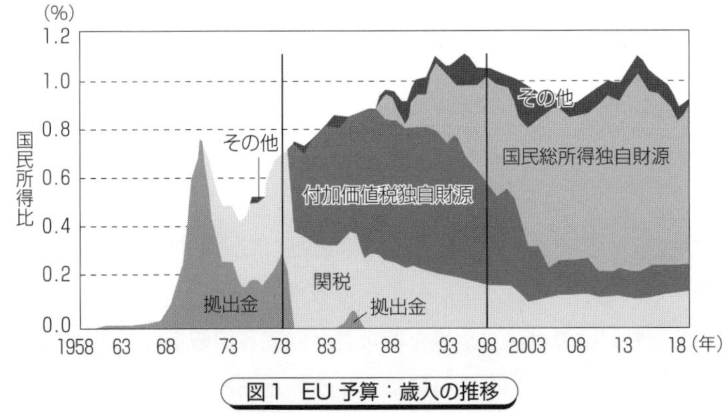

図１　EU 予算：歳入の推移

（出典）European Commission（2017a, 8）.

歳出

EU 予算では，かつて共通農業政策（CAP）が最大の歳出項目であり，1970年には85％を占めていた。1990年代になると CAP 改革が行われ，CAP の比

▷１　EU 28カ国（英国を含む）の一般政府歳出対 GDP 比は45.8％（2017年）であり（欧州連合統計局データベース），日本の国・地方財政の純計対 GDP 比28.9％（平成28年度，総務省統計局『日本の統計2018』より筆者計算）よりも17ポイント高い。

▷２　European Commission, *Reflection Paper on the Future of EU Finances*, 2017a, p. 8.

▷３　EU 予算は赤字となることを禁じられており，予算の均衡を確保するため率は毎年変動するが，現在は EU の GNI の1.23％を上限としている。European Commission, *European Union : Public Finances*, 5th ed., 2014, p. 193.

表1　2014～20年 MFF 領域別歳出額

領域	歳出額
持続可能な成長（農業・農村発展・環境等）	4200億ユーロ（39%）
経済・社会・地域の結束（技術開発・情報技術等）	3714億ユーロ（34%）
成長と雇用のための競争力（教育・エネルギー等）	1421億ユーロ（13%）
運　営	696億ユーロ（ 6%）
グローバルプレーヤーとしての欧州（国際協力等）	663億ユーロ（ 6%）
安全保障・市民権（移民・保健・文化・司法等）	177億ユーロ（ 2%）

率は下がる一方[4]，地域開発政策としての構造基金の比率が増大したが，先進工業国から後進農業国への移転としての EU 予算の性格に大きな変化はなかった[5]。

EU 財政は，CAP中心から，1980～90年代に構造基金による経済・社会・地域の結束に加え，輸送，宇宙開発，保健，教育，文化，消費者保護，環境，研究開発，法の協力，外交へと領域を拡大し，2000年代に入ると，東方拡大による EU 財政の見直し，そして環境対策，人道・開発援助などの国際分野へとさらに領域を多様化させている。

2014～20年 MFF（総額１兆870億ユーロ）では，領域別歳出額は表１のようになっている[6]。

3 EU 財政の将来

EU財政は，三つの方向で見直しを迫られている。

第一に，領域が拡大してきた EU の諸活動の財源をどのように確保するかである。2014～20年 MFFは，成長戦略「**欧州2020**[7]」（2010年）が鍵となる分野として挙げた「知識とイノベーション」，「より持続可能な経済」，「高雇用・社会的包括」に合わせ，その活動領域を広げている。次期 MFF では，地球温暖化対策やプラスチックごみなどの環境分野の重要性がますます高まるだけでなく，移民・難民対策など2010年代中頃に発生した諸問題への対応の強化が求められるであろう。これに対し，EU は，環境税，法人税，通貨発行益等へ独自財源を拡大することを提案しているが[8]，加盟国が提案に賛成するかどうかは疑問が付されるところである。

第二に，イギリスの EU 離脱による拠出減である。イギリスの2017年の拠出額は137億5710万ユーロであり，28カ国総拠出額の11.9%を占めている。EU は，イギリスが受けていた49億3760万ユーロの予算払戻金を補塡するために27カ国に課していた修正拠出を代替の歳入源として利用することを考えているが，差額の90億ユーロ近い財源を捻出する必要がある[9]。

第三に，経済通貨同盟を維持・強化するため，**欧州セメスター制度**[10]，財政協定により加盟国の財政規律を保つだけでなく，高所得国から低所得国への所得移転により EU 域全体での均衡ある発展を図る必要がある[11]。

2020年代には，「欧州財務省」あるいは EU 共通予算の設立を含め，EU 財政の大改革が必要となろう。　（吉井昌彦）

▷4 ⇨V-9「農業」

▷5 2006年予算（1235億ユーロ）では，CAP を含む農業関連支出が42.6%，構造基金を含む構造改革支出が36.1%を占めていた。European Commission, *EU Budget 2013: Financial Report,* 2013, p. 118.

▷6 European Commission（2017a, 6）. なお，2007～13年 MFF より共通農業政策などの政策別から目的別へと予算の表示方法が変更されている。

▷7 **欧州2020**
⇨I-10「リスボン戦略と欧州2020」

▷8 European Commission（2017a, 29）.

▷9 European Commission, *EU Budget 2017: Financial Report,* 2017b, p. 32.

▷10 **欧州セメスター制度**
⇨I-10「リスボン戦略と欧州2020」側注2

▷11 田中素香『ユーロ危機とギリシャ反乱』岩波新書，2016年。

参考文献

田中素香・長部重康・久保広正・岩田健治『現代ヨーロッパ経済（第５版）』有斐閣，2018年。

V　経済・産業・社会分野

3 通　貨

1 共通通貨ユーロ

欧州連合（EU）では，安定的で，より強く，維持可能で，包括的な経済成長を達成するため，共通通貨ユーロ（€）が採用されている。戦後のIMF固定相場制が不安定となった1970年代初めに通貨協力が開始され，1989年の「ドロール委員会報告」が提案した「経済通貨同盟」を設立することを目的としてマーストリヒト条約第109条ｊ項は，共通通貨を採択するため加盟国は次の基準を満たさなければならないとした。[1]

▷1　田中ほか（2018，125）。

- 物価の安定（消費者物価上昇率がEUで最も低い３カ国の値から1.5％ポイント以内）。
- 財政の健全性（年間財政赤字額の対GDP比が３％を超えず，政府債務残高がGDP比60％以内である）。
- 為替相場の安定（当該国通貨がEMS（欧州通貨制度）で直近の２年間正常変動幅を維持し，中心レート切下げを行っていない）。
- 低金利（当該国の政府長期債利回りが物価上昇率最低の３カ国の政府長期債の利回りに対して２％ポイント以内）。

1999年，11カ国がこの基準を満たしたことによりユーロを採択し，2002年に紙幣・通貨が発行され，現在，加盟国中19カ国がユーロを採択している。[2] 他の加盟国はユーロを採択する義務を負っているが，イギリスとデンマークは採択義務を負わない「オプト・アウト（適用除外）」を認められている。

▷2　1999年オーストリア，ベルギー，ドイツ，スペイン，フィンランド，フランス，アイルランド，イタリア，ルクセンブルク，オランダ，ポルトガル，2001年ギリシャ，2007年スロベニア，2008年キプロス，マルタ，2009年スロバキア，2011年エストニア，2014年ラトビア，2015年リトアニア。

2 ユーロの現状

欧州中央銀行（ECB）とユーロ採択国中央銀行からなる欧州中央銀行制度がユーロの発行と，物価安定を主目的とした金融・為替政策を行っており，ユーロ採択国は，経済通貨同盟を維持，促進するため，**安定・成長協定**（SGP）[3] により定められた財政の健全性を守らなければならない。

▷3　**安定・成長協定（SGP）**
ユーロ採択国は，財政の健全性（年間財政赤字額の対GDP比が３％を超えず，政府債務残高がGDP比60％以内である）を維持しなければならない。

2000年代初め，ドイツ不況とITバブルの崩壊により，スペイン，ドイツ，フランスなどの主要国が安定・成長協定を守ることができず，ユーロは最初の危機を迎えた。しかし，世界経済が立ち直ると，為替レートが１ユーロ0.8252

ドル（2000年10月）から1.599ドル（2008年7月15日）へ上昇したことに示されるように，2000年代中頃は，経済・通貨統合，東方拡大のメリットがいかんなく発揮された時期であった。

しかし，2008年の世界金融危機，そしてギリシャ債務問題に端を発する2010年からの欧州債務危機（ユーロ危機）は，ユーロ・システムの脆弱性を露わにした。EU 運営条約は国相互の財政支援（第125条）と ECB による国債直接購入（第123条）を禁止している。銀行監督，預金保険，銀行破綻処理はユーロ加盟国の責任とされていた。財政赤字の監視が不十分であった。これらの理由のため，南東欧，とりわけギリシャの債務問題に対処できなかった。

債務危機に陥った国を緊急支援するための短期的措置として，欧州金融安定ファシリティ（EFSF），欧州安定機構（ESM）が設立され，当面の債務危機問題が解決された。次に，債務危機が再び生じないための中長期的措置として，シックス・パック（安定・成長協定の能力引上げ，**欧州セメスター**[4]の導入），財政協定（財政ブレーキ，財政赤字是正措置の導入），ユーロ・プラス協定（競争力格差是正のための経済政策の協調），ツー・パック（共通財政計画，財政赤字監視）といった改革が2011～13年に実施された。また，2012年に銀行制度の安定化を図るため，単一銀行監督機構，単一破綻処理機構，預金保険制度からなる銀行同盟の形成が提案された[5]。

このようなユーロ・システムへの短期的・中長期的措置により，EU 28カ国の成長率（2017年）は2.4％まで回復し，アメリカ（2.3％）をわずかに上回り，為替レートも2017年の1ユーロ1.0～1.1ドルから，2018年に入ると1.1～1.2ドルへと回復し，安定している。

3 ユーロの将来

イギリスの EU 離脱通告後の2017年3月に，欧州委員会は『欧州の将来に関する白書[6]』を発表したが，これに対し『経済・通貨統合の深化に関する再考報告書[7]』が2017年5月に提出されている。再考報告書では，ユーロは，19カ国，3.4億人の EU 市民により利用され，72％のユーロ域 EU 市民がユーロを支持し，米ドルに次ぐ第二の国際通貨の地位を得る成功を収めているが，その脆弱性を克服し，経済・通貨統合を完成させるため，さらに前進しなければならないとしている。

経済・通貨統合完成のためには，銀行同盟だけでなく，①資本市場の共通規則の制定，統一的な監督による「資本市場同盟」，②欧州セメスターの強化，財政協定の EU 法化などによる加盟国の財政規律の強化，③金融市場安定化のための「欧州通貨基金」の設立，④経済・財政の監督，マクロ経済安定化，欧州安全資産発行の調整，欧州安定化メカニズム，欧州通貨基金を統合する「欧州財務省」の設立が必要であるとしている。　（吉井昌彦）

▷4　**欧州セメスター**
⇨ I-10「リスボン戦略と欧州2020」側注2

▷5　単一銀行監督と単一銀行破綻処理については2014年に合意したが，預金保険制度についてはいまだ合意に至っていない。

▷6　European Commission, *White Paper on the Future of Europe: Reflections and scenarios for the EU27 by 2025*, 2017.

▷7　European Commission, *Reflection Paper on the Deepening of the Economic and Monetary Union*, 2017.

参考文献

田中素香・長部重康・久保広正・岩田健治『現代ヨーロッパ経済（第5版）』有斐閣，2018年。

V　経済・産業・社会分野

4 産　業

1 補完的手段としてのEU産業政策

EUは域内産業を保護・育成し，その国際競争力を高めることを主な目的として産業政策を実施している。1992年に調印されたマーストリヒト条約において，初めて産業政策に関する独立した条項がEUの基本条約に盛り込まれた。現在は，EU運営条約の第173条が同政策の主な法的根拠である。ここで注意すべきなのは，産業政策分野においてEUに与えられている立法権限が「支援的権限」だという点である（EU運営条約第6条）。すなわち，EUは加盟国の法を変更する立法を行うことはできない。あくまで加盟国の産業政策が主であり，EUの役割はその政策を補完する法や政策をつくることと，各国間の協力・調整を促すために必要な措置[1]を取ることである。

EU産業政策の実施を担当する主な部局は欧州委員会の域内市場・産業・起業・中小企業総局であるが，個別の活動やプログラムを実施する際には，同総局と他の総局が連携することが多い。産業政策との結びつきが強い政策の例としては，研究・技術開発政策が挙げられる[2]。このような政策横断的アプローチは，2010年に発表されたEUの包括的な経済成長・雇用戦略「欧州2020」に明確に示されている。同戦略では知識基盤型で，持続可能で，包摂的な成長の達成が目標として掲げられた[3]。産業政策は，この戦略を構成する七つの主要イニシアチブのうち，特に「グローバル化時代のための産業政策」に他の諸政策とともに貢献するものとして位置づけられている。

歴史的にみると戦後の欧州諸国においては，国による違いはあるものの，垂直的アプローチの産業政策が支配的であった。垂直的アプローチとは，特定の斜陽産業や先端産業への直接的支援（補助金や税制優遇など）を中心とする政策を指し，介入主義とも呼ばれる。このような傾向は，特に1970年代に石油危機が起きて欧州経済が低迷し，しかも日本・アメリカとの経済的競争が激化する中で強まった。しかし，垂直的産業政策が失敗する場合も多く，1990年代以降は多くのEU加盟国で水平的産業政策（多くの産業に共通するインフラ整備や競争環境整備，人材育成など）へと徐々に軸足が移っていった。今日のEUの産業政策も，この水平的アプローチに力点を置いている[4]。

▷1　具体的には，各国の政策の監視と評価，政策業績を測るための指標や指針の作成，最良の実践例（best practice）に関する情報共有などを指す。また，様々な技術的・財政的支援も含まれる。

▷2　⇨V-5「R＆D」

▷3　⇨I-10「リスボン戦略と欧州2020」

▷4　久保広正「EU経済と産業」田中素香ほか『現代ヨーロッパ経済（第5版）』有斐閣，2018年，183-185頁。

2 第一の柱：産業支援

EU の産業政策には２本の柱があり，１本目が産業支援，もう１本が起業および中小企業支援である。前者は，さらに三つの活動分野に分けられる。第一の分野は人的資源開発であり，政府や企業による職業能力開発プログラムの支援を通して，熟練労働者を育てるための政策などが行われている。第二の分野は地域経済の活性化である。産業育成と地域振興を目的として，特色ある産業集積地（クラスター）の形成を支援する取組みが行われている。第三の分野は技術開発の支援である。特に産業のデジタル化の支援や，エネルギー資源効率のよい技術の促進，汎用性が高い技術の開発支援（マイクロ／ナノエレクトロニクス，ナノテクノロジー，生命工学，先端素材，光通信，先端製造技術など）に力を入れている。

政策過程に目を向けると，欧州委員会は「欧州産業の日」会議を2017年から毎年開催し，経済団体などの利害関係者と対話を行うとともに，政策の要旨説明を行っている。また，実業家や専門家からなる「ハイレベル産業円卓会議：産業2030」が2018年に立ち上げられた。これは加盟国の中央政府や地方自治体，民間部門，社会的パートナーや市民社会などの代表から構成される会議であり，欧州委員会の産業政策に対して意見を表明し，欧州・国家・地方の各レベルにおける政策実施について助言を行う諮問機関である。

3 第二の柱：起業・中小企業支援

EU 域内において**中小企業**[◁5]は全企業数の99％以上，民間部門の雇用の３分の２以上を占める。だからこそ，EU は中小企業支援が経済成長と雇用の創出にとって重要であり，またベンチャー企業（その多くが中小企業）の立ち上げを支援することは特色のある企業の育成，技術革新の促進にもつながると主張してきたのである。

EU の中小企業支援策の大枠は，2008年に採択された小企業議定書（the Small Business Act）によって定められた。同議定書は「小企業を第一に考える（Think Small First）」のスローガンと，10の原則を打ち出した。それらの原則に基づいて，EU は様々な活動を行っている。たとえば①中小企業が不利にならないようにビジネス環境を整備する，②起業を促進する，③新市場開拓や国際化を支援する，④資金調達を支援する[◁6]，⑤競争力や技術革新の向上を支援する，⑥海外市場（他の EU 諸国および域外国）や資金援助などに関する情報をポータル・サイトで提供するとともに，中小企業同士の情報交換を促進する，⑦企業が起業して間もない状態（スタートアップ）から成長（スケールアップ）の段階へ移行するのを支援する，などの活動を行っている。（吉沢　晃）

▷5　**中小企業**
EU の2003年勧告の定義によれば，「中規模企業」とは従業員が50人以上250人未満で，年間売上高が5000万ユーロ以下もしくは総資産が4300万ユーロ以下の企業を指す。「小企業」とは従業員が10人以上50人未満で，売上高もしくは総資産が1000万ユーロ以下の企業を指す。「マイクロ企業」とは従業員が10人未満で，売上高もしくは総資産が200万ユーロ以下の企業のことである。（OJ L124/36.）

▷6　たとえば EU は2014年から企業，特に中小企業の競争力向上を支援するための計画である「COSME プログラム」を実施している。実施期間は2014年から2020年までの７年間で，予算は約23億ユーロである。

参考文献

山口隆之「EU の中小企業政策」市川顕編『EU の社会経済と産業』関西学院大学出版会，2015年，157-166頁。

V　経済・産業・社会分野

R&D

1 EU の R&D 政策の目的

EU の研究・技術開発政策（Research and development：R&D）は1980年代に本格化し，その後，内容面でも予算面でも徐々に変化と拡大を遂げてきた。研究・技術開発の促進は EU の包括的経済成長・雇用戦略である「欧州2020」の主要目標の一つでもある[1]。以下では，まずこの政策の目的と法的枠組みを説明し，次に主要なプログラムの内容と特徴について述べる。

EU 運営条約の第179条から第190条では，EU の研究・技術開発・宇宙政策の基本的な目的や活動領域などが定められている（第189条の宇宙政策については，Ⅵ-10「宇宙」を参照）。第179条で述べられているように，この政策の目的は，EU の科学的・技術的基盤を強化することである。そして EU はこの目的を達成するために，研究者や科学的知見や技術が自由に循環する「欧州研究領域」を創設し，同領域の競争力，特に産業の競争力を高めることを目指している。具体的には，EU は加盟国の政策を補完する形で，主に四つの活動を行う（第180条）。その四つの活動とは①企業などの事業者や研究機関，大学などの間の協力促進プログラムの実施，②第三国や国際機構との協力促進[2]，③研究成果の普及[3]，そして④研究者の育成および移動の支援である。なお，研究・技術開発政策分野において EU は加盟国と立法権限を共有しており（第4条），特に研究助成プログラムを創設し，その実施に関する法を必要に応じて制定する。同政策の実施を担う主な行政機関は欧州委員会の研究・イノベーション総局である。

2 主要プログラム：ホライズン2020

EU の研究・技術開発政策は多岐にわたるが[4]，その中心的な活動は多年次の研究・技術開発枠組み計画（Framework Program：FP）の策定と実施である。EU 運営条約の第182条によれば，EU は**通常立法手続**[5]に基づいて，FP の策定や実施に関する法を定めることができる。実際，EU は1984～2013年までの期間に第一次から第七次までの FP を実施し，競争的研究資金の配分を通じて欧州における研究・技術開発の発展を支援してきた。なお，欧州での国際研究協力の歴史は長く，1950年代から様々な形で行われてきたが，EC/EU の枠外での協力が多かった。これに対して FP は，EU の枠内で行われる包括的な事業

▷1　⇨Ⅰ-10「リスボン戦略と欧州2020」

▷2　たとえば，日・EU 科学技術協定が2009年に締結され，2011年に発効した。また，同年から毎年，日・EU 科学政策フォーラムが開催され，産・官・学の参加者による対話が行われている。

▷3　たとえば，EU から助成を受けた研究の成果およびデータの公開・共有・活用に向けてオンライン・システムの構築が行われている。

▷4　EU は FP 以外にも様々な活動を行っている。たとえば，各加盟国の研究・技術開発投資を比較・評価するための指標を作成している。他の政策にも関係する活動としては，欧州委員会が法案を作成する際に科学的知見を提供する仕組みが例として挙げられる。

▷5　**通常立法手続**
⇨Ⅳ-1「各機関の関係と政策決定プロセス」。なお，FP の中の個別プログラムに関する立法は特別手続に基づいて行われ，欧州議会は諮問的役割のみを果たす。

（政策パッケージ）であるという特徴をもつ。

2013年に終了した第七次枠組み計画（FP７）の後継プログラムはホライズン2020（Horizon 2020）と呼ばれ，実施期間は2014～20年までの７年間である。同プログラムは，FP の枠外にあったいくつかの活動を取り込んだという点などで一定の新しさはあるが，◁6 事実上の FP８だと考えて差し支えない。予算総額は約800億ユーロ（約10兆円）で，これは同期間の EU 予算の約８％にあたり，FP７の予算と比べると約30％増である。2013年に各種の特定プログラム（競争的研究資金）への公募が開始され，2014年からそれらが本格的に始動した。正式な参加国は，EU の28加盟国にアイスランド，ノルウェー，アルバニア，ボスニア・ヘルツェゴビナ，北マケドニア，モンテネグロ，セルビア，トルコ，イスラエル，モルドバ，スイス，フェロー諸島，ウクライナ，チュニジア，ジョージア，アルメニアの16関連諸国を加えた合計44カ国である（2018年末現在）。

ホライズン2020には３本柱と呼ばれる重点分野があり，助成は主にそれらの分野の研究に対して行われる。第一の柱は「卓越した科学」であり，予算は約240億ユーロ。研究分野を限定せず，先端的な研究を支援する。若手研究者対象の助成もあれば，より経験が豊富な研究者を対象とした助成もある。第二の柱は「産業リーダーシップ」で，予算は約170億ユーロ。先端技術産業における技術革新につながる可能性の高い研究を支援することが目的で，たとえば情報通信技術，ナノテクノロジー，先端素材，生命工学などが重点領域として設定されている。第三の柱は「社会的課題」で，予算は約300億ユーロ。喫緊の社会的課題の解決に主眼を置いた研究に対する助成である。重点領域として保健・医療，再生可能エネルギー，環境に配慮した交通，持続可能な農業・水産業，安全な社会など七つの分野が設定されており，あくまで課題解決を主目的とした学際的研究が主な支援対象である。

では，このような EU の包括的プログラムの特徴は何であろうか。まず，ホライズン2020の枠組みの下で提供される個別のプログラムの多くは共同研究の支援を目的とし，加盟国および関連諸国のうち，少なくとも３カ国からの研究機関による申請が応募条件とされている。このように国際共同研究および国際研究者交流の促進に重きを置いている点に，国家レベルではなく欧州という地域レベルの政策の特徴が表れているといえよう。また，大学に限らず研究機関，企業，NGO なども参加できる点や，EU 域外の研究機関にも門戸が開かれている点が特徴的である。ただし日本のような先進国の機関の場合は，原則として費用を EU からの助成によらず自ら調達するマッチング・ファンド方式が採用される。なお，2021年１月に開始する第九次枠組み計画は Horizon Europe と名づけられる予定である。2018年６月に欧州委員会が提出した提案に基づき，EU 内で本格的な検討が始まった。 （吉沢　晃）

▷6　新たに加わった活動のうち主なものは，「欧州イノベーション工科大学院（EIT）」関連の研究活動と「競争力と技術革新枠組み計画（CIP）」の二つである。

参考文献

徳田昭雄「EU の研究・イノベーション政策の概要――Horizon 2020に着目して」『国際ビジネス研究』第６巻２号，123-137頁。

V　経済・産業・社会分野

競争政策

1 経済活動の法的規制

競争政策はEUの主要な経済政策の一つであり，長い歴史をもつ。同政策の法的根拠であるEU競争法[◁1]の枠組みは，EU運営条約の第101条から第109条によって規定されている。これらの条文の原型となったのは，1957年に署名されたローマ条約の第81条から第89条である。

EUの競争政策には，四つの主要な分野がある。一つ目は，企業間の協定や協調行為に関する規制である。違法行為の例として，同業の企業同士が共謀し，商品の価格を吊り上げたり生産数量を制限したりする行為，すなわちカルテルが挙げられる。二つ目は，支配的地位の濫用の規制である。たとえば，高い市場占有率をもつ企業がその市場支配力を用いて取引先に不当な要求をしたり，競合他社を市場から排除することを禁止している。三つ目は，企業結合の規制であり，大企業同士の合併や買収，ジョイント・ベンチャーなど，市場集中につながる行為を主な対象とする。なお，EUは企業結合規制に関する明確な権限を当初はもっておらず，1989年に制定された理事会規則によって初めて同分野での権限を与えられた。四つ目は，国家補助の規制である。これはEU加盟国政府が特定の企業や産業や地域に対して与える国家補助[◁2]を事前に審査し，市場競争が過度にゆがめられることを防ぐ仕組みである。

では，EUはこのように広範な競争政策を実施することにより，いったい何を達成しようとしているのだろうか。この点に関しては様々な意見があるが，少なくとも二つの重要な政策目標があると考えられる。一つ目は，欧州単一市場における競争のゆがみを取り除くことによって，企業による生産・流通活動の効率化を促進し，経済厚生を改善することである。なお，これは多くの国々における競争政策の基本的目標であり，EUに限ったことではない。二つ目は，市場を国ごとに分断するような競争制限的行為を企業が行うことを禁止し，それによってEU域内の市場統合を推進することである。つまり，EUにおいて，競争政策は域内市場政策を補完する役割を担っている。この第二の目標は，超国家レベルの競争政策ならではの目標だといえるだろう。

2 政策の形成・実施過程

EU運営条約の第3条は，EUが競争政策の分野において排他的な立法権限[◁3]を

▷1　国や地域によって呼び方が異なり，たとえば日本では独占禁止法，アメリカでは反トラスト法と呼ばれている。

▷2　公的機関から特定の企業や産業，地域などに与えられる利益のことを指す幅広い概念であり，補助金だけでなく公的融資や税制優遇なども含む。

▷3　排他的権限の領域とは，立法権限を加盟国政府がもたず，EUのみがもつ政策領域のことである。

もつことを規定している。そして競争政策の運用に関する EU 法（規則および指令）は，原則として特別立法手続によってつくられる。すなわち，欧州委員会が法案を提出し，その採否を EU 理事会が特定多数決方式で決定する。なお，この手続において，欧州議会は諮問的役割のみを担う。

個別事件に関する意思決定においては，超国家的機関が中心的な役割を果たす。まず，競争政策をつかさどる官僚組織である欧州委員会競争総局が事件の調査と審査を行い，最終的には欧州委員たちが単純多数決方式で決定を下す。欧州委員会には強力な法執行権限が与えられており，たとえば競争制限的な共同行為および支配的地位の濫用に関する EU 競争法違反を犯した企業に対して，当該企業の前年度世界売上高の10％を上限として制裁金を課すことができる。また，市場集中度を大幅に高める企業結合案件に対しては，必要に応じて資産の一部売却など様々な条件を課す，あるいは当該結合を禁止する権限をもっている。さらに，欧州委員会は違法な国家補助を発見した場合，加盟国政府に対し，当該措置の廃止や企業にすでに給付した補助金の回収を命じることもできる。ただし，欧州委員会の決定に不服のある企業や加盟国は決定取り消しや制裁金の軽減などを求めて提訴する権利をもっており，実際に EU の一般裁判所や司法裁判所によって決定が修正される場合もある。

3 域外企業が関わった代表的事件

EU 域内の企業だけでなく，域外企業も EU 競争法違反で摘発されることがしばしばある。ここでは，上述の 4 分野それぞれについて，代表的事件を一つずつ紹介しよう。①2012年の TV モニター・PC 用ブラウン管カルテル事件[◁4]において，日本のパナソニック，東芝，MTPD を含む 7 社が，合計約14.7億ユーロの制裁金を課された。②2018年にアメリカ企業のグーグルはインターネット検索サービスや携帯電話の基本ソフトなどの市場における支配的地位を濫用し，携帯電話の製造・販売業者やネットワーク事業者に不当な取引を強要したとして，約43.4億ユーロの制裁金を課された[◁5]。これは独占の分野において課された制裁金の中では過去最高額である（2018年末現在）。③2001年に GE とハネウェルというアメリカ企業同士の結合案が欧州委員会によって禁止された[◁6]。この事件は，EU 競争法域外適用[◁7]の事例として有名である。また，アメリカがすでに条件付きで承認をしていたにもかかわらず EU が不承認の決定を下したため，両者の間の政治的対立にまで発展した事件としても知られている。④2016年に欧州委員会は，アイルランド政府がアメリカ企業アップルの欧州子会社に対して与えていた法人税優遇措置が，EU 国家補助規制に反するとの決定を下した。アイルランド政府は，アップルに対して約130億ユーロにのぼる追徴課税を行うことを命じられた[◁8]。以上の諸事例が示すように，EU 競争政策は域内企業だけでなく域外企業にも多大な影響を及ぼしている。　（吉沢　晃）

▷4 Case AT. 39437, *TV and Computer Monitor Tubes.*

▷5 Case AT. 40099, *Google Android.*

▷6 Case M. 2220, *General Electric/Honeywell.*

▷7 EU 域内に生産施設や販売拠点をもたない企業であっても，欧州単一市場の競争を著しく損なう行為を行った場合，EU 競争法違反で摘発されることがある。これを EU 競争法の域外適用という。木材パルプ・カルテル事件に関して司法裁判所が下した判決により，この法理（実施理論）が確立された。Joined Cases 89, 104, 114, 116, 117 and 125 to 129/85, *A. Ahlström Osakeyhtiö and others v. Commission (Woodpulp),* ECLI: EU: C: 1988:447.

▷8 Case SA. 38373, *Alleged aid to Apple.*

参考文献

笹原宏『EU 競争法』信山社，2016年。

V　経済・産業・社会分野

7 社会政策

1 欧州雇用政策の登場

社会政策は基本的に加盟国の政策範囲であるが，1990年代半ばから EU 次元の取組みが雇用政策で展開されている。1990年代前半の不況により，1994年の EU 平均失業率は10.5％に達した。1993～94年に欧州委員会が発表した経済や社会政策の白書や緑書は，雇用政策を中心にした社会政策の必要性を主張したが，そこには規制緩和や市場メカニズムを重視する経済協力開発機構（OECD）の「雇用戦略」の影響もあった。

1997年５月に誕生したイギリスの労働党政権は，保守党政権が拒否してきた労働者の社会的基本権を定める社会政策協定に署名した。イギリスの適用除外は終了し，協定内容は1999年５月発効のアムステルダム条約に取り入れられた。同条約は史上初めて，EU の目的に「高水準の雇用」を，共同体の活動範囲に「雇用戦略による加盟国間の雇用政策協調」を記し，「雇用」の章も新設した。

1997年11月，初の雇用サミットが開かれ，欧州雇用戦略（EES）の第Ⅰ期（1998～2002年）開始が決定されて，欧州雇用政策が始まった。EES は①就業可能性向上，②起業家精神喚起，③適応能力改善，④男女機会均等保障の４柱を設け，のちに**開放型調整方式（OMC）**◁1 として確立される手法で政策調整した。毎年，４柱の下に内容が策定され，各国が行動計画を作成し，EU 理事会と欧州委員会が評価を行った。

2 2000年代の展開

第Ⅰ期 EES は，EU が成長戦略「リスボン戦略」を2000年３月に採択したことで転機を迎えた。戦略は EES による就業率上昇を謳った。４柱の横断政策目標として「フル就業」を掲げ，2010年までに20～64歳層の全就業率を70％に引き上げるなどの数値目標を示し，非労働力化している女性，高齢者，社会的弱者などの労働市場参加をねらった。

2005年３月には再活性化のため，労働市場柔軟化と社会保護削減の色彩が強い「新リスボン戦略」が採択された。また，EES 第Ⅱ期（2003～10年）は，年ごとの指針見直しに変えて，2006年実施の中間見直しを導入し，全体目標も①フル就業，②仕事の質と生産性の改善，③社会的結束と包摂の強化の３柱にしたが，②は労働市場柔軟化を強調した。

▷1　**開放型調整方式（OMC）**
⇨Ⅰ-10「リスボン戦略と欧州2020」

▷2　**フレキシキュリティ原則**（common flexicurity principles）
EU のフレキシキュリティ原則は，①柔軟で信頼性の高い労働契約，②包括的な生涯教育戦略，③効果的な積極的労働政策，④現代的な社会保障制度，の４点からなり，現在も欧州雇用政策の主題の一つになっている。これは，2000年代前半に，柔軟な労働市場，手厚い失業給付，積極的労働市場政策の連携により，相対的に良好なパフォーマンスを挙げたデンマークをモデルにつくられた。なお，2008年秋からの連続する危機の下で，デンマーク経済は相対的に振るわず，理想としてのデンマークモデルは終焉したと評されている。

▷3　**欧州2020**
⇨Ⅰ-10「リスボン戦略と欧州2020」

▷4　**安定・成長協定**
⇨Ⅴ-3「通貨」

2005年には，策定時間にズレがあったEES「雇用指針」と，戦略の下で加盟国の経済成長協調を策定する「経済政策包括的指針」が統合され，「成長と雇用のための統合指針」として同期化された。こうしてEESはEU経済成長戦略の中に組み込まれ，展開されるようになった。

2007年12月には，規制緩和による労働市場の柔軟性と，雇用の保障を兼ね備えると謳う「**フレキシキュリティ原則**[◁2]」が採択され，欧州雇用・社会政策の共通原則になったが，労働側からは柔軟性に重点が置かれすぎていると批判された。

3 2010年代の欧州雇用政策

2009年12月発効のリスボン条約は，EUの目的にEESが掲げた「フル就業」を明記し，雇用のいっそうの重視を打ち出した。雇用政策の策定については加盟国とEUの共同策定とし，加盟国が政策実施，EUが施行状況を監視，審査・改善提案すると定めた。リーマン・ショック後の不況の中，2010年3月に次の成長戦略として発表された「**欧州2020**[◁3]」は，2020年までに20～64歳層の全就業率を75％とする目標などを掲げた。2010年10月に雇用・社会政策担当相理事会は，「欧州2020」において加盟国がとるべき10統合指針を採択し，うち四つを雇用事項としたが，より新自由主義的傾向が強まったとの批判も受けた。

2010年代になると，欧州債務危機により不況はさらに深刻化したが，EMU（経済通貨同盟）の財政条項が存在するため，ユーロ加盟国は財政規律を重視した緊縮政策を追求せざるを得ず，欧州の社会的側面はますます悪化した。債務危機回避のために，加盟国の経済政策と財政政策をEU次元で協調・監視する枠組みが求められ，ユーロ圏の財政規律を定めた「**安定・成長協定**[◁4]」と「欧州2020」をもとに，「欧州セメスター」が作成され，2011年から始められた。雇用政策はこの中にも含まれるようになった。

失業率は2013年にEU平均で10.9％とピークに達し，南欧諸国では25％を超えるなど加盟国間格差も拡大した。経済成長促進による雇用増大を求める声の高まりを受け，欧州委員会は2012年4月に雇用政策パッケージ「豊かな雇用を伴う経済回復」を発表した。続く同年6月の欧州理事会は「成長・雇用協定」に合意し，政策パッケージを早急に実施するとした。

未曾有の危機の中，2014年11月に発足したユンカー欧州委員会は，欧州の社会的側面の重視を掲げ，「統合指針」の半分を雇用事項とした。これはその後，2017年11月採択の「**欧州社会権の柱**[◁5]」に合わせて見直され，2018年現在は，①労働需要の喚起，②労働供給の確立：雇用へのアクセス，技能，能力，③労働市場の機能と社会的対話の有効性確立，④機会均等促進・社会的包摂の促進・貧困との闘い，となっている。

（山本いづみ）

▷5 **「欧州社会権の柱」**
(European Pillar of Social Rights：EPSR)
単一市場やEMUの安定的発展のためには，人の自由移動が保障された単一労働市場の発展が不可欠であるとの考えが「欧州社会権の柱」の背景にあり，既存の労働者保護に関する社会的権利を補完する必要があるとして「柱」は採択された。「柱」は政策指針であり，法的拘束力はない。「柱」には①機会均等と労働市場への平等なアクセス，②公正な労働条件，③社会的保護と包摂，の3分野があり，合計20の基本原則がある。これらの20項目のうち，12項目で「社会的スコアボード」の指標が設定され，欧州委員会が加盟国の進捗状況を監視し，結果を欧州セメスターに送る。「柱」の対象はユーロ圏が想定されているが，ユーロ導入を検討するすべての加盟国に適用可能で，その焦点は，競争力改善や投資誘致，雇用創出と社会的結束の促進，労働環境や社会全般の新潮流への対応にあてられている。

参考文献

田中素香・長部重康・久保広正・岩田健治『現代ヨーロッパ経済（第5版）』有斐閣，2018年。
福原宏幸・中村健吾・柳原剛司編著『ユーロ危機と欧州福祉レジームの変容』明石書店，2015年。
濱口桂一郎『EUの労働法政策』労働政策研究研修機構，2017年。
駐日EU代表部 公式ウェブマガジン『EU MAG』(http://eumag.jp/) 各号。
厚生労働省『2017年海外情勢報告』2018年3月。

V　経済・産業・社会分野

8 環　境

1 EU環境政策の発展過程

環境政策はEUのサクセス・ストーリーの一例である。EU政治の重要な研究対象の一つとして理論的にも様々に論じられてきた。“環境政策の事例”としてEUが取り上げられるにとどまらず，“ヨーロッパ統合の一断面”として環境政策が取り上げられているのである。もともと環境政策はヨーロッパ統合の主要な目的ではなかった。欧州経済共同体設立条約（EEC条約）に環境立法の法的根拠はなく，欧州委員会に環境を担当する総局も存在しなかった。[1] EECは環境政策を予定していなかった。にもかかわらずたとえば有害化学物質規制など環境関連立法がヨーロッパ統合の比較的早い段階から進められていく。その動因は市場統合の推進と国際環境協定への対応にあった。加盟各国で環境基準が異なれば国境による市場の分断は克服しがたい。環境政策は環境保護のためではなく市場統合のためであった。[2] また河川や海洋の国際的な保護枠組みは加盟国の国益も関わる。どの加盟国にとっても国際河川や海洋は死活的に重要だ。これに大気汚染防止や野生生物保護も加えながらEECは様々な国際協定に対応していった。しかしEEC条約に環境国際行動のための規定はない。そこで利用されたのが統合目的に必要な権限の追加的な付与——黙示的権限——を認める条約上の規定であった。[3]

やがて環境立法は1987年単一欧州議定書によってようやく法的根拠を与えられる。市場統合のための環境立法から環境保護のための環境立法へと，独立の政策領域に格上げされたのである。その際に**補完性原則**[4]が環境立法の条件として導入された。これがやがては1993年マーストリヒト条約によってEU加盟国間の権限関係一般を律するEU法の基本原則とされていく。またもう一つ，環境統合原則が単一欧州議定書によって定められた。これはEUの他の共通政策が環境に配慮することを要請する原則であり，経済を第一次的に志向するEECの基本目的を修正していく意義をもつものとなった。以上の補完性原則と環境統合原則の導入は環境規範深化が統合そのものに影響を与えた事例として留意しておきたい。

2 EU環境政策の成熟段階

EU環境政策は1992年の第五次環境行動計画と同年調印のマーストリヒト条約によって成熟した共通政策の段階に到達する。97年アムステルダム条約では環境

▷1　欧州委員会環境総局は1981年に設立，現在はスタッフ500名，うち90名は気候変動総局と兼任されている。部局は六つに分かれ（政策調整・資源，循環型経済・グリーン成長，クオリティ・オブ・ライフ，自然資本，加盟国内環境法施行支援，グローバルレベルの持続可能な発展），それぞれに3～6の下部局をもつ。

▷2　後述の1987年単一欧州議定書による環境立法の法的根拠設定までは，EEC条約第2条の共同体の基本目的についての環境主義的解釈と，同100条の共同市場建設，そして下記の同235条の黙示的権限によって環境立法が進められてきた。その数は35本に及んだ（筆者調べ）。

▷3　EEC条約（ローマ条約）はその第235条（現EU運営条約では第352条）にいわゆる黙示的権限を定めていた。共同体の基本目的を実現するために必要な権限が与えられていないことが判明した場合，適切な措置が取れるよう認めるものである。1987年の単一欧州議定書以前に共同体が締結した国際協定は多くがこの条項を根拠としたものであり，その数は20本を越えていた（議定書や追加協定含む）。しかしこうした措置は裏口からの統合だと批判されていた。

統合原則がEUの基本規範に位置づけられ，持続可能な発展がEUの基本目的に掲げられた。環境規範の主流化（メインストリーミング）と呼ばれる政策発展である。政策領域の範囲は環境の名の下に想定される争点をほぼ網羅するほどに広範となり[5]，政策形成の前提となる環境原則は世界のモデルともされるようになる[6]。欧州委員会環境総局は気候変動総局と一部重なりつつ500名を超える人員を擁し，環境立法案の策定からEU司法裁判所への加盟国の提訴をも担当する。

2014年からは第七次環境行動計画が施行された（2020年まで）。2050年に到来しているはずのEU市民社会のありようを構想した文書であり，低炭素経済をベースに誰一人排除しない包摂社会をイメージしている。いわばヨーロッパ統合の約束の地の表象でもある。その基本となるのが気候変動政策と生物多様性保護政策である。前者のための排出量取引制度は制度発足時の低迷を脱し温室効果ガス削減に貢献しており，2030年までに1990年比30％削減というEUの野心的な長期目標達成に現実味を与えている。また後者のための生物生息地指令はNatura2000の名のもと域内2万6000箇所・EU総面積18％の特別保護地域設定に成功している。

ただし大きな問題が立ち塞がっている。加盟国による大量のEU環境法違反である。施行不足とも呼ばれるこの問題はEU司法裁判所への大量提訴に現れている。たとえば2017年には716件もの新たな提訴がみられたが，うち173件が加盟国の環境法違反である。EU環境法の施行は他の政策領域と同様，加盟国行政システムに依存する。両者のフィットがなかなかに難しい。環境法施行不足の根は深い。

3 EU環境政策の理論的考察

EU環境政策の発展を可能にした要因は何であろうか。先行研究は大きく三つに整理できる。一つは**新機能主義**[7]による説明だ。EU環境政策は市場統合のスピルオーバーにより発展したもので，EU機関が中心となって政策が形成され，そこにヨーロッパレベルで活動する市民社会組織――環境NGOや各種業界団体――がアクセスを試み，政策統合はいっそう進んでいくという。それに対して**政府間主義**[8]が反論する。EU環境政策の進展は環境推進派の加盟国と非推進派の加盟国の国益をかけた交渉に依存するという。たとえば1980年代から90年代にかけて（西）ドイツやオランダが進めたエコロジー近代化路線や北欧諸国の環境志向が環境推進派による貢献の事例として挙げられている。

こうしたいわば古典的な統合理論に対して，現在ではガバナンスの観点から**ヨーロッパ化**[9]のあり方を問題にする比較政治学的アプローチが主流となっている。環境政策に限らずEUの共通政策は加盟国それぞれに特有のヨーロッパ化をもたらす。EU機関か，加盟国政府かという単純な二元論で現実を読み解くことはできない。2004年の東方拡大によるEUの一段の多様化がこの研究傾向に拍車をかけていった。

（臼井陽一郎）

▷4 **補完性原則**
⇨IV-2「補完性の原理」

▷5 第七次環境行動計画には九つの優先領域が措定されている（自然資本・低炭素経済・環境リスク・環境法履行確保・環境専門知向上・環境投資・環境政策統合・都市の持続可能性・国際環境条約）。

▷6 EUの環境政策はEU条約および運営条約に措定された次の原則に依拠するよう定められている。それは汚染源への対処，現行技術で最高水準の保全，科学的証明よりも予防優先，汚染者負担そして上述の補完性原則と環境統合原則である。

▷7 **新機能主義**
⇨II-1「新機能主義」

▷8 **政府間主義**
⇨II-2「超国家主義と政府間主義」

▷9 **ヨーロッパ化**
⇨II-5「『欧州化』の理論」

参考文献

臼井陽一郎『環境のEU，規範の政治』ナカニシヤ出版，2013年。

V　経済・産業・社会分野

9 農　業

1 ウルグアイ・ラウンド以降の CAP

共通農業政策（Common Agricultural Policy：CAP）とは，EU 加盟国すべてに適用される農業政策を指す。本節では，特に GATT のウルグアイ・ラウンド（UR, 1986～94年）以降の CAP の解説を行う[1]。CAP は1962年に成立し，欧州統合の最初期から共通政策として存在している。初期のCAPは欧州統合への農民の支持を取り付けるため，農業部門への事実上の所得移転政策として機能した。具体的には最低保証価格での余剰農産物の公的買取りという形でそれはなされた。それゆえ生産者は農薬や化学肥料を利用して熱心に増産するようになり，1980年代には買取費用の増大および環境の悪化が問題視されるようになった。

UR 以前，CAP の主たる政策手段は農産物価格の下支えであり，それは**構造政策**[2]によって補完された。価格を高い水準に維持するため，EU は低価格での農産物輸入を制限する一方，余剰農産物を買い取り，それを補助金の利用により輸出していた。この形態の農業政策は外国，特に農産物輸出国の反発をかうと同時に，EU の納税者からも農産物の買取費用の増大を理由に批判されていた。この事態に対応するため EU は1992年に CAP を改革した。その後も改革を重ねた結果（1999・2003・08・13年），EU は域内の農産物価格を引き下げて外国との価格差を多くの品目で消滅させるに至った。

UR 以降の CAP の特徴は，第一に世界貿易機関（WTO）のルールに対する整合性の確保[3]，第二に直接支払いによる生産者の誘導である。1995年に誕生した WTO の下で EU は農業保護の手段の転換を余儀なくされた。そのため農産物価格の下支えはなくなり，かつては世界価格の2倍以上だった EU 価格が，輸出補助金が不要となるほどにまで低下した。他方で，価格低下に伴う農家の減収を補ったのが直接支払いである。これは文字通り農家がお金を直接受け取る形態の補助金で，CAP 支出の大部分を構成するようになった（図1を参照）。ただしこれには受給資格[4]が存在する。たとえば環境保全や動物愛護の取決めに反した農家は直接支払いを受け取れない。したがって直接支払いは，農家の収入の底上げという役割を果たすと同時に，受給資格の設定を通じて特定の農法（社会的に望ましいとされる農法）の採用を促す機能も有している。この機能は農家がなぜ補助金をもらえるのかという納税者の疑問への返答にもなっている。

▷1　ここでは扱わないが，近年の CAP で重視されている論点として，農業部門の公正な所得分配，フードチェーンにおける交渉力，若年農業者への支援，環境保全，食品の質と安全性などがある。こうした比較的新しい論点に関する情報は，農林水産省の海外農業情報（https://www.maff.go.jp/j/kokusai/kokusei/kaigai_nogyo/）や農林水産政策研究所（https://www.maff.go.jp/primaff/）などから得られる。

▷2　**構造政策**
農業部門の構造政策とは，農業を営むには条件が不利な地域での農業生産を特別に支援する政策を指す。

▷3　WTO の農業補助金のルールでは，価格に影響を与える補助金（初期の CAP の補助金はこれに当たる）は貿易歪曲性があるとみなされ，その削減が求められる。これに対して直接支払いは，生産調整などの一定の条件の下で容認される。

▷4　直接支払いの受給資格は，クロス・コンプライアンスと呼ばれる。

図1に示されているとおり，当初の直接支払いはカップル型だったが，2007年以降その大半はデカップル型となった。デカップル型とは，生産と補助金が切断された（無関係な）状態を意味するのに対して，両者につながりがあることをカップル型と形容する。この転換もまたWTOのルールを意識したものである◁5。

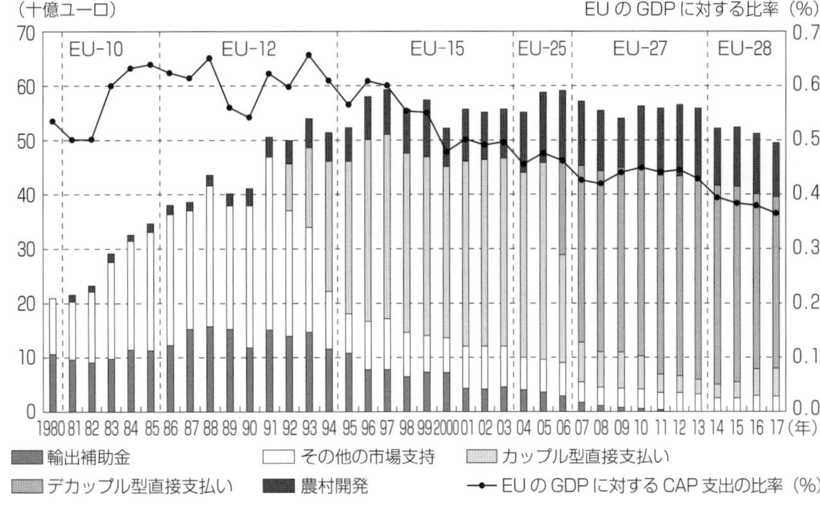

図1 CAP支出の変化

（出典） https://ec.europa.eu/agriculture/sites/agriculture/files/cap-post-2013/graphs/graph2_en.pdf（2018年8月24日アクセス）.

2 農村開発政策

現在のCAPは二つの柱で構成される。第一の柱は直接支払い制度である。農産物市場の混乱（たとえば価格の乱高下）を防ぐ措置も第一の柱に含まれるが，CAP改革の結果，価格を高水準で維持する必要がなくなったため，この措置はあまり利用されなくなっている。第二の柱は農村開発政策である。これは農産物生産よりもむしろ農村という地域の状況の改善を目的とした政策であり，その重要性は1997年の改革以降高まっている。ただし図1が示すとおり，第一の柱により多くのCAP予算が割り当てられている。

農村開発政策では次の6点に高い優先度が与えられている。第一に農林業や農村への知識の移転，第二に農業の競争力と農場の存続可能性の向上，第三にフードチェーンの連携強化と農業におけるリスク管理の奨励，第四に農林業に左右されるエコシステムの回復・保全・改善，第五に資源効率の向上，二酸化炭素の排出の抑制および気候変動への対応力の強化を農林業および食品産業において支援すること，第六に農村における社会的包摂，貧困削減および経済発展の促進である。

農村は多様で，それぞれの課題を抱えているため，画一的な農村開発政策は効果的ではない。それゆえこの政策には各地域の人々・団体の緊密な関与が義務づけられ，地域ごとに内容が決められる。つまりこの政策は全加盟国に共通の政策であるものの，その詳細まで共通化されているとは言い難い。またこの政策では必要な資金の一部を加盟国が負担しなくてはならず，これはCAPの原則である**財政の連帯**◁6からの逸脱である。政策資金の負担と支出について，農村開発政策は従来のCAPではなく，地域政策の方法を採用している。

（豊　嘉哲）

▷5 カップル型の補助金（たとえば生産量1kgあたり10円の補助）は，増産により収入を増加させるため，農家の生産意欲を刺激する。このような，生産量を（したがって価格を）左右する農業補助金は，WTOで貿易歪曲的とみなされる。

▷6 **財政の連帯**
CAPの原則の一つであり，CAPに関わる費用は各加盟国ではなくEUが負担することを意味する。これに加えて，単一市場（EU内の農産物貿易に対する制限措置の除去）と共同体優先（EUの優先）がCAPの原則を構成する。

参考文献

豊嘉哲『欧州統合と共通農業政策』芦書房，2016年。

V　経済・産業・社会分野

エネルギー

1 EU各国のエネルギーミックスの違い

EUのエネルギー政策は，1952年の欧州石炭鉄鋼共同体（ECSC）に遡る。しかし，石油の時代になり，各国は独自に石油・天然ガスを確保しはじめた。イギリス，デンマーク，オランダは，北海の資源を利用できたが，他の国々は輸入に頼った。1958年に欧州原子力共同体（ユーラトム）が設立され，原発建設も進んだが，輸入依存は変わらなかった。各国の事情は異なり，今日まで**エネルギーミックス**[◁1]の選択は国家権限であり，時に利害が対立する。

EUは，世界の**最終エネルギー消費**[◁2]の12%を占める（以下，2016年）。EU全体のエネルギーミックスは，石油35%，ガス23%，石炭15%，原子力13%，再生可能エネルギー（再エネ）13%だ。EUは，エネルギーの半分（54%），特に原油87%，ガス70%，ウランの大半を輸入している。EUの輸入する原油の13%，ガスの25%を占めるノルウェーは，加盟国ではないが，欧州経済領域（EEA）に参加し，域内市場に統合されている。一方，ロシアは，EUの輸入する原油の32%，ガスの40%を占める[◁3]。EU内には，ロシアと協力を進めるドイツ，オーストリア，イタリア等と，反対する中東欧・バルト諸国等との間で意見の相違がある。その背景には，各国のエネルギー事情の違いがある。たとえば，ドイツは，ガスの40%以上をロシアに頼る。だが，ドイツは，調達先を多角化し，再エネを含めエネルギーミックスを多様化しながら，脱原発を進めている。フランスは，原発で発電の75%を賄うが，それを50%まで引き下げる予定で，再エネを16%に増やしている。ロシアは，フランスのガス輸入の20%にとどまる。デンマークは，ガスを輸出し，再エネの割合は32%に達する。スペインは，アルジェリアのガス，あるいは液化天然ガス（LNG）を利用し，ロシアには頼っていない。対照的に，中東欧・バルト諸国は，ガスの大半をロシアに頼り，欧州の東西間で送電網・パイプライン網の相互接続が欠け，供給源が多角化されていなかった。

2 市場統合とガス紛争を契機とするEUエネルギー政策の発展

この問題を露呈させたのが，2006年と2009年のガス紛争[◁4]である。当時，ロシアから欧州向けのガスの8割がウクライナ経由のパイプラインで供給されていた。だが，価格をめぐるウクライナとロシアの対立からガス供給が滞った。

これを教訓に，EUのエネルギー政策が発展した。2009年に批准されたリス

▷1　**エネルギーミックス**
二次エネルギー（電気，ガソリン等）の生産に使用される一次エネルギーの組み合わせ。そこに各国のエネルギー政策の特徴が表れる。

▷2　**最終エネルギー消費**
企業，家庭，運輸などで実際に消費されたエネルギー量。

▷3　⇨X-3「ロシア」

▷4　⇨VIII-3「ウクライナ」

ボン条約第194条は,「連帯の精神」に基づいて,エネルギー分野で市場機能の確保,供給の安全保障,効率改善・再エネ発展,ネットワークの相互接続促進に必要な措置を**通常立法手続**[5]で定めるとした。

2009年は,「第三次エネルギー法令パッケージ」が発効した年でもある。**アンバンドリング**[6]によって電力・ガス輸送部門の独立性が確保され,連係線(送電網やパイプライン網)への第三者アクセスが義務化された。また,欧州エネルギー規制者協力機関(ACER),欧州送電系統運用者ネットワーク(ENTSO-E),欧州ガス系統運用者ネットワーク(ENTSO-G)により,取引制度や技術的規制の調和が進められるようになった。

3 低炭素社会を目指す EU

上記の政策は,再エネの発展にとって不可欠である。太陽光や風力による発電は,自然条件に左右され出力変動が大きく,安定供給が課題となる。EU では,需給の動きが異なる様々な地域が国境を越えて連係線でつながっている。しかも,エネルギー市場が統合され,誰もが連係線にアクセスし,市場取引を通じて空き容量を利用できる。たとえば,ドイツでは太陽光発電の供給過剰が,デンマークでは風力発電による供給過剰が生じるが,電力が輸出され需給が調整されている。さらに EU は,国境を越える連係線を拡充し,ICT 技術や電力・ガス取引市場を利用してリアルタイムで需給調整できるスマート・グリッド化を進めつつある。電気自動車(EV)もその一部だ。

2009年の「気候変動・エネルギー法令パッケージ」は,2020年までに,温室効果ガスを1990年比20%削減し,再エネを最終エネルギー消費の20%にし,エネルギー効率を20%改善する目標を示した。2010年,一連の政策は,「エネルギー2020」戦略に集約され,さらに2014年の「2030年気候変動エネルギー枠組」は,温室効果ガス40%削減,再エネ27%を新たな目標として掲げた。

このように,EU は,エネルギー消費や温室効果ガスを増やすことなく,豊かな社会を維持できる持続可能な成長,つまり経済成長とエネルギー消費を切り離し(デカップリング),低炭素社会を実現しようとしている。

4 「連帯」に基づいてレジリエンスを強化するエネルギー同盟

2014年,**ウクライナ危機**[7]を契機として,EU は,加盟国が連帯して緊急対応,相互接続強化,エネルギー市場統合の完成,供給源の多角化,効率改善・再エネ促進を図ることによって,輸入依存に伴うリスクや気候変動の影響に対する**レジリエンス**[8]を高めようとする「エネルギー同盟」を打ち出している。2016年,EU は,「すべてのヨーロッパの人々のためのクリーンエネルギー」を,2018年には2050年までの長期戦略「みんなのクリーン・プラネット」を公表した。今や,**グリーンディール**[9]は,EU の政策の柱である。 (蓮見 雄)

▷5 通常立法手続
⇨IV-1「各機関の関係と政策決定プロセス」

▷6 アンバンドリング
電力・ガスの生産部門と配送部門を分離し,市場競争を導入すること。電力部門では,発送電分離と呼ばれる。

▷7 ウクライナ危機
⇨VIII-3「ウクライナ」

▷8 レジリエンス
状況や環境の変化に対して柔軟に適応し生き延びる力。近年,気候変動対策においても注目されている考え方。

▷9 グリーンディール
2019年末,欧州委員会は,2050年までに温室効果ガス排出を実質ゼロにすることを目指し,国境炭素税の導入などを盛り込んだ「欧州グリーンディール」を発表した。これは,単に環境・エネルギー政策に留まらず,クリーンエネルギーを中心として EU の経済全体の構造改革を目指す産業政策でもある。

参考文献

市民のエネルギーひろば・ねりま編『地元で電気をつくる本』ぶなのもり,2014年。
蓮見雄「EU におけるエネルギー連帯の契機としてのウクライナ」『日本EU 学会年報』第35号,2015年。
安田陽『世界の再生可能エネルギーと電力システム』インプレス R&D,2018年。

V　経済・産業・社会分野

11 教　育

1 EUにおける教育

教育は，ヨーロッパ統合進展の中でも，基本的に国家の責任下に置かれてきた。教育政策に関する権限委譲に対する国家の抵抗は極めて大きく，EEC（欧州経済共同体）を設立したローマ条約には教育に関する規定は設けられず，職業訓練に関する規定のみが設けられた。しかし，ヨーロッパ・レベルでの協力に対する要請から，EC加盟国の教育大臣は，1971年に共同体の枠組みの中で初会合を開催し，教育分野における協力の必要性を謳う決議を採択した。1980年代に入ると，後述するエラスムス計画のほか，言語教育に関するリングァ（1989年採択），中東欧諸国との教育交流に関するテンパス（1990年採択）など数々の教育訓練プログラムが開始した。そして，EUを創設したマーストリヒト条約（1992年調印）に教育に関する条項（第126条）が初めて設けられ，教育分野における共同体の活動は，**補完性原則**[◁1]を前提としながらも確固たる法的基盤を得た。

ただし，これ以後も現在に至るまで，教育政策は第一に加盟国の責任の下に置かれ，EUの権限は加盟国の活動の支援，調整，補充に限られる。具体的には，EUレベルでは，上記プログラムの実施のほか，リスボン戦略を受けて策定された教育・訓練分野における協力のための戦略枠組みである「**教育と訓練2010**[◁2]」およびその後継の「教育と訓練2020」にみられるように，具体的な数値を含む共通目標の設定とグッドプラクティスの共有が図られている。

また，近年の展開として，EU枠外の政府間協調として1999年に開始した**ボローニャ・プロセス**[◁3]が，高等教育分野における汎ヨーロッパ的な協力を進めている。学位構造や質保証等を対象とした政策協調を行うこの枠組みは，欧州委員会もそのメンバーとして参加するなど，EUとも密接な関わりをもちながら発展している。

2 旗艦プログラムとしてのエラスムス計画

教育分野におけるEUの活動で最も重要なものは，高等教育における域内の学生モビリティ促進を目的としたエラスムス計画である。エラスムス計画は，10年の試行期間を経て，1987年6月に「大学生の流動化のための欧州共同体活動計画（European Community Action Scheme for the Mobility of University Students：ERASMUS）」として採択された。その活動の柱は最長1年間の短期

▷1　**補完性原則**
⇨［Ⅳ-2］「補完性の原理」

▷2　**教育と訓練2010**
リスボン戦略の下，教育・職業訓練分野のための三つの戦略目標と付随する13の具体的目標を2010年までに達成するために策定された作業プログラム。2002年2月に教育閣僚理事会と欧州委員会によって採択されたのち，同年3月のバルセロナ欧州理事会で承認された。これを受けて，翌年5月のEU理事会において，目標の達成状況を測定するため五つのベンチマークが設定されるなど，教育・職業訓練分野においても開放型調整方式（OMC）（⇨［Ⅰ-10］「リスボン戦略と欧州2020」）が導入された。なお，後継となる「教育と訓練2020」は，2009年5月のEU理事会で採択。

▷3　**ボローニャ・プロセス**
1998年5月にフランス，ドイツ，イタリア，イギリスの4カ国が共同宣言を採択したことに端を発し，翌年EU非加盟国を含む29カ国が参加してボローニャで発足した。2010年に「欧州高等教育圏」の創設を宣言し，2018年時点でヨーロッパ48カ国が参加している。

留学を行う学生への補助金交付にあるが，高等教育機関間の国境を越えた協力の支援も行う。また，国境を越えた学生移動をスムーズに進めるため，エラスムス計画の枠組みの中で欧州単位互換制度（European Community Course Credit Transfer System：ECTS）が導入された。

エラスムス計画は，EU の教育・訓練プログラムの拡大と合理化に伴い，1995年に言語教育に関するリングァ計画[4]，就学前・初等・中等教育に関するコメニウス計画等とともにソクラテス計画として統合再編され，その規模も飛躍的に拡大した[5]。2004年には，新たにエラスムス・ムンドゥス計画が開始し，従来のエラスムス計画には含まれなかった EU 域外諸国との間で，大学院レベルを対象とした学生モビリティ促進と高等教育機関間の連携が推進されることになった。さらに2014年からは，エラスムス計画，コメニウス計画，職業訓練に関するレオナルド・ダヴィンチ計画，成人教育に関するグルントヴィ計画のほか，エラスムス・ムンドゥスや青少年の海外ボランティア支援など，EU の教育・訓練・青少年に関わる七つのプログラムが，エラスムス・プラスの名の下に統合された。これは，教育や職業訓練，ボランティアに関わる分野で EU 域内外でのモビリティ促進を図るもので，2020年までの７年間を対象に147億ユーロの予算が割り当てられている[6]。

▶4　⇨V-13「言語」

▶5　エラスムス計画の枠組みで短期交換留学プログラムに参加する学生数は，開始当初の1987／88年には3244人であったが，1997／98年には８万6565人と，開始10年で約26倍に増加した。European Commission, *Lifelong Learning Programme, The Erasmus Programme 2008/2009 : A Statistical Overview,* December 2010, p. 23.

▶6　EU MAG ホームページ，http://eumag.jp/feature/b0614/（2020年１月30日アクセス）。

3　生涯学習，「ヨーロピアン・ディメンション」，言語教育

モビリティと並んで，教育分野における EU の活動の中核となるのが生涯学習の促進である。EU は，1990年代半ば頃から生涯学習概念の普及に努め，とりわけ2000年のリスボン戦略以降，持続可能な経済成長と雇用の改善のため，その重要性が高まった。こうした流れの中で同年開始したグルントヴィ計画は，成人教育に関して国境を越えた協力やネットワークづくりを支援し，主に十分な資格をもたない社会人を対象に，知識や技能の向上を図るプログラムである。2007～13年には，同計画と並んで，上述のコメニウス計画，エラスムス計画，レオナルド・ダヴィンチ計画が生涯学習プログラムとして位置づけられるなど，生涯学習は EU のあらゆる教育・職業訓練政策を貫く柱となっている。

また，EU の教育政策を語る上でもう一つ重要な概念として「ヨーロピアン・ディメンション」がある。これは，ヨーロピアン・アイデンティティ形成や加盟国間の相互理解向上のため，カリキュラムにヨーロッパ的視点を導入することを促すものである。この「ヨーロピアン・ディメンション」の議論において重視されるテーマの一つに言語教育がある。言語教育に関して EU は，多言語主義の立場から母語以外に少なくとも二つの外国語を習得することを目標に掲げ，リングァ計画を通じて外国語教育に携わる教員養成や教材開発のための支援を行ってきた。さらに「教育と訓練2010」の枠組みでは，言語教育に関する指標も導入されている。

（小畑理香）

参考文献

U. タイヒラー（馬越徹・吉川裕美子監訳）『ヨーロッパの高等教育改革』玉川大学出版部，2006年。

木戸裕「12 教育政策——多様性の中の収斂と調和」国立国会図書館調査及び立法考査局『拡大 EU：機構・政策・課題：総合調査報告書』（調査資料：2006-4），2007年。

久野弘幸『ヨーロッパ教育歴史と展望——EU による新しい試み“ヨーロッパ教育”を歴史と授業分析から探求』玉川大学出版部，2004年。

V　経済・産業・社会分野

文　化

1 EUにおける政策領域としての文化

EUにおいて，文化[1]とはヨーロッパ市民を「われわれ」たらしめる創造性の産物であり，文化領域の政策とはそのような創造的活動を振興し成果を活用する政治行為である。

EUで文化を政策領域として扱うことには幾重にも困難が伴う。第一に，文化は加盟国の主権に関わる領域であり，EUは補完的役割しか果たすことができない。第二に，文化政策の内実は複雑で，その総体を捉えることが難しい。文化政策の目標は，文化そのものの振興（本質的・内在的な目標）と，経済成長や社会統合等を実現する手段としての文化の活用（非本質的・外在的な目標）という二重構造になっており，それら諸目標の達成に関わる事業や活動は，複数の政策分野に分散している。第三に，ヨーロッパの文化政策は，EUに加え，欧州審議会やユネスコなど多様な超国家機関の政策と連動して展開している。

統合開始から半世紀以上を経たEUで，政策領域としての文化はようやくその全体像を明らかにしつつある。上述した目標の二重構造とも関連するが，EUの文化領域は「厳密な意味での文化領域」と「他の政策領域の文化的側面」という二つの要素から構成される。前者は主に芸術（アート），文学，遺産，視聴覚・メディアの諸分野からなり，21世紀には文化創造産業（culture and creative industry）が加わった。言語，教育，学術，青少年などの隣接分野も含むことがある。後者は，産業政策，社会政策，地域政策，基本権保障等の諸分野で，多様な主体の自由な創造活動を促し活用することを意味する。

2 文化領域の発展

欧州統合の歴史上，文化領域の形成には長い年月がかかった。1970年代頃までのヨーロッパでは，ECではなく欧州審議会が文化協力を推進していた。同機関は西側欧州諸国の連携の場として，欧州文化協定[2]の締結をはじめ，美術展，遺産保護，言語・歴史教育，留学促進などの活動を展開した。また，ユネスコの地域会合とも連動しつつ，「文化的発展」「文化の民主主義」といった理念の形成や，各国の文化政策関係者のネットワーキングを促した。

ECの枠組みで文化に注目が集まったのは1980年代以降である。統合の深化に伴い，基盤となる共同体意識を醸成する手段として文化事業の重要性（文化

▷1　**文化**（culture）
西欧発祥の概念である。ラテン語で「耕す」を意味するcolereに由来し，EUの中核国であるフランスやドイツが近代国家を建設した時代には人間集団の知的業績を表すようになり，「国民国家のイデオロギー」（西川長夫）となった。20世紀にはより中立的で幅広い「生のあり方」を表す人類学的文化概念が浸透した。今日もヨーロッパにおいて，文化は人間の創造性の産物，コミュニティの精神的拠り所，世代を超えて受け継ぐべきものというイメージが強い。

▷2　**欧州文化協定**（European Cultural Convention）
1954年12月にパリで締結された。域内の交流と相互理解，ヨーロッパ文化の発展を促すことを趣旨とする。鍵概念である「共通の文化遺産」は，その後の欧州審議会やEUで文化政策全般の基本理念となった。2020年1月時点で50カ国が批准している（うち3カ国は欧州審議会非加盟国）。

▷3　**欧州文化首都事業**
毎年一つないし複数の都市を選定し，大規模な文化イベントを行うもの。1983年の欧州文化大臣会合にて欧

政策の非本質的・外在的な目標）が認識されるようになった。85年にはアドニノ報告が「市民のヨーロッパ」形成に向けた施策を提言したほか，**欧州文化首都事業**[▷3]が開始された。80年代後半には「エラスムス計画」など教育・言語・視聴覚分野の交流事業が始まった[▷4]。

マーストリヒト条約以降，文化はEUの正式な政策領域となり，全欧的性格の芸術・文学・遺産の振興（文化政策の本質的・内在的な目標）のための施策が登場した。1990年代後半には分野別に「カレイドスコープ」，「アリアーヌ」，「ラファエル」が[▷5]，2000年代にはそれらを束ねる形で「カルチャー2000」（2000-06年），「カルチャー」（2007-13年）が策定実施された。2019年現在，EUの文化領域はEU条約（TEU）第3条と欧州連合の機能に関する条約（EU運営条約，TFEU）第167条を主な法的根拠としている。後者の第4項は，特に文化多様性の尊重と促進について幅広い政策領域で配慮すべき旨を定めている。

2000年代半ば以降には，文化領域における政策の基本文書が策定された。欧州委員会のコミュニケーション「グローバル化する世界における欧州文化アジェンダ」（2007年）と「新欧州文化アジェンダ」（2018年）は，EUが直面する文化領域の諸課題を①社会（交流と相互尊重による社会的結束），②経済（文化教育と創造産業の振興），③対外関係（文化間対話やSDGsに向けた協力）の三次元に分けて取り組む方針を示した。**開放型調整方式（OMC）**[▷6]や若い世代との構造的対話（Structured Dialogue）を導入し，民主的な政策形成を志向している。

アジェンダが示した課題のうち，2010年代には第二と第三の次元で政策形成が進んでいる。経済的次元では，文化創造分野の振興事業「クリエイティブ・ヨーロッパ」（2014-20年）が立ち上げられた。上述の「カルチャー」と視聴覚分野の2事業とを統合し，成長戦略を意識して映画振興やクリエイター育成に注力している。対外関係次元では，2016年に欧州委員会と外交安全保障担当上級代表が共同コミュニケーション「EUの国際文化関係戦略に向けて」を発表，域外パートナー諸国と文化協力を進め，各国駐在代表部などでの文化外交を強化する姿勢を打ち出した。同年には**EUNIC**[▷7]などの協力でプラットフォームが設置され，イベントや出版，研修を通じEU文化外交を推進している。

EUの文化領域の三次元を支えるのは，文化多様性の理念である[▷8]。その背景には，域内の言語や文化の多様性が統合の障害となりうる，EUの基本原理と異なる価値観をもつ主体が国際社会で台頭している，移民や難民の増加が加盟国の内部や間で軋轢を生んでいるといった認識がある。同時に，多様な人々が創造的に考え活動し，学び合えることこそが，ヨーロッパの強み，平和と繁栄への貢献であるという意識もうかがえる。EUが提供する文化事業は，その多くが多国間プロジェクト助成やモビリティ促進という補完的性格にとどまる。しかしその一方，これら事業は，EU内外で越境的なつながりや交流を促し，多様性を前向きに活かす触媒の機能を果たしている。　　　（川村陶子）

州文化都市の名称で導入が決定され，ヨーロッパの共通性と多様性の両面に対し市民の認識を高めることを標榜してきた。当初は85年のアテネを皮切りに首都級の大都市が選ばれていたが，90年のグラスゴー以降は地方都市の振興や再生の機会としても活用されてきた。2000年以降はEU加盟候補国を含めた複数国の都市での開催が多くなっている。

▷4 ⇨V-11「教育」

▷5 「カレイドスコープ」は複数の加盟国の主体が協同して行う芸術文化活動の助成，「アリアーヌ」は文学作品の翻訳と読書の振興，「ラファエル」は文化遺産の保護と普及の促進を，それぞれ趣旨とする事業であった。

▷6 **開放型調整方式**
⇨I-10「リスボン戦略と欧州2020」

▷7 **EUNIC** (European Union National Institutes for Culture：ユーニック）EU加盟諸国の文化交流機関の連合体で，2006年に結成された。2019年現在は全28加盟国から36機関が参加，第三国での共同事業などを行っている。

▷8 対外関係の次元は，2005年にユネスコで締結された「文化的表現の多様性に関する条約」（⇨IX-2「ユネスコ」）を強く意識している。

参考文献

Kiran Klaus Patel (ed.), *The Cultural Politics of Europe*, Routledge, 2013.

Evangelia Psychogiopoulou (ed.), *Cultural Governance and the European Union*, Palgrave Macmillan, 2015.

Ⅴ　経済・産業・社会分野

言　語

1　EU の言語状況

Brexit 後，27カ国から成る EU では，加盟各国の文化とアイデンティティを尊重する最も明確な証として，イタリア語，英語，エストニア語，オランダ語，ギリシャ語，スウェーデン語，スペイン語，スロバキア語，スロベニア語，チェコ語，デンマーク語，ドイツ語，ハンガリー語，フィンランド語，フランス語，ポーランド語，ポルトガル語，マルタ語，ラトビア語，リトアニア語，さらに，2007年に認められたアイルランド語，ブルガリア語，ルーマニア語，2013年のクロアチア語，計24言語が「公用語」として認められている（ルクセンブルク語は EU 公用語・EU 準公用語のいずれでもない）。◁1

EU 域内で母語として最も多くの人に話されている言語は，ドイツ語（2012年現在全 EU 人口比16%，以下同じ），続いてイタリア語および英語（13%），フランス語（12%），スペイン語およびポーランド語（８%）である。２言語を使用可能な「バイリンガル」以上の多言語話者人口は54%に及び，過半数となっている。◁2

2　欧州議会，欧州委員会での言語（EU 公用語）対応

24言語を公用語としている EU で，さしあたって問題となるのは，翻訳および通訳の問題である。各国から選出された欧州議会議員が集う場であるストラスブールの欧州議会では，これらの言語を「公用語」としている限り，同時通訳や議事録の翻訳を含む通訳・翻訳サービスをないがしろにするわけにはいかない。しかし，全部で552通りにもなり，比較的マイナーな言語とマイナーな言語を直接通訳する人材，費用を欠く場合もある。◁3 まさに「バベルの塔」と呼ぶべき状況に対し，現状では英語，フランス語，ドイツ語を「リレー言語」と呼んでマイナー言語間を中継する，言語の「リレー・システム」を容認し，構築するに至っている。同様に，約3000人の通訳・翻訳者を抱える欧州委員会においても，上記３言語を「プロセドゥアル（「手続き上の」）言語」と呼び，一部の文書は「必要に応じた言語で」作成するとしている。ただし，あくまで「作業（ワーキング）言語」は全24言語としている。

2013年の段階で EU の諸機関を総計した，翻訳と通訳にかかる年間費用は約10億ユーロと見積もられており，EU 市民１人当たり２ユーロの計算になる。こうした中，eTranslation と名づけられた EU の円滑な運営のための自動翻

▷1　EU 各国で憲法上の言語規定は異なる。2018年末現在，国家憲法自体に「公用語」が明記してある国のうち，１対１で対応するのが，国家名＝公用語名のエストニア，ハンガリー，ブルガリア，ポルトガル，ラトビア，ルーマニア，およびオーストリア（ドイツ語）で，同じく「国家言語」となっているのが，スロバキア，リトアニアである。アイルランドでは，国家言語アイルランド語が第一公用語で，英語が第二公用語とされ，さらに，マルタ（マルタ語を国家言語，英語の公用可）も類似の条文構成となっており，キプロス（ギリシャ語とトルコ語が公用語），クロアチア（クロアチア語とラテン・アルファベット表記を公用語），スペイン（カスティーリャ語が全スペイン人の公用語，各自治州は州自治憲章によって各自治州公用語を定められる），スロベニア（スロベニア語が公用語，イタリア人，ハンガリー人居住自治体では各言語も公用語），ポーランド（ポーランド語が公用語，それによって少数民族の権利が抑圧されない）とする。他方，仏憲法は「フランス語はフランスの言語」とし，フィンランドは，フィンランド語とスウェーデン語の２言語を「国家言語」とする。イギリス，イタリア，

訳システムの開発も2017年以来，急ピッチで進んでいる。

3 EU の言語政策

「言語政策」とは，国家をはじめとする公共団体や法人が，公的な場や教育などで，どのことばを採用し，どう使用を推進・管理するかという「言語計画」に沿って行われる政策のことであり，EU にもその言語政策がある。[▷4]

EU では，言語政策の軸を，言語多様性を保全すること，そして，文化的アイデンティティや社会統合のよりよい深化を，言語を身につけることによって促進することに置いている。これは，単一市場の中で多言語を身につけた人がよりよい教育・就業機会を得られる観点からも裏打ちされている。

EU は，現行の文教政策における言語分野の基軸として「リングァ計画」を1989年から策定している。これと連携する高等教育分野の軸である「エラスムス＋（プラス）」(2012-20年）において「言語習得および言語多様性」の重要性を謳っている。これに先行する「エラスムス計画」(1987年-）により，学生が籍を置く大学のある国以外の EU 諸国で容易に学ぶことができるようになり，母語以外の言語を身につけることを通して，EU 域内のとりわけエリートたちが相互理解を深め，EU の一体性を醸成したことは，EU にとって大きな成功体験の一つになっている。また，初等・中等教育の段階では，2002年３月のバルセロナ EU サミットで策定された「母語＋２」目標を掲げている。すなわち，EU 域内では，すべての市民が，極めて早い年齢から，母語に加えて少なくとも２言語を習うことを目標としている。

EU は，こうした取り組みを支える基本理念の一つが「多言語主義」だとしており，多言語主義を推進する四つの理念として，①文化間対話，および，より包摂的な社会の形成の推進，②EU 市民へのさらなる EU シチズンシップ付与に対する助力，③若年層への国外での学修，労働の機会の提供，④グローバルなレベルで競争できる EU 内の新しいビジネス市場の開拓，を挙げている。他方，欧州審議会は「複言語主義」を推進しており，両用語の意味は互いに重なり合う一方，微妙に異なる部分もある（詳細は側注４参照）。

4 EU にとっての言語問題：英語，トルコ語，ロシア語

EU にとって問題となりかねないのが，英語，トルコ語，ロシア語という３言語の扱いである。英語は，国際語の名をほしいままにし，EU の「リレー言語」としても最も重要な位置を占めるが，Brexit 後，果たして EU 公用語として残存できるかを含め，今まで以上に注目が集まっている。トルコ語は，キプロスの公用語の一つだが EU の公用語とはなっていない。ロシア語はバルト三国において論争の種となっている。

（寺尾智史）

オランダ，ギリシャ，スウェーデン，ドイツ，チェコ，デンマーク，ベルギー，ルクセンブルクには憲法上の「公用語／国家言語」言及はないが，「言語法」と通称される法律で規定されている国もある。なお，オーストリア，ハンガリー，フィンランド，ポルトガルの各憲法には，手話に関する条文があることは注目に値する。

▷２ 「EU 準公用語」も含め，EU 公用語以外の言語については，V-14「少数言語・少数民族」で扱う。

▷３ 双方向の翻訳・通訳が公的文書作成を含めて完璧にできる人材は希少で，ペアの言語につき２通りと勘定。

▷４ EU 以外にも，全欧的に重要な言語政策を策定している機関がある。欧州審議会は特に重要であり，グローバル化している社会の中で，個々の人間が複数の言語や文化の理解と運用ができるようになることを理想とする，複言語／複文化主義を掲げ，言語教育の指針，CEFR（欧州言語共通参照枠）を策定しており，EU の政策にも連携している。2018年の CEFR 改訂版では文化理解能力をより重視している。日本等アジア諸国でも CEFR は利用されるが，語学検定試験ビジネス等で単に他者の語学能力判定に使われる傾向が強く，文化理解能力の重視，自律性の尊重は遅滞気味。

参考文献

クロード・アジェージュ（糟谷啓介・佐野直子訳）『共通語の世界史――ヨーロッパ諸言語をめぐる地政学』白水社，2018年。

V　経済・産業・社会分野

14 少数言語・少数民族

1 『最後の授業』とシューマンの夢

アルフォンス・ドーテは，1871年フランスがプロイセンに敗れたのち短編小説『最後の授業』を著した。現在EU議会があるフランス最東端でドイツの国境沿いにあるストラスブールを中心とするアルザスが，戦勝国プロイセンに割譲され，学校で教師が「母国語」であるフランス語の最後の授業をする場面が児童の目で描かれている。しかし，実は，子どもたちの「母語」は，「アルザス語」とも呼称されるドイツ語系の言語のはずである。第二次大戦後フランス首相，外相を歴任し，EUの父と呼ばれるロベール・シューマンの「母語」もまた，独仏国境沿いのドイツ系言語であった。彼は，その出自から，独仏の和解を軸に，ヨーロッパの平和と，時代に翻弄されるマイノリティや「どっちつかずの人々」の安寧の礎を築こうと情熱をもって取り組んだ。それから半世紀，2009年発効のリスボン条約には，第2条でマイノリティの権利，第3条3項で言語多様性を守ることが明記されている。継承のための教育制度への支援は特に重要である[1]。

2 少数言語コミュニティ

「少数言語」や「少数民族」のカテゴリーの中で，Brexit直前の状況でいえば，EU内で最も目立つ存在は，イギリスおよびスペインの，いわゆる「地域言語」を掲げた言語コミュニティである。より具体的には，イギリスのウェールズ語，スペインのバスク語，カタルーニャ語，ガリシア語を話す集団である（なお，バスク語とカタルーニャ語は，国境を越えてフランスにも分布するが，ブレトン語などと並びフランスにおける扱いは低い）。各運動体は，これらの言語を標準語とした国家の樹立か，さもなければ，高度な自治を目指している。こうした「準国家」を標榜する存在は，EUを構成する国家の過度なナショナリズムを牽制し，これらを尊重する母体としてふるまうことでEUそのものへの求心力を高める効果がある。こうした思惑もあり，上記4言語および，スコットランド北部辺境に残存しているケルト系言語であるスコットランドゲール語の計5言語が，「EU準公用語」として認められている。このほか，オランダに分布するフリースラント語，フィンランドやスウェーデン（およびEU域外のノルウェー）に分布するサーミ語等のコミュニティがこうしたステイタスを獲得すべく運動

▷1　ヨーロッパの少数言語・少数民族に対する取組みで最も重要な役割を果たしている機関に，欧州審議会がある。1992年に採択され98年に発効した「欧州地域・少数言語憲章（ECRML）」，1994年に採択され98年に発効した「ナショナル・マイノリティ保護枠組み条約（FCNM）」が，その活動の2本柱となっている。なお，EU加盟国では，2018年末現在，「憲章」はフランス，マルタ（以上署名のみ済），アイルランド，イタリア，ギリシャ，バルト三国，ブルガリア，ベルギー，ポルトガル，「条約」は，ギリシャ，ベルギー，ルクセンブルク（以上署名のみ），フランスは加入していない。加入しない理由は千差万別である。同じく欧州審議会が策定している言語教育の指針，CEFR（⇨V-13「言語」側注4）を少数言語の継承に活用しようとする動きもあり，EUが推進している「言語パスポート」でも，一部の少数言語の運用能力をCEFRの指標で自己表明できる。

また，欧州安全保障協力機構（OSCE）でも，1992年オランダのハーグに少数民族高等弁務官が配置されることが決定され，現状に応じてマイノリティに関する勧告や指針を発表している。直近では，2017年に「少数民族の司法アクセス

している。サーミ語コミュニティについては，1994年のリレハンメル冬季オリンピック，さらに2014年にスウェーデン北部の町ウメオが「欧州文化首都」になった際，彼らの存在がその言語文化とともにクローズアップされ，格段に認知が進んだことは特徴的で，後者はEUの文化政策と少数言語・少数民族擁護政策との連携の一つのモデルといえる。また，南サーミ語話者コミュニティとアイヌ語および宮古語コミュニティとの連携（主にノルウェー側による。スウェーデンにも分布）のように，彼らによる欧州域外への働きかけも特筆できる。

しかしながら，これらの運動体は，「地域言語」ということばで明らかなように，グローバル化した現代においてなお，言語が話される領域にこだわる「領域性原理」・「テリトリアリティ・コンプレックス」にしがみついているともいえ，数世紀前に成立した国民国家観の焼き直しであることも否めない。

3 「少数民族」，そしてそこから漏れる人々

❷以外，すなわち，現状話されている言語を求心力とはしない場合で，とりわけこのカテゴリーで取り上げられる人間集団として，主に以下の三つの人々が想定される。すなわち，①コミュニティで話されていた言語が失われたり，周囲と同質であったりするものの，言語以外の特徴，すなわち宗教や衣食住，生業等において集団をまとめるアイデンティティが認知される場合。②国民国家の国境の外に居住しているものの，その国民国家で話される言語を，過去話していたことが少なくとも推定される集団が分布している場合。③国民国家のシステムに統合されないまま，国境を越えた移動を長期間繰り返してきた集団の場合，の三つである。なお，③の代表として，「ジプシー」と呼ばれる他称（少なからずの場合，蔑称）で知られる，ロマの人々がいる。東はルーマニア，西はポルトガルに及ぶ汎EUの範囲で（半）移動生活を営む彼らは，各地で受けてきた苛烈な差別（特にナチスによる迫害は筆舌に尽くしがたい）に耐えつつ，多様な生活を営んでいる。ロマ語を話し独自性を維持する人々もいれば，周囲の言語文化と交わりつつフラメンコなど新たな文化を創造している集団もいる。

こうした人々は「少数民族」として扱われることも多いが，これらの対象については言語を求心力としたコミュニティに比べ，より定義が困難であり，EUで統一的かつ有効な保護策が取られていないという限界がある。◁2

4 EU域外との関わり，「移民」との関連

欧州において少数言語，少数民族を擁護する活動を行っている団体の少なからずが，世界の言語多様性継承／少数民族保護運動を率いている。彼らとの連携，連帯により立ち上がる欧州域外の集団の存在は見逃せない。他方，世界中からEUに流入する難民／移民がもつ多様な言語的，民族的背景に応じた教育，公共サービスなどの提供を含め対応しきれていないのが実情である。　（寺尾智史）

に関するグラーツ勧告」，2012年に「多様な社会における統合に関するリュブリアナ指針」，2008年に「国際関係における少数民族に関するボルツァーノ勧告」を発出している。

▷2 「言語」や「民族」が「何」で「どこまでか」ということは注意を要する。言語の場合，常に問題になるのは一般的に〈方言〉と呼ばれることばのまとまりとの差異である。筆者とは異なるが，〈方言〉を使い続ける立場では，ごく一部の言語学者は純粋に相互理解度を計量的に算出し，言語と〈方言〉を弁別しようとしているが，多くは，「言語と〈方言〉との切り分けは，政治や世論が決めること」と，ある意味「政治的に」その作業を放棄している。一方の「民族」であるが，形質人類学的な区別を歴史への反省から忌避する傾向の強い欧州では，結局，「民族」の弁別において「宗教」と並んで「言語」の異同に回帰している。ただし，同調圧力の強い国民国家では，規範的な標準語と大幅に異なる辺境のことばでも，多数派または「声の大きい側」がそれを〈方言〉だと断定すれば，そこで「言語」，つまり「少数言語」は話されておらず，ひいては「民族」，つまり，「少数民族」は存在しえないことになる。この理屈で，注目されないまま埋もれ，無視される人々も多いことは注意を要する。

参考文献

寺尾智史『言語多様性の継承は可能か――新版・欧州周縁の言語マイノリティと東アジア』彩流社，2017年。

V　経済・産業・社会分野

15 宗　教

1 EUにおける宗教の位置づけ

EU加盟国には国教をもつ国や教会税が残されている国があるが，EU設立条約[1]には，一貫して宗教に関する条文は含まれていなかった。2009年に発効したリスボン条約において，初めて「宗教」という語が設立条約に登場する。

リスボン条約は，ヨーロッパの文化，宗教，人道上の遺産に触発されて，不可侵の人権，自由，民主主義，平等，法治という普遍的価値が発展したと宣言している[2]。そして，EUは，加盟国の既存の国内法による教会や宗教的もしくは非宗教の団体・社会を尊重し，これらの諸団体とオープンな対話を定期的に開催していくことを条文に謳っている[3]。

これらの条文によって，ヨーロッパの伝統の基盤の一つとして宗教の存在を認め（ただし，具体的な宗教は挙げていない），その伝統に基づく今日の活動を尊重するとともに，宗教上の団体はあくまでも市民社会における自発的結社として位置づけており，その他の市民社会における結社・団体と同様の扱いを明確にしている。それは，政教分離の原則に依拠して，宗教への中立な立場をとるものであり，数多くの宗教が混在する加盟国の現状に則した現実的な対応でもある。そして，リスボン条約の主旨に沿って，EU委員会職員の一人が，教会等の諸団体との対話のための専任コーディネーターとして指名されている。

このような対話グループへの参加は，欧州委員会が設置する市民団体登録サイトであるTransparency Registerに登録することが条件である[4]。EUの政策形成過程で，何らかの形で意見表明を行う市民団体は，登録された団体であることが求められている。このことから，EUの政策形成や少なくともその過程においては，宗教は不在ではないといえるであろう。他分野の多くのロビー団体同様に，キリスト教系，イスラム教，ヒンドゥー教などの宗教団体によるロビー活動もあれば，宗教団体がEU政策の実施を担うNGOの一つとして，EU補助金による活動に参加している場合もある。

2 EUにおける宗教の実態

EUは宗教に対する権限は与えられていないので，宗教に関する統計は存在しない。一方で，加盟国における宗教のあり方はそれぞれの歴史を反映して多彩である。ピューリサーチセンターの調査によると，2015年時点での世界最大

▷1　EU設立条約
⇨IV-3「コミトロジー」側注3

▷2　リスボン条約前文。

▷3　リスボン条約第II編，一般適用規定　第17条，第1，2，3節。

▷4　総登録数1万1932団体のうち宗教団体は57である（2019年11月30日現在，ec. europa. eu/transparencyregister/public/）。

▷5　オーストリア，イタリア，フランス，スペイン，ポルトガル，ドイツ，ベルギー，オランダ，デンマーク，スウェーデン，フィンランド，アイルランド，イギリス，および非EUのノルウェー，スイスの15カ国。ピューリサーチセンター，*Being Christian in Western Europe, 2017.*

の宗教はキリスト教であり世界人口の31.2%を占めるという。ヨーロッパ大陸においては，2017年の15カ国の調査では，国によって幅があるものの（41～83%），すべての国でキリスト教信者が最多を占める。[5]しかし，近年は，キリスト教徒の継続的かつ顕著な減少傾向が続いていると指摘する。実際に，特定の宗教無しとの答が18%（2010年）を占め，加えて，信者としての自己認識と実践には大きなギャップがあり，定期的に教会へ行くとの答は20%前後である。また，2015年から17年にかけての34カ国での調査では，キリスト教の後退は否めないが，概して，旧東欧諸国は西欧に比べて宗教性が高い。[6]

世界宗教であるキリスト教には複数の宗派があり，教会はさらに細分化されている。EU 諸国では，信教の自由が基本原則であり，キリスト教以外にも多様な宗教が存在する。宗教は私的空間の活動であり，公的空間においていかに，どこまで宗教を統制するかは，国内の制度に依る。たとえばフランスは，憲法に書き込まれたライシテ（laïcité）に基づく政教分離の厳格な実行を，信仰する宗教や宗派にかかわらず求めるが，多文化主義を尊重するイギリスやオランダでは，たとえば宗教上のシンボルを身に着けることにおいてもより寛容であるといえる。国教が定められている場合は，国家の支援と管理を受ける教会があることを意味するが，[7]国民が信仰を強制されることはなく，公教育での学習もない。

その一方で，多くの国が，政教分離のもとで信教の自由を保障するための財政的支援制度を準備している。支援の形態には，大きく分けて①国家の税収の一定割合を支出，②宗教結社所有の土地・財産への課税免除，③教会税の徴収，の三つがある。「教会税」は特定の宗派教会に所属する信者に対して課され，統一的適用と選択的支払いがある。EU には教会税を残す加盟国が5カ国あるが，国内では肯定と否定の両方から多くの議論をよんでいる。[8]

3 宗教の多様性と中立性

まさしく宗教こそが EU の多様性が如実にみられる分野であるといえる。その多様性は，ヨーロッパの歴史が数百年にわたって乗り越えた多くの宗教戦争を経て辿り着いた「信教の自由」という基本的人権と結びついており，非常にセンシティブな扱いを要求する。その一方で，生活や制度の近代化につれて，人々の暮らしにおける世俗主義が確実に拡がっている。そのことは，ほぼ5人に1人が信仰する宗教はないという調査結果にも表れている。

こうした状況にあって，EU は，欧州審議会に倣った宗教への中立性を取る。中立性とは，いかなる宗教も「法的に」同等に扱われることであり，法による政教分離が基本原則であるといえる。EU では条文として明示こそされていないが「世俗主義」が貫かれており，それは EU の価値として挙げられている「法による統治」を徹底することと同義であるといえるであろう。 （八谷まち子）

▷6 調査対象は，側注5に加え旧ソ連圏19カ国の計34カ国，うち EU 加盟国は24カ国。EU 内ではギリシャやポルトガルはポーランドとほぼ同程度に宗教性があり，チェコはデンマーク，スウェーデン，ベルギーなどと同程度の低い宗教性である。ピューリサーチセンター，https://www.pewresearch.org/fact-tank/2018

▷7 統一的で明確な国教をもつのはデンマーク（福音ルーテル教会）。ギリシャ，フィンランド，イギリス連合王国も国教が部分的に規定されているが，制度はそれぞれの国で大きく異なっており，教会の自由度も高い。

▷8 EU 加盟国ではオーストリア，ドイツ，デンマーク，フィンランド，スウェーデンの5カ国，他にスイスも教会税がある。イタリアとフランス・アルザス地方は教会税ではなく①による直接支援。教会税への賛否は，信仰よりも教会の社会的役割の評価によるところが大きい。

参考文献

工藤庸子『宗教 vs. 国家』講談社現代新書，2007年。
佐々木毅『宗教と権力の政治』講談社学術文庫，2012年。
八谷まち子「経済の共同体から価値の共同体へ」『日本 EU 学会年報』第38号，2018年，21-40頁。

V　経済・産業・社会分野

16 地域開発

▷1　ローマ条約により，地域援助を主な目的とする欧州投資銀行（EIB）が設立されたものの，EIBに地域政策の主導権はなく，あくまでも地域政策資金の確保に関わる開発基金にすぎなかった。また，欧州社会基金や欧州農業指導保障基金は間接的に地域政策に関係するものの，地域開発のための手段ではなかった（辻 2003，43-48）。

▷2　集中とは，構造基金の資金を五つの重点目的（低開発地域の開発，産業衰退地域の転換，長期的失業の改善，若年者の就労促進，農業構造の改善・農業地域の開発）に集中させること。プログラミングとは，多年次プログラムを作成し，それに基づき資金配分を行うこと。パートナーシップとは，欧州委員会，加盟国，地域・地方当局が共通の目的を目指すパートナーとして，緊密に協議すること。追加性とは，構造基金はあくまでも補完的なもので，加盟国の財政手段を代替するものではないということ。

▷3　構造基金は，1993年に漁業指導基金を加え，4基金から構成されることになった。一方，結束基金は，環境保全と輸送インフラの分野におけるEUの経済的社会的結束を強化することを目的とし，1人当たりの国民総所得（GNI）がEU平均の90％に満たない加盟国を対象とする。

1　EUによる地域政策の展開

地域間格差の是正を目的とする地域開発は，1957年の欧州経済共同体設立条約（ローマ条約）の前文でも触れられていたように，欧州統合の初期からEUの関心の一つに数えられてきた。しかし，その軸となる地域政策は当時国家の占有事項とされ，地域政策を専門とする共同体固有の手段が用意されることはなかった。[◁1] 地域開発が共通の政策課題として取り組まれるようになるのは，衰退産業地域を抱えるイギリスと低開発のアイルランドのEC加盟（1973年）を受け，欧州地域開発基金（ERDF）が設立された1975年からである。

1980年代に入ると，ERDF改革が進展した。これには，南欧諸国のEC加盟（1981年のギリシャ，1986年のスペインとポルトガル），および1986年2月の単一欧州議定書（SEA）調印が関係していた。相対的に低開発・低所得である南欧諸国のEC加盟により，域内地域間格差の是正はそれまで以上に重大な課題となり，SEA第5章「経済的・社会的結束」は地域政策に法的根拠を与えた。その結果，1988年に，既存の基金（ERDF，欧州社会基金［ESF］，欧州農業指導保障基金）を「構造基金」に統合し，その運用原則（集中，プログラミング，パートナーシップ，追加性）を定める構造基金改革が行われたのであった。[◁2]

1993年に発効したマーストリヒト条約では，経済的・社会的結束が一層強調され，地域間の開発水準の格差および開発の遅れた地域の後進性を縮小するという目標が掲げられた。また，同条約において経済通貨同盟（EMU）の第三段階に入ることが決定され，EMU参加国には収斂基準の一つである財政の健全化に努めることが求められた。これらの決定を受けて，1993年に構造基金規則が改正され，新たに「結束基金」が設置された。[◁3] こうしてEUは，国家の専有事項とされてきた地域開発においても大きな役割を果たすようになったのである。[◁4]

2　地域政策のマルチレベル・ガバナンス化と越境地域間協力の進展

このようなEUの関与は，地域政策の重層化，すなわちマルチレベル・ガバナンス化を導いた。まず，1988年の構造基金改革により，欧州委員会は，構造基金を有効利用するための集中原則（重点目的）に従って予算を提言し，NUTS（Nomenclature of Territorial Units for Statistics）と呼ばれる独自の地域統計単位に基づき援助対象となる地域を確定できるようになった。[5]また，同改革では，予算は少ないものの欧州委員会主導の「共同体イニシアチブ」が創設されたほか，パートナーシップ原則の導入により，下位地域（地域および地方）が地域政策の政策過程に参画できるようになった。さらに，マーストリヒト条約による**地域評議会**[6]の新設は，欧州委員会やEU理事会が国家を介さずに，地域政府や地方自治体（市町村）の意見を取り入れることを可能にした。

また，地域政策が「EU－国家－地域」の連携に基づき展開されるようになる中で，共同体イニシアチブの一つとして，インターレグ（INTERREG）と呼ばれる越境地域間協力が登場した。ヨーロッパにおける越境地域間協力は，1958年にドイツとオランダの国境地域にエウレギオ（EUREGIO）が設立され進展していたが，EUによる越境地域間協力はINTERREGにより始まった。INTERREGは，国境の存在が国境を挟む地域を経済的・社会的・文化的に分断し，地域統合の障害となっているという認識から導入され，国境を越えた協力事業を通じて地域統合と地域経済の発展に貢献することを目指した。INTERREGは，第Ⅰ期（1990～93年），第Ⅱ期（1994～99年），第Ⅲ期（2000～06年）にわたって実施され，2007～13年期からは地域政策の目的3「欧州領域協力（European Territorial Cooperation）」に発展し，その重要性を高めている。[7]

3 リスボン戦略と地域政策の刷新

従来の地域政策は，豊かな地域から貧しい地域への財政移転という再分配的な色彩が強かった。しかし，2000年に欧州理事会が採択したリスボン戦略において競争力のある知識経済への移行が謳われると，EUの地域政策にも変化が現れた。すなわち，リスボン戦略と一体となっていなければならないという認識から，地域政策は研究開発，イノベーション，情報・交通インフラ，人的資産への投資という性格をもつようになったのである。現行の2014～20年期の地域政策においても，EUの経済成長戦略「**欧州2020**[8]」の目標に沿う形で，研究開発，インフラ整備，人材開発など11の重点支援分野が設定されている。重点支援分野と地域政策の主な基金との関連についてみると，ERDFは11分野すべてを対象にしながら，特に研究・イノベーション，情報通信技術，中小企業の競争力，低炭素経済への移行を優先している。ESFでは，雇用，社会的包摂，教育と訓練，効率的な行政が優先分野に位置づけられている。結束基金は，低炭素経済への移行，気候変動，環境・資源，エネルギー・交通インフラ，効率的な行政を対象にする。[9]こうした変化は「欧州領域協力」にも反映されており，そこでの事業は成長戦略目標の達成に資することが期待されている。このようにEUは，地域開発を通じて地域の競争力を向上させることで，国境地域を含む地域間格差是正と成長を目指すようになっている。　（佐藤良輔）

▷4　以上のEUの地域政策の詳しい発展過程については，辻（2003）を参照のこと。

▷5　地域統計分類単位であるNUTSは，三つの階層に分けられる。NUTS1は，人口300万人から700万人規模の主要な社会経済地域である。NUTS2は，地域政策が適用される人口80万人から300万人規模の地域である。NUTS3は，さらに細分化した地域割りである。

▷6　**地域評議会**
⇨Ⅲ-6「経済社会評議会と地域評議会」

▷7　この時，新たな機関として欧州領域協力グループ（EGTC）が設立された。EGTCは法人格を有する組織であり，加盟国，地域・地方自治体，その他の公的機関によって構成される。加盟国の様々な公的機関はEGTCを通じて，国際協定の締結や各国議会の承認なしに協力することが可能となった（蓮見 2009, 20）。

▷8　**欧州2020**
⇨Ⅰ-10「リスボン戦略と欧州2020」

▷9　EU MAG ホームページ，eumag.jp/issues/c0617/（2018年12月28日アクセス）。

参考文献

辻悟一『EUの地域政策』世界思想社，2003年。
蓮見雄編著『拡大するEUとバルト経済圏の胎動』昭和堂，2009年，第1章。
若森章孝ほか編著『EU経済統合の地域的次元――クロスボーダー・コーペレーションの最前線』ミネルヴァ書房，2007年，序章。

Ⅵ　内務司法・対外関係分野

外　交

1 ECにおける政治統合の展開

1950年代前半の**欧州防衛共同体**（EDC）[1]の構想や，1960年代に二度にわたり提案された**フーシェ・プラン**[2]など，ヨーロッパ諸国は経済領域だけでなく，政治領域でも統合を進める試みをしていた。しかし，前者は朝鮮戦争が下火に向かったことで，後者はフランスが主導権を握ることへの懸念から，それぞれ挫折した。こうした状況に変化が生まれるのは，1969年12月にオランダのハーグで開催された首脳会議においてであった。同会議は欧州共同体（EC）の「完成・強化・拡大」をスローガンに掲げ，「明日の世界における責任を確信しうる欧州統合への道を切り開く」ため，加盟国の外相に対し「政治統合の問題において進歩を達成する最善の方法」を検討するよう要請した。これを受けて，加盟国の外相は1970年10月に「ルクセンブルク報告」を提出し，同報告に基づき欧州政治協力（EPC）が発足した。これが，ECにおける政治統合の始まりである。

EPCの目的は，任意の政府間協力に基づき，加盟国間の情報交換や意見の調和を図りながら外交政策の調整を図ることであった。EPCは，ECの枠組みとは別個のシステムとして始まった。これは，ECという経済問題を協議する場に政治問題が持ち込まれることで，超国家的な政治統合が進展することを懸念したフランスの意思が反映されたからである。その結果，EPCは外相による外相会議，外務省政務局長からなる政治委員会，外務省課長レベルによる欧州連絡官グループ，特定の地域・問題を扱う作業グループで構成されることになった。こうして経済・社会政策領域での統合を推進するECと，外交政策領域での調整を目指すEPCという区別がなされたのである。なお，EPCは発足当初EC諸条約およびEC法の適用対象外とされていたが，単一欧州議定書（1987年発効）の中で規定されたことにより，法的根拠を獲得した。

2 EUにおける共通外交・安全保障政策の発展

1993年11月のマーストリヒト条約発効に伴い，EPCは共通外交・安全保障政策（CFSP）へと変化を遂げた。CFSPは，外交だけでなく安全保障も含めた共通政策を標榜しているものの，基本的にはEPCと同様に政府間主義的な性格であった。すなわち，CFSPは政府間協力を基調として共通の立場を採択し，理事会が認めた場合に限り統一行動を実施するものとされた。CFSPがEPC

▷1　**欧州防衛共同体**
⇨Ⅵ-2「安全保障」

▷2　**フーシェ・プラン**
加盟国が権利と義務の平等性を尊重しつつ，共通の外交政策および防衛政策を採択することなどを目的としていた。

▷3　初代EU外交・安全保障政策上級代表には，イギリス労働党の政治家であり，通商担当欧州委員を務めていたキャサリン・アシュトン（⇨Ⅲ-7「欧州対外行動庁と在外代表部」側注3）が就任した。2014年11月からは，イタリア出身で，中道左派のレンツィ政権で外務大臣を務めていたフェデリカ・モゲリーニ（⇨Ⅹ-10「中東」側注4）が務めている。

▷4　⇨Ⅲ-7「欧州対外行動庁と在外代表部」

▷5　テヘラン合意とパリ合意では，イランが自発的にウラン濃縮活動を停止することが約束された。

と異なるのは，統一行動として認定された事項については特定多数決によって実施され，しかもそれが加盟国を拘束するという点である。

2009年に発効したリスボン条約では，新たな役職として，EU の外務大臣とも呼べる「EU 外務・安全保障政策上級代表」（以下，上級代表）が創設された。[3] 上級代表の主な任務は，CFSP を指揮することである。加えて，上級代表は CFSP について EU を代表し，政治対話を行い，国際組織および国際会議の場で EU の立場を表明する。また，上級代表は，外務理事会議長と欧州委員会副委員長を兼務することになり，対外行動の異なる分野間，および対外行動政策とその他の政策分野間の一貫性を確保することが求められることになった。そして，2010年12月には上級代表を補佐する機関として「欧州対外行動庁」が立ち上がり，翌年１月から稼働を始めた。[4]

3 イランの核開発と EU

2002年にイランの核開発が発覚して以降，EU3（英・仏・独）は外交交渉を通じた問題解決に努め，2003年10月にテヘラン合意，2004年11月にパリ合意をイランとの間で結んだ。[5] しかし，イランは2005年８月にウラン濃縮活動の一部を再開し，翌年２月に国際原子力機関（IAEA）特別理事会がイラン核問題を国連安全保障理事会に報告する付託決議を採択した後も，核開発を継続した。このような事態を受けて，EU3 が中心となりイランと交渉したものの，協議は平行線を辿った。その結果，2006年12月23日にイランに対する制裁決議が国連安保理において採択された。[6] 交渉が再開されるのは，2013年に穏健派のロウハニがイランの大統領に選出されてからのことである。再交渉の結果，EU3＋3（米・中・露）とイランは2013年11月24日に第一段階の合意として「共同行動計画（JPOA）」を結んだ。その後も最終合意を目指した交渉が続けられ，2015年７月14日に「包括的共同行動計画（JCPOA）」が成立した。[7]

イランとの交渉には EU も参加し，その中で CFSP 上級代表（2010年からは上級代表）が６カ国間の意見調整や交渉の橋渡し役を担った。そのため，JCPOA に署名した８人の中に，モゲリーニ上級代表が含まれているのである。一方で，EU は国連安保理による制裁とは別に，独自の制裁措置を導入した。特に，2012年の国際銀行間通信協会（SWIFT）からイランの主要銀行を切り離す決定は，アメリカの制裁とともに大きな効果を発揮した。[8]

2018年５月，アメリカのトランプ大統領が JCPOA からの離脱と対イラン制裁の復活を宣言すると，EU は JCPOA の存続を訴え，トランプ政権の決定に反発した。また，復活した制裁の対象にイランと取引のある金融機関やイラン産原油の取引に関わる企業が含まれたことから，EU はイランと取引のある欧州企業を保護するために「ブロッキング規制」を導入するなど，対抗措置も実施したのであった。[9]

（佐藤良輔）

▶6　国連安全保障理事会は，イランに対し核関連活動の停止とIAEAによる査察の受け入れを要請するとともに，核関連活動やミサイル運搬に用いられる技術や物資などの禁輸，核関連活動に関わっている個人や組織の資産の凍結などの制裁措置を含む制裁決議（1937号）を採択した。

▶7　JPOA では，イランがウラン濃縮活動の停止と重水炉の建設中断を受け入れる見返りとして，対イラン制裁の部分的な解除が合意された。JCPOA では，今後10年間ウラン濃縮に使う遠心分離機の数を5060基に削減すること，製造する濃縮ウランの濃度を15年間3.67％以下に制限すること，アクラの重水炉の設計を変更することなどを通じて，イランの核活動が15年間規制されることになった一方で，IAEAがイランによる合意遵守を確認すれば，対イラン制裁が解除されることになった。

▶8　鈴木一人「イラン核合意の米・イラン関係への影響」『中東研究』第525号，2015年，18頁。

▶9　アメリカの JCPOA 離脱の影響については，田中浩一郎「米国のイラン核合意離脱とその後の世界」『外交』第51号，2018年，81-89頁を参照のこと。

参考文献

辰巳浅嗣編著『EU――統合の現在（第１版）』創元社，2004年，第20章。

中西優美子「対外関係における EU の一体性と誠実協力・連帯義務――法的観点からの考察」『一橋法学』第12巻第３号，2013年，109-142頁。

Ⅵ　内務司法・対外関係分野

安全保障

ヨーロッパ統合における安全保障

戦後のヨーロッパ統合は，加盟国の軍隊を単一の指揮の下に統一しようとした1950年代の欧州防衛共同体（EDC）構想の頓挫以後，経済統合を中心に進展してきた。安全保障や防衛はタブーだったとさえいえる。しかし，ポスト冷戦の欧州は必ずしも平和の大陸にはならず，EUは旧ユーゴスラビアでの紛争への対応に悩まされることになる。同時に，経済統合が最終局面を迎える中で，統合の次なるフロンティアは安全保障である，ないし，安全保障抜きに欧州統合は完結しないとの主張も盛んになった。

そうした中で，EUにも安全保障面での役割が求められるようになった。最初のステップは，1993年発効のマーストリヒト条約で創設された共通外交・安全保障政策（CFSP）だった。これにより外交政策における政策協調の努力は進展したが，軍隊の派遣などの手段を有さないCFSPは言葉だけであり，「宣言外交」と揶揄される状況が続く。

そこで考えられたのは，EUが物理的手段，つまり軍事的手段を有することであり，独自の「緊急対応能力」の整備が焦点となった。1999年12月にはヘルシンキ欧州理事会の「ヘルシンキ・ヘッドライン・ゴール（HHG）」で，最大6万人規模の部隊をEUとして独自に派遣できる態勢の構築が打ち出された。当初，欧州安全保障防衛政策（ESDP）として開始されたこれら分野の活動は，のちに共通安全保障防衛政策（CSDP）として整理されることになったが，制度上はCFSPの一環との位置づけである。またEU内には，EU軍事参謀部（EUMS）などの軍事組織も創設され，態勢整備が進められた。◁1

ただし，安全保障・防衛分野は超国家的な統合ではなく，各国が拒否権を有する厳密な政府間協力（政府間主義）が維持されている。◁2 そのため，防衛「統合」ではなく，防衛「協力」なのだが，その範囲内での1990年代末以降の進展は目覚ましい。

2　ミッション派遣からPESCOへ

ESDP/CSDPが従来のCFSPと異なった最大の点は，「ESDP/CSDPミッション」の派遣という軍事的手段を得たことである。当初の目標である6万人規模には遠く及ばないものの，EUは2003年のマケドニアでのミッション以降，

▷1　EUMSのほかに，CSDPを含むCFSP問題を担当する各国代表（PSC大使）による政治安全保障委員会（PSC），各国軍事代表によるEU軍事委員会（EUMC）などが設置された。また欧州対外行動庁（EEAS）内には危機管理計画部（CMPD）が創設されCSDPの文民ミッションを担当している。EUMSには各国軍から要員が派遣されている。

▷2　鶴岡路人「欧州統合における共通外交・安全保障・防衛政策」『日本EU学会年報』第31号，2011年参照。

ボスニアでの平和維持活動を北大西洋条約機構（NATO）から引き継ぐなど，EU による軍事ミッションはその範囲を広げ，実績を積み重ねてきた。[3] ソマリア沖・アデン湾での海賊対処においては，日本の自衛隊との協力関係も深まっている。EU における安全保障協力の顕著な成果である。

当初は軍事的手段の発足として注目された ESDP/CSDP だったが，結果として軍隊の派遣による軍事的危機管理よりも，文民ミッションの派遣による文民危機管理（civilian crisis management）が増えたことは興味深い。多くの場合，法の支配への支援や警察支援である。今後 EU が武力の行使を伴う軍事作戦を実施する可能性もあるが，大規模な軍事作戦は有志連合や NATO の枠組みで実施するという事実上の役割分担がみられる。なお，CSDP は域外作戦が想定される一方で，加盟国の領土防衛は基本的に対象としていない。[4]

2016年以降に進展しているのがリスボン条約に基づく「常設構造化協力（PESCO）[5]」と呼ばれる，国防予算増額などにコミットした有志諸国間の協力枠組みである。当初はイギリスが反対していたが，同国の EU 離脱を控えて進み始めた。有志諸国の枠組みであるが，結局2017年末に正式に発足した際にはイギリス，デンマーク，マルタを除く25カ国が参加し，軍事能力向上や作戦への貢献などの分野で計17のプロジェクトが承認された。

また，欧州委員会では「欧州防衛基金（EDF）」も試験段階が開始された。これは，EU 諸国間の装備品開発などに EU の予算が投じられる仕組みである。トランプ政権の「米国第一」の外交・安全保障政策への懸念が強まる中で，欧州では安全保障・防衛面における「戦略的自律性（strategic autonomy）」の議論が高まった。一つの焦点は，同盟におけるバードン・シェアリング（負担分担）だが，アメリカ製の装備品を買うだけではなく，装備面でも自律性を高める機運が高まっており，EDF はこの文脈に位置づけることが可能である。

3 EU 流の安全保障？

CSDP における文民ミッションの増加にも象徴されるように，軍事に加えて様々な分野の手段を組み合わせることができるのが EU の強みである。安全保障に対する包括的ないし総合的な見方であり，「欧州のやり方（European way）」と呼ばれることもある。[6] 日本の考えとも親和性が高いだろう。

その背景には，EU における安全保障・防衛協力の進展を受けてもなお，国際社会において EU が有する最大の比較優位が経済である点に変わりはないとの現実がある。経済・通商面で巨大な存在であるがゆえに，安全保障面での役割も期待される。そして，危機管理のための軍事ミッション終了後，紛争後の段階で必要となるのは，司法や警察を含む統治制度構築に関する支援や開発協力である。各段階の異なる政策ツールの間をいかに円滑に引き継ぐことができるかは EU にとっても課題となっている。　（鶴岡路人）

▷3　ESDP/CSDP ミッションとしてすでに終了したのが18件，現在（2020年2月）実施中が17件である。しかし，ほとんどは参加人数の極めて少ないミッションであり，現在継続中の主要なものとしてはボスニアでの EUFOR ALTHEA，コソボでの EULEX Kosovo（法の支配ミッション），海賊対処の EU NAVFOR Atalanta などがある。アジアでは，インドネシアのアチェでの和平プロセス支援のために2005年から2006年にかけて派遣されたアチェ監視ミッション（AMM）の例が唯一。

▷4　その例外が，リスボン条約で規定された「相互援助条項」と「結束条項」。⇨Ⅵ-3「治安，テロ対策」

▷5　「Permanent Structured Cooperation」の頭文字をとって「ペスコ」と発音する。

▷6　安全保障における EU 流の独自の貢献を模索してきたのが EU である。その端緒は2003年12月に初めて作成された「欧州安全保障戦略（European Security Strategy）」にも表れていた。

参考文献

広瀬佳一編著『現代ヨーロッパの安全保障――ポスト2014：パワーバランスの構図を読む』ミネルヴァ書房，2019年。

田中俊郎・小久保康之・鶴岡路人編『EU の国際政治』慶應義塾大学出版会，2007年。

Ⅵ　内務司法・対外関係分野

3 治安，テロ対策

1 重要性の増大する司法・内務協力

経済統合を中心として進展してきたヨーロッパ統合が，政治面を含む市民の権利の分野に活動範囲を広げる最大のきっかけになったのは1993年11月に発効したマーストリヒト条約であった。同条約によって，経済共同体としての EC（欧州共同体），**CFSP（共通外交・安全保障政策）**◁1と並んで３本柱の一つとして創設されたのが司法・内務協力（JHA）だった。

JHA はテクニカルな領域にもみえるが，市民生活に密接に結びついている。加えて，単一市場が完成し，さらにシェンゲン協定により（一部諸国を除く）域内の国境管理が撤廃される中で，EU 市民の基本権や安全の擁護が EU にとって大きな課題になった。◁2司法・内務分野での EU 内の協力分野には，人の自由移動，難民庇護，移民，民事・刑事の司法協力，警察・税関協力，欧州市民権，差別，テロとの闘い，組織犯罪との闘い，人身売買，薬物密輸などが含まれる。また，データ保護や消費者保護も欧州においては優先度が高く基本権保護の一環に位置づけられている。

司法・内務分野での協力に関しては，組織を含めた態勢整備が進められ，**欧州刑事警察機構**（EUROPOL）◁3，**欧州司法機構**（Eurojust）◁4などが各分野で活動を続けている。なおイギリスの EU 離脱後にそれら分野の協力を維持するためには，新たな枠組みが必要になる。

2 「相互援助条項」，「結束条項」：軍との関係

治安やテロ対策分野において近年注目されている側面の一つは，軍の関与である。特にテロ対策においては，監視の対象がアル・カイダや「イスラーム国」など国際化する中で，情報・諜報でも各国の警察関連組織のみならず，専門の対外情報機関や軍の情報機関が担う部分が増大している。さらに，テロ対策としてイラクやシリアで「イスラーム国」に対する空爆が有志連合の枠組みで行われており，法執行機関と軍隊の役割の垣根が変化している。

そうした現実を象徴するとともに加速化させたのが2015年11月のパリでの連続テロ事件だった。イスラム過激主義によるテロで130名が犠牲になり，当時の**オランド**◁5仏大統領は「戦争状態」を宣言し，パリ市内を含め国内の治安維持に軍隊を１万人規模で展開したほか，「イスラーム国」への空爆を強化するこ

▷１　**CFSP（共通外交・安全保障政策）**
⇨［Ⅵ－２］「安全保障」

▷２　⇨［Ⅵ－４］「人の自由移動」，［Ⅵ－５］「移民・難民問題」

▷３　**欧州刑事警察機構（EUROPOL）**
European Police Office として1990年代に発足し，2010年に正式に EU の組織となり，2017年に European Union Agency for Law Enforcement Cooperation と改称（略称は変更なし）。約900名のスタッフで，本部はオランダのハーグ。自らの執行権限はなく各国の法執行機関に対して情報提供などの支援を行う。

▷４　**欧州司法機構（Eurojust）**
正式名称は European Union's Judicial Cooperation Unit。2002年に正式に発足。本部はオランダのハーグ。EU 内国境をまたぐ犯罪に関して，各国当局に対して捜査や訴追の支援を行う。

▷５　**オランド**（François Hollande：1954-）
フランス社会党の政治家で2012年から2017年まで大統領。

とになった。加えて，EU においては「相互援助条項」と呼ばれるリスボン条約第42条７項[6]を発動し，各国に軍事的支援を呼びかけたのである。同条項は，EU 加盟国が武力侵略の被害を受けた場合に他の加盟国による援助を規定している。原理的には集団防衛の条項である。これが発動されたのは史上初めてだった。

なお EU 条約には，テロ攻撃を想定した「結束条項」（EU 運営条約第222条[7]）があるが，フランス政府はリスボン条約第42条７項を選択した。その背景には，フランスが欲していたのが各国の軍事支援であり，より迅速な決定を求めていたとの事情があり，この観点では「相互援助条項」の方が好都合だった[8]。

いずれにしてもこの出来事は，軍事支援を含む集団防衛に準じるメカニズムが EU に存在していることを知らしめ，EU における防衛協力やテロ対策における新たな可能性を示すことにもなった。

3 新たな挑戦への対応と課題

治安やテロに関連する分野で EU の直面する課題も常に変化，複雑化している。それらは，従来の司法・内務協力という枠を超えたものになった。そうした中で EU は，「安全連合（Security Union）」という新たな概念の下で，包括的な取り組みを強化している。

優先分野の第一はテロリスト・テロ組織への締め付けであり，資金，武器に加え，爆発物製造に使用される化学物質などの規制が強化されている。第二は情報共有の強化であり，シェンゲン情報システムや犯罪者に関する情報ネットワークの強化や相互運用性の向上が進められている。第三はサイバー犯罪への対応だが，これには，過激思想を煽る有害コンテンツの迅速な削除など，新たな課題が含まれる。第四は EU 対外国境の管理強化である。移民危機が深刻化した2015年以降，特に注目が高まっているが，単に不法移民対策ではなく，テロや組織犯罪への対策として域外国境管理の強化が喫緊の課題となり，**欧州国境沿岸警備機関**（FRONTEX[9]）の強化などが進められている。また，アメリカの ESTA に類似した，ビザ免除諸国からの渡航者に事前の情報登録・承認を求める EU（シェンゲン協定加盟国）の新たな欧州渡航情報認証制度（ETIAS）が2021年に開始されることが決まっている。

移民危機に加え，欧州各国で相次いだテロ事件，さらには「イスラーム国」に参加した欧州国籍保有者の帰国など，テロ対策や治安，国境管理などの重要性に対する認識は欧州で全体として上昇している。そのため，欧州委員会をはじめとする EU 諸機関にとっても，これら分野の政策推進には追い風が吹いているといえる。他方で，機微な情報を加盟国間でどこまで共有できるか，さらには共有された情報が有効に活用されるために何が必要かなどの問題は，制度構築のみでは解決しない部分もある。加えて，イギリスの EU 離脱も，これら分野における必要な協力の維持・強化に影を落としている。　（鶴岡路人）

▷6　これは簡潔な条文であり，主要部分は以下のとおり。「構成国がその領域に対する武力侵略の被害国となった場合には，他の構成国は，国際連合憲章第51条に従って，すべての可能な手段を用いてこれを援助し及び支援する義務を負う。このことは，若干の構成国の安全保障及び防衛政策の特殊な性格を害するものではない。」

▷7　同条はテロ攻撃や自然・人為災害が発生した際の，軍事力を含む結束の精神に基づく支援の実施を定めている。第42条７項に比べると欧州委員会や EU 理事会の役割，意思決定方法などへの言及がある点が特徴。

▷8　鶴岡路人「欧州における同盟，集団防衛，集団的自衛権」『国際安全保障』第44巻第１号（2016年６月）参照。

▷9　**欧州国境沿岸警備機関（FRONTEX）**
1999年以降，この分野での協力のための組織が立ち上げられ，2004年に欧州国境管理協力機関が設立（その時から略称はFRONTEX）。2016年に現在の名称に変更。加盟国に対して国境を越える移民や犯罪の情報提供を行うほか，各国でプールされた国境沿岸警備の要員を必要な地域に派遣することも可能。

Ⅵ　内務司法・対外関係分野

人の自由移動

1 共同市場プロジェクトとしての「人の自由移動」政策

市場の共通化を目的とした「単一欧州市場（Single European Market：SEM）」の創設にあたって目標とされたのは，ヒト，モノ，カネ，サービスが域内を自由移動できるような空間の達成であった。当初から労働力や人の移動まで視野に入れているという点で欧州統合は独特であった[1]。この背景には，第二次大戦直後のイタリアが国内の過剰労働力への対処のために他国の協力を必要としていたという事情があった。また，1970年代には経済統合と政治（社会）統合のバランスを調整するべきだという社会運動の機運に乗り，ヨーロッパの結束を促す理念としての「ヨーロピアン・アイデンティティ」や欧州市民権の確立を求める声が大きくなった[2]。さらに，**シェンゲン協定**[3]の締結は，1980年代中葉におけるヨーロッパの国際関係に起因するものであった[4]。

しかしながら，「人の自由移動（Free Movement of People：FMP）」と称される政策分野は，あくまで経済統合の一環であった。人の移動の自由化は単一市場における「非関税障壁」の除去にすぎず，市民権やその他の社会的権利は，移動の活性化ひいては単一市場の発展を促す要因にすぎなかった。1970年代，欧州委員会は，当時 EC 加盟国内に正規に滞在する非 EC 加盟国民（第三国出身者［Third Country Nationals：TCNs］と呼ばれる）の社会統合を目的とした政治主導を試みたが，加盟国から強い反発を受け実現しなかった。また，欧州市民権は1992年に確立したが，移動や居住の自由，地方レベルでの選挙権などの権利を得たのは EU 加盟国の国籍をもつ人に限られた[5]。そして，EU 加盟国が非 EU 加盟国民を受け入れる判断については，（難民の受入れを除き）原則として EU 加盟国の専権事項とされた。一連の決定はいずれも，欧州統合の安定的な発展のために超国家レベルによる管理が許されるのはあくまで EU 市民であり，それ以外の人々については依然として加盟国が独自の管理をすべきであるという考えをその基底に置くものであった。2009年には，通称「ブルー・カード」と呼ばれる高度人材の受入れスキームについて EU 共通の枠組み（指令：2009/50/EC）が成立したが，これは例外であった。

2 EU 市民の移動の自由

欧州市民権[6]および人の自由移動（FMP）政策により，EU 加盟国の国籍保持

▷1　EU の礎となった1957年の EEC およびユーラトム設立条約（ローマ条約）においてすでに（EEC 域内）労働力の自由移動が規定されていた（第３編第１章）。

▷2　Kostakopoulou, D., *Citizenship, Identity and Immigration in the European Union: Between Past and Future,* Manchester: Manchester University Press, 2001.

▷3　**シェンゲン協定**
SEM 実現のために人の自由移動促進が必要との認識の下，1985年に西独・仏・ベネルクス三国の５カ国により締結された。しかし，公式な欧州統合のプロジェクトではないものとして成立した。その５年後に締結された施行協定を併せてシェンゲン協定と呼ぶ。その後，アムステルダム条約により EU の基本条約に組み込まれた。この協定締約国では国境検査が省略される。加盟国のうちイギリス，アイルランド，ルーマニア，ブルガリア，クロアチアはこの協定に加盟していないが，スイス，ノルウェーが加盟している。

▷4　岡部みどり「シェンゲン規範の誕生――国境開放をめぐるヨーロッパの国際関係」『上智法学論集』57（1-2），2013年。

者（=EU 市民）は EU 域内を自由に移動し居住ができるようになった。そして，経済活動に従事している間は，生活のための十分な資金や疾病等の際の保険に加入していない場合でも自由に移動ができるようになった。[7] 通常の国際移動については，観光や家族再統合，また難民申請の場合を除き，原則として事前に雇用主との契約が必要であるが，EU 市民の場合はこの必要が生じない。

加盟国は，これにより他の加盟国国民を自国民と同等に扱わなければならなくなった。移動の自由権も一足飛びにではなく段階的に確立したものであるが，そうとはいえ，新規加盟国の加入の際には，労働市場の安定的確保への懸念から，当該国民の自由移動を即座に許可できるかどうかが EC/EU での議論の対象となった。この傾向は，第三次拡大の頃から顕著になった。スペイン，ポルトガルの加盟（1986年）を前に，6 年間の「移行期間」が設けられ両国民の自由移動が規制された。そして，第五次以降の「東方拡大」前には，加盟国は最大で 7 年間の移行期間を設定した。移行期間の設定自体は，EC 条約第39条に定める労働者の自由移動規定にそぐわないものであるとも批判された。

3 イギリスの EU 離脱と今後の課題

イギリスは，アイルランドなどとともに「東方拡大」時の加盟候補国国民の自由移動に関する「移行期間」を設定しなかった。このため，2004年 5 月以降 2 年半の間に，当初の予想を20倍も上回る45～60万人の中東欧移民がイギリスに殺到し，[8] ブレア元首相は当時の責任を激しく批難されている。大多数を占めていたポーランド出身者はその後母国の経済発展に伴い多くが帰国したが，イギリス国内において EU 市民の移民が国家の社会保障システムの安定を揺るがしているという不安が蔓延し，イギリス独立党（UKIP）などのポピュリスト政党の躍進につながった。2015年11月，キャメロン首相（当時）は，EU 加盟国出身移民がイギリス入国後 4 年間は税控除などのサービスを受けられないことなどを定める福祉改革を EU 改革案として提案した。しかし，EU 側の回答は，条件付きで，かつ移民出身国である東欧諸国とイギリスが個別に交渉を行うというプロセスを経る限りにおいてこれを認めるというものであった。一連のやり取りは英国民の目にはキャメロン外交の失敗と映り，最終的には EU 離脱の国民投票を促す一つの要因となった。[9]

イギリスの EU 離脱は，EU の安定的な繁栄のために人の自由移動が不可欠であるという考え方が次第に共有されなくなっていく未来を示唆している。「欧州市民権」への EU 加盟国民の信頼も揺らいでいる。難民問題とともにかつてないほどの混乱に直面している EU 社会においては，外国人の法的な地位の問題はもとより，外国人が（EU 加盟国民であってもなくても）労働市場において真っ当な競争相手であるのか，また国家の再分配機能の恩恵を受けるに値するのかといった，いわば公平性と公正さについての問題が浮上している。　（岡部みどり）

▷5　このうち，移動や居住の自由については，たとえば「EU 長期居住者指令（2003/109/EC）」などにより TCNs に欧州市民に準ずる権利を付与するなどの試みがみられるが，加盟国の抵抗により，TCNsの社会統合については加盟国の大きな裁量が与えられるなど，実質的な権利向上には結びついていない。

▷6　**欧州市民権**
⇨Ⅰ-5「欧州市民権」

▷7　中村民雄「人の移動に関わる EU 法の普遍化可能性」（岡部編 2016）に詳しい。

▷8　加藤眞吾「人の自由移動政策——労働移民と国境管理」国立国会図書館調査及び立法考査局『拡大 EU——機構・政策・課題：総合調査報告書』2006年。

▷9　右翼政党による誤った情報の流布を含んだナショナリスティックな大衆煽動作戦があったことはいうまでもない。

参考文献

宮島喬・木畑洋一・小川有美編『ヨーロッパ・デモクラシー——危機と転換』岩波書店，2018年。
岡部みどり編『人の国際移動と EU——地域統合は「国境」をどのように変えるのか？』法律文化社，2016年。

Ⅵ　内務司法・対外関係分野

5 移民・難民問題

▷1　例外的に,「拡大」つまりEU加盟国が増える際に,新規加盟国民に即時のEU域内自由移動を認めるかどうかという問題が生じることがある。詳細は,Ⅵ-4「人の自由移動」を参照。

▷2　⇨Ⅵ-4「人の自由移動」

▷3　「資格指令」(2004年制定,2011年改訂)においては,難民認定基準およびその他人道的理由に基づく保護(補完的保護)の対象となる人々の資格を統一する要件が定められた。また,2013年には,庇護申請者や難民の受入国での待遇,特に申請中の人々の滞在施設や就労についての条件などを均一化する「受入条件指令」が定められた。

1 なぜ「移民・難民」問題なのか

欧州統合との関連における人の越境移動は,大きく2種類に分かれる。一つは,EU域内,つまりEU加盟国間における人の移動であり,もう一つは,EU域外からの人の移動である。EUにおける「移民・難民問題」という時はこのうち後者の問題を指すことが多い。[1]

移民と難民は本来異なる概念である。しかし,現代世界では,国境を越える人が移民なのかそれとも難民なのかが不明瞭である場合が増えている。この背景には,一方には内戦や国内での部族間闘争などを背景に政府から迫害を受ける人々は,同時に,極度の貧困に陥っているといった社会構造的な事情がある。しかし,他方では,受入国がどの程度緩やかな受入体制を整えるかによって難民の数が変化するということもある。

今日EU加盟国が共有する出入国管理の問題は,庇護申請者の,あるいは非合法滞在者の問題と言い換えることも可能であろう。とりわけ,EUには,過去に例をみない域内自由移動空間が誕生したため,難民保護は治安問題として取り扱われることとなった。

2 域内自由移動空間(シェンゲン圏)と出入国管理の共通化

シェンゲン圏の創設(1985年)により,[2] 域内における人や車など輸送手段の往来は自由になったが,同時に,その外囲国境を加盟国が共同で管理する必要も生まれた。特に,国際規範が加盟国の国内法に比較的多く取り入れられており,また,「庇護申請者」問題がすでに共通の課題となっていたことから,難民政策の共通化に焦点が当てられた。これを受け,アムステルダム条約の発効(1999年)に伴い「共通欧州庇護体系(Common European Asylum System:CEAS)」が成立した。EUは,「難民の地位についての条約」(1951年)やその他人権保障についての諸々の国際規範に照らし合わせた人道的な見地からの難民受入体制を加盟国が共通に整えることを目指した。[3] しかし,同時に,いわゆる「偽の難民(bogus refugees)」と呼ばれる,難民としての性質に乏しいものの他に,長期滞在できるような資格を持ち合わせていないために庇護申請をしているのではないか,と疑われるケースへの対処を目的として,庇護申請者の申請先における滞在を制限する効果をもつ制度を導入した。2013年には,国際的保護の供与あるいは剝奪についての共通手続きについての指令（「手続き指令」）が制定された。これにより，庇護申請者が控訴手続きなどの際に同一の権利を保障されると同時に，庇護申請中の脱走やシェンゲン圏内の潜伏という問題が解消される運びとなった。とりわけ，退去強制の執行停止を伴わない上訴というプロセス◁4を導入したことで，庇護審査に対する異議申し立ての段階ですでに庇護申請者の国外退去が促されることとなった。

3 「欧州難民危機」と今後の展望

このように，EU は CEAS を通じて受入れの可否の基準を徹底させることで難民保護の効率性や透明性を高めようとしてきた。一連の努力は奏功したように思われたが，相次ぐ難民船沈没事故で明らかになったように，危険な方法で EU への入国を図ろうとする人々は跡を絶たず，その流れは2015年に一つのピークを迎えた。この年，EU には132万2845人が難民資格（庇護）を申請した。この背景にはシリア内戦など突発的な要因があったことは確かであるが，たとえばコソボ紛争直後（2000年）の40万6585人と比べてもはるかに大規模であることがわかる（図1参照）。

2015年，ドイツの政治的主導を背景に，欧州委員会は，難民保護のための法制度が未整備である南欧諸国（特にギリシャやイタリア）に過度に集中している庇護審査の負担を EU 加盟国全体で分担することを目的とした「リロケーション」案を提起し，EU は特定多数決でこの法案を可決した。しかし，一連の政治決定は，EU 連帯のためのシステムである「**ダブリン・システム**◁5」の動揺につながった。**ヴィシェグラード諸国**◁6は負担分担の公平性に欠けるという観点から，また，フィンランドは欧州統合の進め方の正当性に問題があるという観点からこの法案に反対した。そして，法案に賛同しても，即時の執行に踏み切る国は皆無であった。リロケーション案は，未曾有の人道危機に対応するという崇高な目的を備えるものであったが，加盟国による自発的な連携というプロセスを解さなかったために，EU の連帯を大きく揺るがす要因となった。

この「欧州難民危機」の克服が，今日の EU にとっての焦眉の課題となっている。ユンカー欧州委員長やトゥスク欧州理事会議長は，再結束が必須であるという信念の下に，さらなるリーダーシップを発揮しようとしている。しかし，多くの加盟国は，超国家機関の権限がこれ以上強まることへの警戒感を強めている。

（岡部みどり）

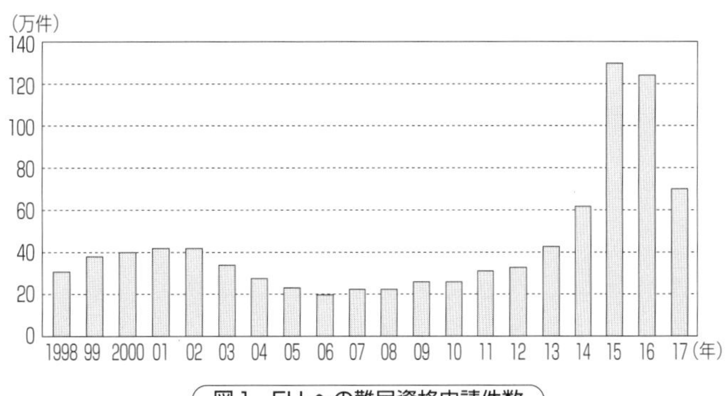

図1 EU への難民資格申請件数

（注） 2008年以降はクロアチアを含む。
（出典） Eurostat よりデータ採取（https://ec.europa.eu/eurostat/web/asylum-and-managed-migration/data/main-tables）。

▷4 Non-suspensive appeal プロセスと呼ばれる。ドイツやイギリスなどですでに適用されていたものを EU が導入した。

▷5 **ダブリン・システム**
⇨Ⅱ-4「外部ガバナンス」

▷6 **ヴィシェグラード諸国**
⇨Ⅶ-17「スロバキア」側注3

参考文献

網谷龍介・伊藤武編『ヨーロッパ・デモクラシーの争点』ナカニシヤ出版，2020年。

川村真理「難民・移民の大規模移動と EU 法制の課題」『杏林社会科学研究』33（1），2017年。

Ⅵ　内務司法・対外関係分野

拡　大

EU 加盟を希望する国々

現在，EU 加盟を希望する国は，以下の三つのカテゴリーに分類可能である。第一のカテゴリーは，EU の正式な加盟候補国として加盟交渉を実施している国。第二は，EU からの「加盟候補国」認定は受けているものの，まだ加盟交渉を開始していない国。第三は，将来的には EU に加盟することが可能ではあるが，加盟交渉を開始するための基準（「**コペンハーゲン基準**」[1]）を満たしていないと位置づけられている「潜在的加盟候補国」である。2019年現在，第一のカテゴリーの対象国はトルコ，セルビア，モンテネグロ，第二のカテゴリーの対象国は北マケドニアとアルバニア，第三のカテゴリーの対象国はボスニア・ヘルツェゴビナおよびコソボとなっている。

▷1　**コペンハーゲン基準**
⇨ Ⅰ-7 「EU 拡大の歴史」

② トルコ

トルコ[2]は1987年に EU に加盟申請を行ったが，EU 側には同国との正式な加盟交渉に入る意欲はほとんどなかったといってよい。同国との関係は1963年の連合協定（通称アンカラ協定）および1996年の関税同盟をベースとしたものであり，加盟問題はほとんど進展してこなかった。EU がトルコに対し，同国がEU 加盟申請資格を有することを確認したのはようやく1997年のことであり，さらに1999年に加盟候補国認定を得るというプロセスを経て，加盟交渉が正式に開始されたのは2005年のことであった。しかし，そのわずか1年後の2006年末，EU はモノの自由移動や農業をはじめとした八つの政策領域に関する加盟交渉を凍結した。トルコが，すでに EU 加盟国となっているキプロスを国家承認していないこと等がその主な理由であった。この凍結が解除されない以上，同国の EU 加盟は想定しえないことになる。

▷2　詳細は，Ⅶ-20 「トルコ」。

さらに，2016年7月にトルコでクーデターが勃発し，その後エルドアン政権が大規模な人権抑圧や言論統制を行ったことにより，同国に対する EU の姿勢は硬化した。仮にエルドアン政権が死刑復活に踏み切れば，これまで細々ではありながらも続いていたトルコの加盟プロセスは打ち切られることが確実視されている。

3 西バルカン諸国

トルコ以外の加盟候補諸国・および潜在的加盟候補諸国は，すでにEUに加盟したスロベニアとクロアチアを除くユーゴスラビアの後継諸国（セルビア，モンテネグロ，北マケドニア，ボスニア・ヘルツェゴビナ，コソボ）とアルバニアであり，これらの諸国を「西バルカン諸国[3]」と総称する。

このうちセルビアとモンテネグロに関しては，それぞれ2014年と2015年に加盟交渉が開始され，2020年現在も進行中である。ユンカー前欧州委員長は2017年，「この両国は2025年までにEUに加盟する可能性がある」と発言し，注目を集めた。

北マケドニア（旧称マケドニア）は2008年以降，アルバニアは2014年に，それぞれ加盟候補国と認定されたが，加盟交渉を開始していない。アルバニアに関しては，特に法の支配の分野における改革の進展状況に問題があるとされたのがその理由である。北マケドニアについては，同国が2019年2月以前まで使用していた「マケドニア旧ユーゴスラビア共和国（FYROM）」（通称「マケドニア」）という国名をEU加盟国のギリシャが認めず，EU加盟交渉の開始に対して事実上の拒否権を発動していた。しかし，マケドニアがギリシャとの合意などに基づいて国名の変更に応じたため，EU加盟交渉の正式開始に向けての最大の障害が取り除かれた形となった。現在両国は，EUが両国との加盟申請を開始する正式決定を行うのを待機している状態である。

ボスニア・ヘルツェゴビナ（以下ボスニア）とコソボは，潜在的加盟候補国という位置づけである。この両国がさらに拡大プロセスを進めるためには，今後EUが，まずは加盟候補国として両国を認定し，その上で正式な加盟交渉の開始を決定する必要がある。しかしボスニアに関しては，紛争後の国家統合がうまくいっていない。EUは同国における基本的なガバナンスがいまだに機能せず，デイトン和平合意に基づいて国際社会の監督機関として設置された上級代表事務所（OHR）による統治が続いていることを問題視している。またコソボに関しては，2008年に独立を宣言したものの，EU加盟国中8カ国が国家承認を行っていない。また，2012年にEU主導で開始されたセルビア・コソボ間の対話プロセスも滞り気味である。このように，この二カ国がEU加盟交渉を開始するためには多くの問題をクリアしなければならない。

4 今後の見通し

2013年にクロアチアが加盟して以降，近い将来にEU加盟を実現しそうな国はほとんどないのが現状である。ただし，ウクライナやジョージアのような，**欧州近隣諸国政策**（ENP[4]）対象国の中にも，将来的なEU加盟の希望について言及している国があることにも留意が必要だろう。 （東野篤子）

▷3 詳細は，Ⅶ-19「西バルカン諸国」。

▷4 欧州近隣諸国政策
⇨Ⅵ-8「近隣諸国政策」

参考文献

東野篤子「EUの拡大」森井裕一編『EUの政治経済・入門』有斐閣，2012年。

東野篤子「EUと『絶縁体国家』トルコ――疎外と期待」『共振する国際政治学と地域研究』勁草書房，2019年。

東野篤子「国際関係と政治――西バルカン諸国とEU・NATO」月村太郎編『解体後のユーゴスラヴィア』晃洋書房，2017年。

Ⅵ　内務司法・対外関係分野

離　脱

▷１　2009年に発効したリスボン条約は，EU 条約と EU 運営条約からなる。

▷２　イギリス離脱は，Britain（イギリス）と Exit（離脱）による造語で Brexit（ブレグジット）と呼ばれる。

1　EU 離脱規定とその明文化

加盟国が EU から離脱を行う場合の規定は，リスボン条約[1]で初めて明文化された（EU 条約第50条)。離脱の正式な通告が欧州理事会になされると，離脱の具体的なプロセスを定める交渉が当該国との間で開始される。この交渉を通じて，離脱の時期，離脱後の移行期間の設定，そして離脱に関わる協定の締結が行われる。離脱協定は，欧州議会の同意を得た後，EU 理事会おいて特定多数決により決定され EU を代表して締結される。

離脱通告の２年後，あるいは離脱協定の発効と同時に離脱となる。しかし，欧州理事会が全会一致で合意した場合には，この離脱期限の延長が可能となる。

2　イギリスの事例

EU 離脱の手続きに入った事例は，2020年１月の時点でイギリスだけである[2]。同国では，2016年６月の国民投票で離脱することが可決された。これを受けて2017年３月，イギリス政府は EU に対して離脱通知を行った。

EU は2017年６月に EU 理事会が交渉指令を採択し，離脱交渉が開始された。この交渉第１段階では，市民の権利，金銭上の義務，アイルランド国境問題について議論が進められた。同年12月８日のユンカー欧州委員会委員長とメイ英首相の会談において，市民の権利に関しては，イギリスに居住する EU 市民の権利保障について，EU 司法裁判所（ECJ）の判例に基づいて判断し，離脱後も ECJ 決定に考慮を払うことで歩み寄った。金銭上の義務については，イギリスは2020年までの EU 予算の負担を続け，過去に約束した EU 事業での未払い金なども支払う方針で一致した。そしてアイルランドと陸続きで接する北アイルランドとの国境問題については，北アイルランドとの間で税関などの物理的な境界をつくらない方針で一致した。これを受けて同年12月15日の欧州理事会における決定により，離脱交渉は第２段階に入った。

2018年３月19日には，2019年３月の離脱後の移行期間を2020年末まで設けることで合意をみた。移行期間中は，イギリスが EU 単一市場にとどまるほか，新たにイギリス入りした EU 市民に従来と同じ権利をイギリス政府が保障すること，イギリスが EU の法令に原則として従うことで合意した。続く2018年３月23日の欧州理事会において，イギリスを除く27加盟国は，イギリスとの将来関係の交渉について，自由貿易協定（FTA）を軸に進める指針を採択した。EU の基本姿勢としては，EU がこれまでカナダなど他国と結んでいる FTA を目指すとし，離脱後のイギリスへの特別扱いを否定するものである。

離脱後の移行期間の設定を含む離脱協定案が，2018年11月14日にイギリス政府において承認され，同年11月25日の欧州理事会において EU 側で正式に承認された。離脱協定には，協定本体に加え，**「アイルランド及び北アイルランドに関する議定書**[◁3]」などの文書が付属するほか，移行期間後の EU・イギリス関係の大枠を律する「将来関係に関する政治宣言」も併せて発出された。離脱協定のポイントは，2019年３月から2020年末までを移行期間とし，１回だけ最大２年の延長が可能となる，在 EU のイギリス国民および在イギリスの EU 市民は，移行期間終了後も EU 法の下で人の移動自由を享受するなどである。政治宣言では，FTA を含む通商協定の締結，人の移動に関して新たな取り決めを結ぶ，持続可能な漁業のための新たな協定の締結などが示された。

離脱協定（政治宣言を含む）は，イギリスの批准をもって完了となるが，そのためには議会での承認を必要とする。しかし2019年１月15日にイギリス下院での投票でこれが否決されたことで暗礁に乗り上げ，離脱協定を伴わない「合意なき離脱」による社会の混乱を避けるべく，メイ首相は EU との再度の交渉を続けることとなり，EU 側の合意（2019年４月11日）によって離脱は2019年10月末まで延長された[◁4]。

しかし離脱後の EU との関係について議会がまとまらずメイ首相は2019年７月に辞任，後任のジョンソン首相の主導で同年10月28日，離脱を2020年１月31日まで延期することで EU と合意した。2019年11月に議会を解散し，12月の総選挙に勝ったジョンソン政権のもと，2020年１月に離脱に必要な法案がイギリス議会で承認，続いて欧州議会でも承認され，１月31日に離脱となった。

3 離脱の難しさ

上述のようにリスボン条約で初めて離脱のルールが定められたが，その運用には難しさを伴っている。離脱は急激な変動をもたらしかねず，離脱する国にも EU 側にも混乱と損害を最小限にとどめ，離脱を円滑に進めるために協定を締結することになっているが，イギリスの事例が示すのはその利害調整の難しさである。

加盟の場合には，加盟する国も EU も相互に利益が生じる前提で議論が進むが，離脱の場合は両者の利害がむしろ対立する側面が強い。離脱時期の延期を含む協定締結過程で生じる課題の克服には，欧州理事会での全会一致が必要となるが，この制度も予期せぬ様々な事態に対して柔軟に対応できるものであると同時に，加盟国の中での対立をかえって浮き彫りにすることがある。

（坂井一成）

▷3 **アイルランド及び北アイルランドに関する議定書**
アイルランド島における目に見える国境を回避するための保険の性格を有し，「バックストップ」案と呼ばれる。移行期間終了までに将来関係に関する協定が適用されない場合，イギリスがEUとの単一関税領域にとどまるなどと定める。

▷4 離脱延期に伴って2019年５月の欧州議会選挙へのイギリスの参加が問題となったが，選挙後も EU にとどまるならばイギリスは参加することを求められ，メイ首相は受け入れた。離脱案をイギリス議会で承認できないまま欧州議会選に参加しなければ，６月１日で「合意なき離脱」となるリスクがあったためである。

Ⅵ　内務司法・対外関係分野

8 近隣諸国政策

1 ワイダー・ヨーロッパから近隣諸国政策へ

2004年5月に，EUは中東欧を中心に10カ国を新たな加盟国として迎え入れた。[1]この東方拡大に際して，EU内部では拡大後の新たな近隣諸国との関係について議論が行われていた。まず2002年に入り「ワイダー・ヨーロッパ」構想をめぐる議論が本格化し，ロシア，ウクライナ，ベラルーシ，モルドバとの関係についての検討がなされた。[2]翌年3月には，欧州委員会によって政策文書「ワイダー・ヨーロッパと近隣諸国：東と南の隣国との関係のための新しい枠組み」が公表された。そこでは，上述の国々に加えて，トルコを除くすべてのバルセロナ・プロセス参加国にも焦点が当てられ，これらの国々における改革，持続的発展，貿易を推進する長期的なアプローチの強化などが宣言された。[3]こうしてEUは，その近隣諸国との間の経済的・政治的協力を積極的に進める意思を示したのである。このようなEUの姿勢は，ほぼ同時期に発表された「欧州安全保障戦略（European Security Strategy）」においても確認することができる。そこでは，テロや国際犯罪に対する懸念が高まる中，今後のヨーロッパの安全保障のために「拡大EUの周辺を含めた安全保障圏の拡大」が謳われていた。

こうした流れを経て2004年5月に発表されたのが，欧州近隣諸国政策（European Neighbourhood Policy：ENP）である。ENPの目的は，安定，安全保障，福祉を強化することにより，2004年のEU拡大の利益を近隣諸国と共有することである。ENPは，法の支配，グッド・ガバナンス，人権保護，市場経済と持続可能な経済といった「共通の価値」に対する共同責任を謳う一方，これらを共有する国々に対し政治的・経済的統合の重要な政策に参加する機会を提供することを意図している。[4]

2 ENPの運用と課題

ENPでは，まず欧州委員会がENP対象国の政治・経済改革情勢を評価する国別報告書を定期的に作成・公表する。続いて，EUとENP対象国が，対象国の短・中期的（3～5年）な政治・経済改革の課題に関する行動計画を共同で策定し，EUが対象国による行動計画の実施を支援する。支援は，2006年までは既存の援助プログラム（MEDAとTACIS）を通じて，2007年からは新たに導入された近隣諸国パートナーシップ手段の下で行われるとされた。[5]

▷1　エストニア，キプロス，スロバキア，スロベニア，チェコ，ハンガリー，ポーランド，マルタ，ラトビア，リトアニアが加盟した。さらに，2007年にはブルガリアとルーマニアが新規加盟を果たした。これらを合わせて，第五次拡大と呼ぶ。⇨ I-7 「EU拡大の歴史」

▷2　ワイダー・ヨーロッパ構想は，2002年4月の総務理事会において検討されたのち，同年8月にCFSP上級代表のハビエル・ソラナ（⇨ Ⅲ-7 「欧州対外行動庁と在外代表部」側注1）が対外関係担当委員であったクリストファー・パッテンとともに，共同書簡「ワイダー・ヨーロッパ」を提出したことにより，本格的に議論されはじめた。

▷3　ここでバルセロナ・プロセス（⇨ Ⅸ-10 「地中海」）参加国が追加されたのは，地中海諸国が相対的不利益を被るべきではないとする南欧諸国からの圧力があったからである（蓮見2005，147）。

▷4　なお，ENPでは，南コーカサスのアルメニア，アゼルバイジャン，ジョージアが対象国に加わった。

しかし，ENP には，いくつかの課題が指摘された。まず，ENP がその対象国に対して EU 加盟を保障していない点である。ENP の下で対象国に与えられる利益も，EU に新規加盟する国々と比べて質量ともに劣っている。そのため，対象国が行動計画を進めるインセンティブは小さいとされる。次に，ENP の対象国の多くが依然として権威主義体制の特徴を有しているため，EU が民主化を促すことがそもそも難しいことである。ENP は，EU と対象国が共同で作成した行動計画に沿って実施される仕組みであり，対象国にとって望ましくない価値に関する項目は行動計画から外れることがある。加えて，たとえ行動計画に民主的な選挙の実施や法の支配の確保といった項目が挿入された場合であっても，EU がその実施を迫ることは多くなく，具体的な改革内容の基準や実施時期も設定されていない。以上のことから，ENPの効果には疑問が投げかけられたのである。

3 ENP での個別政策の展開

以上のような課題を抱えつつも，ENP は二つの点で進展をみせている。一つは，東方パートナーシップの創設である。東方パートナーシップは，ENP 対象国である旧ソ連６カ国をパートナーとする取組みである[◁6]。その背景には，異なる価値観や文化，歴史を有する地中海諸国と旧ソ連諸国を ENP という同じ枠組みの中で扱っていることへの批判があった。そこで，EU は2008年より，地域ごとの事情を考慮した上で，各国の状況に適応した個別の政策と全体的な政策を同時並行させる方針へと転換した。こうして旧ソ連６カ国を対象にする東方パートナーシップが開始された。東方パートナーシップは，ENP と同様に，民主化と開かれた市場経済の推進を柱としている。EU は，パートナー国に対し民主主義や人権尊重といった価値の受容を求め，その見返りとして，連合協定や包括的自由貿易協定などを締結し，相手国の民主化や経済改革を目指しているのである[◁7]。

ENP のもう一つの対象国である地中海諸国においても，個別政策が進められた。2010年末にチュニジアで始まり，その後北アフリカ・中東諸国に広まった民主化運動「アラブの春」に対応するにあたり，EU は，改革が進むほどより多くの支援を期待することができるという原則（'more for more' principle）を適用し，司法改革や透明性の向上，汚職の撲滅，表現や集会の自由などを通じた民主化と制度構築，市民社会の強化，持続可能かつ包括的な経済成長に向けた取組みを支援していくことを表明した。2011年９月に発表された「パートナーシップ，改革，包括的成長に向けた支援（春プログラム）」では，これらの改革支援に対し，2011年と2012年の２年間に合計３億5000万ユーロが割り当てられた。また，市民社会アクターの役割を強化することを目的とする「近隣諸国市民社会基金」も設立された。

（佐藤良輔）

▷5　MEDA は，バルセロナ・プロセスの下で EU から南地中海諸国に提供される財政支援のためのプログラムである。TACIS は，ソ連崩壊後に独立した独立国家共同体（CIS）諸国に対するプログラムである。

▷6　東方パートナーシップにおけるパートナー国は，アルメニア，アゼルバイジャン，ベラルーシ，ジョージア，モルドバ，ウクライナの６カ国である。

▷7　2013年11月の第３回東方パートナーシップ首脳会議では，パートナー国との間で具体的な施策に向けた合意が個別に交わされ，パートナーシップが「協議」から「実施」の段階へと移行した。とりわけ，ジョージアとモルドバとの間では連合協定（EU と第三国との間に特別な関係を築くことを目的として制定される国際条約のこと）の仮調印に至った（eumag.jp/issues/c0214/，2018年12月29日アクセス）。

参考文献

臼井陽一郎編著『EU の規範政治――グローバルヨーロッパの理想と現実』ナカニシヤ出版，2015年，第７章。

蓮見雄「欧州近隣諸国政策とは何か」『慶應法学』第２号，2005年，141-187頁。

羽場久美子編著『EU（欧州連合）を知るための63章』明石書店，2013年，第49章。

若森章孝ほか編著『EU 経済統合の地域的次元――クロスボーダー・コーペレーションの最前線』ミネルヴァ書房，2007年，第13章。

Ⅵ　内務司法・対外関係分野

開発援助

▷１　政府開発援助とは，公的機関によるものであり，途上国の経済開発や福祉の向上に寄与することを主たる目的としている。それは，グラント（贈与）とローン（有償資金）からなる。

1　植民地帝国の遺産と冷戦期の変遷

EC が開発援助を行うようになった背景には，主要加盟国が植民地をもっていたという歴史的理由が大きい◁1。もともとフランス植民地帝国には，海外領土経済社会開発投資基金（FIDES）という制度があり，植民地に対する援助がなされていたのであり，それがヨーロッパ化されたのである。それに加えて，EC 諸国の高度経済成長があった。そもそも，第二次世界大戦直後は，ヨーロッパの経済が大戦で大きく疲弊しており，ヨーロッパ諸国はアメリカによるマーシャル援助を受けることになった。それが大きく変わるのが，経済成長の転機となる1957年調印のローマ条約である。この条約締結時に，「連合協定」が結ばれ，フランス語圏アフリカを中心対象として，EEC 加盟６カ国が拠出する欧州開発基金（EDF）が設けられることになる。これを機に，６カ国は，援助の受け手からドナー（援助者）に変化したのである。この EDF は現在まで開発援助の主要構成部分として続いている（2019年現在は，第11期 EDF）。

その後，1950年代後半から60年代にかけて論争となったのは，グローバリズムとリージョナリズムのどちらが優先されるかというものであった。リージョナリズムとは，アフリカ，地中海というフランス・ベルギーと歴史的関係の深い地域を優先する立場であり，フランスやベルギーがその立場をとっていた。一方，グローバリズムとは，フランス語圏の地域だけでなく，世界に協力関係を広げようという立場であり，全植民地をヴェルサイユ条約で放棄したドイツ，その他，オランダ，イギリスなどが支持していた。

この状況が変化していくのは1970年代である。1973年には EC は，60年代に援助額で世界一であったアメリカを超え，加盟国のバイラテラルな援助を含めれば，世界最大のドナーとなった。もう一つの変化は，（第一次）ロメ協定の締結であった。1975年２月にトーゴの首都で締結されたロメ協定においては，リージョナリズムとグローバリズムがある程度収斂することになる。アフリカ諸国の既得権益をおびやかさない形で，イギリスの旧植民地であるカリブ海・太平洋諸国（頭文字をとって ACP 諸国と呼ばれる）に，援助の対象が拡大していったのである。

しかし，EC がなす援助は，二者間援助の補完的な位置づけであり続けたことも注意すべきである。さらには，EC の途上国関係において，ACP が最も高い優先順位を与えられたことも重要である。世界では，アジア，南米などに途上国が多く存在したが，フランスやイギリスなど旧宗主国と旧植民地の関係がECにとって重視されたのである。

2 冷戦後の状況と課題

冷戦が終結すると，開発援助をめぐる状況も変化を余儀なくされた。第一に，援助先の変化である。ACPから，ソ連の影響下にあった中東欧諸国に援助が配分されるようになった。中東欧との関係が密接であったドイツの影響力によるものである。対アジア諸国への援助は，EUがグローバルアクターとしての役割を担う試みとして理解できる。一方で，援助額は減少し，途上国の状態が良くならないことによる援助疲れがその一因であった。第二に，80年代に登場した**新自由主義**◁2の浸透があった。途上国にも自立が求められたのであった。第三に，内戦の紛争における位置づけの高まりが，テロの脅威と重なって，安全保障問題と開発のリンケージを促すことになった。少し後になるが，2003年に採択された「欧州安全保障戦略（European Security Strategy）」では，安全保障が開発の条件であると明記されるに至った。

そのような中，一度減少したEUによる開発援助の金額は増大傾向となる。その背景には，国連のミレニアム開発目標（MDGs）があり，EUの援助額を年額にして500億ドル増額する構想がたちあげられ，アメリカもそれに続いたのである。2013年現在，援助は，今でもアフリカ（38%）に最も重点的に行われ，アジア（19%），ヨーロッパ（18%）が続いている。さらに，その使途は，多い方から順に，社会インフラ，人道援助，マルチセクター，経済インフラ，などとなっている。

このように援助は増大傾向となったが，1970年代以来国際的目標となったGNP比0.7%基準という壁はいまだに踏破できていない。2017年現在，EU平均で0.50%であり，この基準をクリアしているのは，スウェーデン，デンマーク，ルクセンブルク，イギリスのみである。

3 持続可能な開発目標の中での開発援助

今後，EUの開発援助がどのような方向に向かっていくかは，複数の要因次第である。中でも，持続可能な開発（発展）目標（SDGs）の履行過程が重要である。国連のMDGsを継承する形で，2016年から2030年までの目標としてSDGsは採択された◁3。しかしながら，その課題は，17の目標は多すぎ，これらをすべて一つに統合するのは現実的ではないとの指摘がある。解決策は，より明確な重点的目標を設定することである。　（黒田友哉）

▷2　**新自由主義**
政府介入を抑制し，可能な限り市場の流れに任せようとする経済社会思想。英米での使われ方では，民営化，規制緩和などがその具体的な政策であり，当時の米大統領レーガンとともに英首相サッチャーがその旗振り役となった。

▷3　⇨Ⅸ－1「国連」

参考文献

前田啓一『EUの開発援助政策――ロメ協定の研究：パートナーシップからコンディショナリティーへ』御茶の水書房，2000年。

Ⅵ　内務司法・対外関係分野

宇　宙

軍民両用（デュアルユース）技術のジレンマ

1957年のソ連によるスプートニク打ち上げにより，米ソ宇宙競争が始まり，新しい技術分野である宇宙において米ソは飛躍的な技術革新を遂げていった。置き去りにされた欧州各国は一国単位で宇宙開発をするには資金的にも技術的にも難しく，欧州協力が不可欠であった。しかし，宇宙技術はミサイルや偵察などの安全保障にも関わる技術であり，超国家機関によって管理されることを望まない分野でもあった。

そのため，宇宙科学分野で，科学者が主導した ESRO（欧州宇宙研究機関）が1962年に設立され，宇宙探査などを行う衛星の開発が始まり，その衛星を打ち上げるロケットを開発するため1964年に ELDO（欧州ロケット開発機関）が設立された。これらは一時期ユーラトム（Euratom：欧州原子力共同体）と同じ形式にするという案もあったが，各国の科学者やロケット開発を行う軍が超国家的な管理を嫌い，EEC の外に置く政府間協力の枠組みとして設立された。

1960年代後半に仏独の二国間協力で開発された通信衛星を打ち上げる際，ELDO のロケットが未完成（ELDOは一度も打ち上げを成功できなかった[1]）だったため，アメリカに打ち上げを依頼したが，宇宙技術の独占を目指すアメリカはそれを拒否した。この時から欧州各国，特にフランスは他国に依存しない宇宙開発を目指すようになった。

▷1　ELDO のロケットは1段目を英，2段目を仏，3段目を独が開発し組み立てたため，技術調整が上手くいかず失敗が続いた。その教訓から ESA で仏が中心となってアリアンロケットを開発し成功した。

ELDO のロケットが失敗を続けたため，フランスは独自のロケット開発を始めたが，独力では達成できず，ELDO を解散し，ESA（欧州宇宙機関）を1975年に設立した。ここではプロジェクトを主導する国が予算の多くを負担し，そのプロジェクトを通じて技術開発しようとする国々が部分的に参加するという「選択的参加」制度が取られ，各国が拠出した予算の分だけ契約を獲得するという「地理的均衡配分（juste retour）」原則[2]が取られた。これにより，一国の技術開発と欧州協力を同時に実現し，ジレンマを乗り越えた。

▷2　たとえばアリアンロケットは仏が60%，独が20%，その他の国が数%ずつ支出し，ロケット開発の契約を仏企業が60%，独が20%…受注する。自国に高い技術を要する契約が来るため，各国が出資するインセンティブとなった。

2　冷戦後の産業再編と欧州共通外交・安保政策の展開

しかし，冷戦終結とともにアメリカの巨大航空宇宙防衛産業が再編され，欧州の産業がより厳しい国際競争に晒されることとなった。欧州は防衛安全保障にかかわる航空宇宙産業で，「ナショナル・チャンピオン」を育成してきたが，企業が各国単位で分割されている限り国際競争に勝てないとして国境を越えた産業再編を進め，EADS（エアバスの親会社）などの巨大産業を生み出した。

同時に冷戦終結とドイツ再統一が欧州統合を深化させ，欧州共通外交・安全保障政策（CFSP）が始まった。これにより安全保障に関わる宇宙に関してもEU が関与することが可能となった。そこで EU が主導して始めたのが欧州版GPS と呼ばれる「ガリレオ測位衛星計画[◁3]」と，「グローバル環境と安全保障監視（GMES）計画（コペルニクス計画）」である。ガリレオ計画はアメリカが独占する位置情報システムとは異なるシステムを作ることで，欧州の自律性を高め，外交安全保障の手段とすることを目的とし，コペルニクス計画は欧州が環境問題や平和維持活動でグローバルな役割を果たすために EU の外交安保政策を支援するものとして進められている。

▷3 アメリカの GPS はもともと軍事衛星であり，民間にも無料で信号を開放しているが，有事の際はその信号を劣化／停止させる可能性もある。そのため米を信頼しない中露だけでなく，EU も独自の測位衛星をもつこととなった。

3 EU と ESA の関係

ガリレオ，コペルニクス両計画によって宇宙政策に政策領域を広げた EU であるが，EU には独自の技術的なセンターや宇宙開発の能力があるわけではない。そのため，1990年代の終わりから ESA との協力を進め，2004年には枠組み協定を結んでいる。

EU は主に政策的な側面を担当し，EU の諸活動に必要な宇宙技術やサービスを洗い出し，衛星データを使った事業を官民協力で進め，欧州の宇宙産業を振興し，欧州対外行動庁（EEAS）が欧州を代表して国際的なルール作りに関与する。ESA は技術開発機関として EU が進める事業をハードウェアの面から支え，技術的な支援を行う。

しかし，問題となるのは ESA も EU も加盟国からの分担金で運営されており，EU のプロジェクトが大きくなれば，ESA の予算が削られるという懸念があることである。ESA はこれまで「地理的均衡配分」に基づき，各国の政治的判断で予算を得てきたのに対し，EU は独自財源をもち，EU 全体の政治的判断に基づいて支出される[◁4]。また，ESA はこれまで宇宙開発を主導し，宇宙科学や技術開発を優先するのに対し，EU は衛星データ利用の商業化などを優先するため，両者の政策目標が共有されにくいことなども問題となっている。

▷4 EU の財源は関税収入や VAT（付加価値税）の一部，共通農業政策の課徴金などの独自財源はあるが，それは一部であり，多くは加盟国の GDP 比に応じた拠出金で成り立っている。

しかし，2016年の ESA/EU による共同声明において，欧州宇宙産業の振興を共同で推進するなど，関係の強化が進められている。ガリレオ計画やコペルニクス計画に続く提案が出てこないなど，EU の宇宙政策は近年停滞気味だが，EU が ESA の宇宙科学プロジェクトに資金提供するなど，両者の関係の密度は濃くなっており，EU のイノベーション政策の一翼を担っている。宇宙飛行士の育成や月探査などの世間の目を引く活動は ESA が担っているが，EU の旗を宇宙服にあしらうなど，宇宙開発が欧州統合のシンボルとしても機能している。

（鈴木一人）

参考文献

鈴木一人『宇宙開発と国際政治』岩波書店，2011年，第２章。

渡辺勝巳『完全図解・宇宙手帳――世界の宇宙開発活動「全記録」』講談社ブルーバックス，2012年。

道下徳成『「技術」が変える戦争と平和』芙蓉書房出版，2018年。

加盟国・加盟候補国・周辺国とEU政治

Ⅶ　加盟国・加盟候補国とEU政治

1 フランス

1 仏独の連携と欧州統合の推進力

第二次世界大戦で大きな打撃を受けたフランスにとって，隣国ドイツの脅威が再び強大化することを食い止めることは，戦後の最優先課題であった。外相シューマンが提案した欧州石炭鉄鋼共同体（ECSC）の設立（「シューマン・プラン」◁1）は，最重要資源の共同管理を通じてドイツの行動に制約を課し，ヨーロッパの平和の維持と経済発展を両立させることを目指すものだった。ECSCが1952年に発足し，さらにローマ条約によって1958年に欧州経済共同体（EEC）と欧州原子力共同体（ユートラム：Euratom）が発足し，三つの共同体が欧州共同体（EC）を形成し，欧州統合は発展していく。この過程でフランスは次第に西ドイツとの連携を深めていく。1963年に結ばれた仏独友好条約（エリゼ条約）により，仏独のパートナーシップは大きく前進し，相互補完的な関係を構築しながら，両国は欧州統合のモーターとして主導権を握っていった。

▷1　**シューマン・プラン**
⇨[Ⅰ-3]「ECの発足と共通政策の開始」

エリゼ条約の際の**ド・ゴール**◁2仏大統領は，アデナウアー西独首相との個人的パイプを太いものとし，その後もジスカールデスタン大統領とシュミット首相，ミッテラン大統領とコール首相というように，仏独の首脳同士の太いパイプが形成されて強いリーダーシップを発揮することで，ヨーロッパ統合推進の大きな動力源となってきた。

▷2　**ド・ゴール**（Charles de Gaulle：1890-1970）
フランス共和国大統領（任期1959年1月～1969年4月）。現行の第5共和制初代大統領で，第二次世界大戦では対独レジスタンスと共闘し，大統領就任後は西ドイツとの友好を模索し，アメリカ主導のNATO（北大西洋条約機構）には厳しい姿勢を取った。

1958年制定の第5共和制憲法によって大統領に大きな権限が集まり，保守のド・ゴール大統領の下で，ECのもつ自由貿易イデオロギーがフランス経済近代化の術とされ，グローバル政治においてはアメリカから自立したECとしての政治・外交アイデンティティの構築が目指された。EC（EU）がフランスの利益になるという理念は，今日まで続くコンセンサスになった。1981年に社会党のミッテランが大統領となり，ヨーロッパの対外的自立，ドイツの潜在的脅威を解消するための欧州統合の深化，ヨーロッパの社会的側面（弱者の救済など）の深化という方向への発展が促される。そしてコール西独首相との連携の下で，欧州単一市場を形成し，外交・安全保障政策，司法・内務協力を加え，ECから欧州連合（EU）への発展が果たされた。

2 EUと地中海

フランスは，北アフリカからアフリカ大陸全般に広く植民地を有していた。

第二次世界大戦後に独立していった後も，アフリカはフランスにとって重要な勢力圏である。地中海地域はそのゲートウェイであり，地中海を挟んだ北アフリカ諸国との関係強化，そして地中海地域の政治的・経済的安定は，フランスにとって外交の足場としてEUとともに大きな意味をもっている。1995年にEUが取組みを始めた欧州・地中海パートナーシップ（**バルセロナ・プロセス**[3]）は，こうしたフランスの利益を大きく反映したものであった。また，2008年にサルコジ大統領の主導で発足した地中海連合は，東西ドイツ統一（1990年）と東欧へのEU拡大（2004年）を経て[4]，ドイツがEU内での主導権を握るようになったことへの，フランスからの巻き返しという側面もある。

地中海地域はその後，ギリシャに端を発するユーロ危機，アラブの春を契機とする難民問題の深刻化，イスラーム国によるテロリズムのEUへの波及という様々な危機の発生源となっており，地域の安定化と欧州・地中海関係の発展は，自らの勢力圏と認識するフランスにとって死活的な重要性を帯びてきている。

▷3 **バルセロナ・プロセス**
⇨Ⅸ-10「地中海」

▷4 ⇨Ⅰ-7「EU拡大の歴史」

3 主権の強化とヨーロッパ危機の克服

EU統合は国家主権のEUへの委譲を伴うため，国家主権保持の立場からは否定的なものとなりうる。しかしド・ゴール以来の対外政策の基調である対米自立外交を推進して国際社会でのプレゼンスを高めるという観点からは，EUの強化は不可欠である。国家主権のEUへの委譲は，実はグローバル政治での自国のパワー増大につながるもので，EUはフランスの主権を強化する場として機能するとの認識がある。

アラブの春以降の地中海の難民問題はEUおよび加盟国の大きな負担となっており，EUとして2015年に発表した難民審査の加盟国ごとの割当制など，共通の対策を講じてきている。しかしこの制度は多くの東欧諸国で受け入れられず，むしろ移民・難民の受入れを拒否するポピュリズム勢力の台頭を招いている。フランスでもルペン率いる**国民連合**[5]の勢力拡張が顕著で，国内で受けのよい政策をとるならば難民受入れに厳しい政策が選ばれることになるが，それはEUとしての政策調和を破綻させ，EU統合の根幹を揺るがしかねない。ドイツとともにEU統合のリーダーシップを取る立場にあるフランスとしては，対外政策と国内政策のジレンマに立たされている。

2009年以降のユーロ危機の際にも，ギリシャをはじめとする南欧諸国の財政赤字の深刻さから，他のユーロ導入国への影響を回避するためにこうした国々に厳しい財政改革を求める議論が高まったが，フランスは最終的には厳格な財政再建の立場と，南欧諸国の成長支援を促す立場を取りもつバランサーの役割を演じ，EUの一体感と信頼性の保持に努めた。フランス歴代政権は，経済政策や移民難民政策などにおいて国内での不満のガス抜きを行いながら，主権強化に不可欠だと認識するEUの枠組みを守り発展させる役割を担ってきている。（坂井一成）

▷5 **国民連合**
フランスの極右政党で，支持拡大を経て政権入りすることを視野に，従来の移民排斥を掲げる過激な路線から穏健化する中，2018年6月にマリーヌ・ルペン党首の下で国民戦線から党名変更したもの。

参考文献

クリスティアン・ルケンヌ（中村雅治訳）『EU拡大とフランス政治』芦書房，2012年。

坂井一成「EU統合下における地域と国家主権の位相」濵本正太郎・興津征雄編『ヨーロッパという秩序』勁草書房，2013年。

坂井一成「フランス外交とヨーロッパ統合」坂井一成編『ヨーロッパ統合の国際関係論（第2版）』芦書房，2007年。

渡邊啓貴『フランス現代史——英雄の時代から保革共存へ』中央公論社，1998年。

Ⅶ　加盟国・加盟候補国と EU 政治

2 ドイツ

1 戦後ヨーロッパ秩序と分断国家ドイツ

ドイツは EU の中でひときわ人口も経済規模も大きな国である。そのため今日ドイツは EU の行方に大きな影響力をもつ。歴史を振り返ってみても，ドイツの経済的繁栄と政治的安定はヨーロッパ統合と不可分な関係にある。

第二次世界大戦後ドイツは分割占領された。東西対立が激しくなった冷戦初期の1949年に，米・英・仏の西側戦勝国に占領された地域にドイツ連邦共和国（西ドイツ）が成立し，ソ連に占領された地域にドイツ民主共和国（東ドイツ）が成立した。建国後も外交権は戦勝国によって管理されていたため，西ドイツはアデナウアー首相のリーダーシップの下で主権を回復し，国際社会に対等な一員として復帰することを目指した。[1] 欧州石炭鉄鋼共同体（ECSC）という超国家的性格をもつ機関の設立による経済統合の始まりは，西ドイツがフランスとの和解を進めると同時に，国際社会に復帰する重要なステップとなった。その後の欧州経済共同体（EEC）の設立による包括的な欧州統合の展開と，アメリカを中心とする北大西洋条約機構（NATO）という安全保障体制への参加によって，西ドイツは戦後欧州秩序に復帰した。

こうして欧州統合と大西洋同盟がドイツ外交の二つの軸となった。同盟により安全保障を確保し，自由貿易体制と欧州市場により輸出依存率の高い西ドイツは経済的な繁栄を享受した。その結果ドイツの主要政党の間には欧州統合を進めることに対して極めて安定したコンセンサスが成立した。

2 ドイツ統一と EU

1980年代中頃から1992年末を期限として経済統合を再活性化させる域内市場統合計画が進展していたが，その途上の1989年11月9日にベルリンの壁が崩壊し，[2] 1990年10月3日にはドイツ統一が実現した。[3] この新秩序に対応すべく欧州連合（EU）が設立され，経済通貨同盟の実現による経済統合の深化と，外交・安全保障政策や司法・内務協力政策も含めた包括的な制度の強化が図られた。

欧州統合の強化に賛成してきたドイツでも，共通通貨の導入が政治日程に上り，経済繁栄の象徴であった通貨ドイツマルクが共通通貨に取って代わられることが明らかになると，通貨の安定が欧州レベルで実現できるのかなどの議論がなされ，欧州統合による主権の侵食がドイツの憲法秩序に反するのではない

▷1　板橋拓己『アデナウアー――現代ドイツを創った政治家』中公新書，2014年。

▷2 「ベルリンの壁」は1961年8月から建設され，東ドイツ市民が西側に逃亡するのを防いだ。「ベルリンの壁崩壊」とは東ドイツ市民の西側への自由な出国が可能になったことを象徴する表現である。

▷3　ドイツ統一には第二次世界大戦の戦勝国の承認が必要であったため，国際的な合意形成の側面と東ドイツを西ドイツの政治経済制度に組み込んでいくドイツ内手続きの側面がある。社会主義の東ドイツは消滅し，そこに成立した五つの州が西ドイツに編入されるという当時の基本法（憲法）第23条による手続きがとられた。このためドイツと EU との関係なども変化しなかった。

かという主張もしばしばみられるようになった。連邦憲法裁判所は1992年判決においてEUが憲法秩序となお整合している旨の判断を示したが，類似の訴訟は今日までしばしば起こされており，冷戦期に安定的な統合推進コンセンサスが存在していた状況とは変化している。政府は議会や国民に対して，常に丁寧な説明を行い，理解を得る努力をしなければならなくなった。

3 変容するドイツ政治と欧州秩序

2013年に設立された政党「ドイツのための選択肢（AfD）」は，反ユーロを旗印とした政党であった。それまでの主要政党が共通了解としていたEUの政策展開と制度の発展に対して異議申立てを行い，ドイツと同様に安定した通貨の運営ができる国とのみ共通通貨の運営を行うべきであると主張し，債務危機においてドイツの資金で危機に陥った国を救済することを否定した。[◁4] AfDはその後内紛もあり，特に2015年後半以降はナショナリスティックな主張をする反移民・難民政党としての色彩を強めた。

2015年の**難民危機**[◁5]はEUの難民政策と国境検査のない自由移動の体制に大きな衝撃を与えた。メルケル首相は難民危機を人道危機と捉え寛容な入国政策をとったが，110万人に及ぶ難民の流入を受け，AfDを中心として強い批判にさらされた。2017年秋の連邦議会選挙ではAfDが初めて議席を獲得した。紆余曲折の後，大連立政権として第四次メルケル政権[◁6]が発足したが，難民政策などで政権内の対立もあり，ドイツ経済を支える重要な二つの州議会選挙で政権与党は大幅に得票率を減らした。これを受けてメルケル首相はキリスト教民主同盟（CDU）党首を退任した。首相職は任期末（2021年秋）まで務めることを表明したが，2005年以来続いたメルケル首相の時代には終わりがみえてきた。

CDUと並んで戦後欧州統合コンセンサスを支えてきた社会民主党（SPD）は，シュレーダー首相時代の労働市場改革によってドイツ経済の再活性化の基盤を整えたが，そのことが労働組合の離反を加速化させ，多くの離党者が「左派党」のメンバーとなったことから，退潮傾向が続いた。左派党やAfDの登場，リベラルな社会政策と環境政策により支持を伸ばす緑の党の存在は，州レベルの連立政権の複雑化を招き，国レベルの連邦議会においても安定した連立政権づくりをより困難なものとしている。

EUをとりまく環境が大きく変化し，イギリスのEU離脱問題などで混乱が続く中で，強い経済を有し相対的に政治が安定しているドイツの重要性は今後も増してゆくであろう。しかし，国内政治が複雑化し，ドイツがEUレベルで強いリーダーシップをとることも容易ではない。国内を納得させながらEUにおける連帯の側面に配慮し，フランスをはじめとするEU諸国との緊密な連携にドイツの指導者が成功するか否か，欧州懐疑主義勢力の拡大を止めることができるかがドイツとEUの行方を左右することになろう。　（森井裕一）

▷4　三好範英『メルケルと右傾化するドイツ』光文社，2018年。

▷5　**難民危機**
⇨ Ⅵ-5「移民・難民問題」

▷6　2018年2月に合意された第四次メルケル大連立政権の連立合意文書では，第1章を「ヨーロッパの新たな出発」として象徴的にEUとの関わりを演出している。平和プロジェクトとしてのEUの重要性を強調し，ドイツがEUの民主的な運営や経済的競争力の強化に尽力することを規定しているが，大きな成果をあげるには至っていない。

参考文献

平島健司『ドイツの政治』東京大学出版会，2017年。
森井裕一「ドイツ」森井裕一編『ヨーロッパの政治経済・入門』有斐閣，2012年，第2章。
森井裕一編『ドイツの歴史を知るための50章』明石書店，2016年，第Ⅳ・Ⅴ部。

Ⅶ　加盟国・加盟候補国と EU 政治

3 イギリス

1 「三つの輪」ドクトリンと EEC 加盟

第二次大戦後しばらくの間，イギリスは欧州統合の動きに対して，その外部に位置していた。1951年に設立された欧州石炭鉄鋼共同体（ECSC），1958年発足の欧州経済共同体（EEC）には，参加によるメリットよりも，国家主権の一部移譲というデメリットの方が大きいと判断し，イギリスは参加しなかった。

第二次大戦後，イギリス外交政策の基礎に置かれたのが，チャーチルが定式化した「三つの輪」ドクトリンである。すなわち，英連邦，アメリカとの大西洋同盟，ヨーロッパという三つの輪の結び目にイギリスが位置することによって，世界的強国としての地位と役割を確保できるとされた。三つの輪は，イギリスにとって等しく重要であったわけではない。冷戦の深刻化に伴い，大西洋同盟の強化が重視され，英連邦はイギリスにとって重要な輸出市場となっていた。これに対してヨーロッパとの関係は，重要性が低いものとみなされていた。

しかし1960年代に入り，イギリスの主要な貿易相手先が英連邦からヨーロッパに移行すると，イギリスは EEC への加盟を求めるようになった。アメリカが強く支持する EEC に加盟し，その中で主導的役割を担うことで，英米間の「特別な関係」を維持・強化したいという思惑も働いていた。だが，1961年，1967年の二度にわたる加盟申請は，ド・ゴール大統領による加盟拒否によって，いずれも挫折に終わった[1]。ド・ゴール退陣後の1973年に，イギリスはようやく欧州共同体（EC）加盟を果たした。1975年，EC 残留の是非を問う国民投票の結果，賛成67.2%，反対32.8%という圧倒的大差で EC 残留が承認された。

2 欧州懐疑主義の台頭

労働党は EC を「資本家のクラブ」と捉え，欧州統合に批判的な立場をとっていたが，1988年，党の支持母体である労働組合会議（TUC）の年次大会で，ドロール欧州委員会委員長が欧州統合の社会的側面を強調したことを受けて，積極的支持へと転換する。他方，もともと親欧州的な政党であった保守党は，欧州懐疑的な政党へと変容していく。その契機となったのが，サッチャー首相の「ブルージュ演説[2]」である。この演説の中でサッチャーは，主権国家間の自発的協力こそ欧州統合の最善の道であるとし，EC をヨーロッパレベルでの中央集権的な超国家への動きと捉えて激しく批判した。

▷1　欧州そしてフランスの力の拡大と対米自立を目指すド・ゴールにとって，アメリカと密接な関係をもつイギリスの EEC 加盟は，受け入れがたいものであった。

▷2　**ブルージュ演説**
1988年に，ベルギーの古都ブルージュにある欧州大学院大学でサッチャーが行った演説。サッチャーは元来，EC の市場統合を支持していた。それはサッチャーが掲げる市場自由化のイデオロギーと合致していたからである。しかし，市場統合から通貨統合，さらに政治統合へと統合を深化させる動きに対しては，サッチャーは強い反対をあらわにした。

▷3　イギリスは「議会主権（parliamentary sovereignty）」を政治体制の根本原則としている。議会の決定は，他のいかなる機関も覆したり，拒否したりすることができないとされる。しかし現実には，EU 加盟によって，議会主権の原則は制限を受けている。

▷4　**イギリス独立党（UKIP）**
イギリスの EU からの離脱を掲げる単一争点型政党で，1993年に設立された。2014年の欧州議会選挙では，イギリス国内で第一党に躍進するものの，国民投票と EU 離脱という目標が達成されたことで，その後急速に支持を失い，2017年総選挙では１議席も獲得できなかった。

1990年代以降，サッチャー首相の欧州懐疑的な姿勢に同調する勢力が，保守党内で勢いを増していく。マーストリヒト条約批准をめぐる下院の審議過程で，メイジャー保守党政権はたびたび党内欧州懐疑派議員による造反に直面した。

2000年代に入り，欧州懐疑派議員が大半を占める中，欧州統合問題をめぐる保守党内の対立は，親欧州派 vs. 欧州懐疑派から，穏健な欧州懐疑派 vs. 強硬な欧州懐疑派へとシフトしていく。前者はEUへの加盟自体は否定しないが，統合のさらなる推進に反対の立場をとる。これに対して後者は欧州統合そのものに原理的に反対であり，EUからのイギリスの離脱を掲げる。国際比較の点からいえば，主流派政党は親欧州派であり，欧州懐疑主義を掲げる政党は，周辺政党であることが多い。欧州懐疑派議員を多く抱える政党が，保守党という主流派政党である点に，イギリスの特異性をみることができよう。

3 国民投票とEU離脱

欧州懐疑派が欧州統合に反対する最大の理由は，国家主権の喪失であり[◁3]，そこに移民問題が加わった。2004年のEUの東方拡大に際し，当時のブレア労働党政権は移民労働者の流入規制を実施しなかった。その結果，ポーランドを筆頭に東欧のEU新規加盟国から，イギリスへの移民が急増した。EU問題は，本来，一般の有権者にとって身近な争点ではない。しかし**イギリス独立党**[◁4]は，EU問題に移民問題をリンクさせることで急速に支持を拡大した。

党内対立を先鋭化させる争点であることから，2005年総選挙後，キャメロン党首を中心とする保守党指導部は，EU問題の争点化を回避しようとした。しかし，保守党指導部のこうした対応は，保守党の外側において，反EUを争点に掲げるUKIPの台頭を促し，そのことが保守党内の強硬な欧州懐疑派の不満を一層強めることになった。キャメロン首相はEU残留・離脱をめぐる国民投票を実施し，民意を梃子に党内対立の沈静化を一挙に図ろうとした。

2016年6月の国民投票では，離脱51.9%，残留48.1%と，大方の予想に反して離脱派が僅差で勝利した。若い世代ほど残留を，中高年層ほど離脱を支持する傾向にあり，大卒以上では7割強が残留を，中卒者では7割近くが離脱を支持した。社会階層では，専門・管理職が残留支持，熟練・未熟練労働者が離脱支持と分かれた。年齢，学歴，社会階層に沿ったイギリス社会の分断状況が，EU残留・離脱をめぐる国民投票という回路を通じて，あらわになった[◁5]。

2014年の住民投票においてイギリスからの独立が否決されたスコットランドでは，残留62%，離脱38%と，EU残留票がかなりの多数を占めた。世論調査によると，スコットランドの独立を問う二度目の住民投票がすぐに実施される可能性は低い[◁6]。しかし，EUとの合意なき離脱が現実となった場合，スコットランドにおいて分離独立に向けた動きが再燃する可能性は否定できない。

（阪野智一）

▷5 離脱のプロセスについては，Ⅵ-7「離脱」を参照。

▷6 スコットランドのスタージョン自治政府首相は，2019年4月24日，スコットランド独立の是非を問う二度目の住民投票を2021年までに実施するとの方針を表明した。しかし世論調査によると，EU国民投票の直後には独立賛成が反対を上回ったものの，その後は再び賛否が逆転し，ほぼ一貫して独立反対が優勢な状況にある。注目されるのは，EUへの態度とスコットランド独立への賛否が強く関連し合っていることであろう。親欧州的なスコットランド有権者では，独立への支持が増加しているのに対して，EUの権限縮小を求める欧州懐疑的なスコットランド有権者では，それまで増加傾向にあった独立への支持が，2016年のEU国民投票以後，一転して低下傾向にある。EU国民投票の実施とその結果としてのBrexitが，スコットランドの分離独立をめぐって，スコットランド有権者内に新たな分断を生み出しているといえよう（Curtice, J. and I. Montagu, "Scotland", *British Social Attitudes* 35, 2018)。

参考文献

細谷雄一『迷走するイギリス』慶應義塾大学出版会，2016年。
細谷雄一編『イギリスとヨーロッパ』勁草書房，2009年。
力久昌幸『イギリスの選択』木鐸社，1996年。

Ⅶ　加盟国・加盟候補国とEU政治

4 イタリア

▷1　**スピネッリ**（Altiero Spinelli：1907-86）
ローマ生まれ。共産党員として活動中の1927年にファシスト官憲に逮捕され収監，ヴェントテーネ島の政治犯収容所に送られる。同地でE. ロッシ，E. コロルニと共同で「ヴェントテーネ宣言」を起草。戦後は欧州連邦主義運動で活躍。1970～76年，EC委員（産業・企業担当）。1976～83年，イタリア下院議員（独立左派）。1979～86年，欧州議会議員。

▷2　**デ=ガスペリ**（Alcide De Gasperi：1881-1954）
旧オーストリア領ピエーヴェ・テシーノ生まれ。イタリア人少数派のオーストリア帝国議会議員を経てトレンティーノ地方のイタリア編入後に下院議員，人民党書記長となるも，ファシスト政権に逮捕され収監，釈放後は地下に潜伏。1942年，キリスト教民主党を結党，1944年，同書記長就任。1945～53年，首相（1951～53年外相兼任）。1954年，欧州共同総会議長。

▷3　**マルティーノ**（Gaetano Martino：1900-67）
メッシーナ生まれ。メッシーナ大学生理学教授から政界入り。自由党下院議員，文相を経て外相（1954～57年）。1962～64年，欧州議会議長。

1　欧州連邦主義推進の伝統と現実

イタリアは，欧州石炭鉄鋼共同体（ECSC）条約（1951年），欧州経済共同体（EEC）設立条約（ローマ条約，1957年）の原加盟国である。しかし，炭田も少なく，鉄鋼の生産力は不十分で，工業製品の輸出競争力も強くなく，その人口と経済規模に比べ，欧州統合の推進役としての実力を欠いていた。

戦後のイタリアに，欧州統合への期待があったことは事実である。第二次世界大戦中に反ファシスト政治犯収容所で**スピネッリ**[▷1]らによって書かれた歴史的文書「ヴェントテーネ宣言」のように，欧州連邦主義運動は盛んであったし，戦後復興期に長く首相を務め，イタリアをNATO（北大西洋条約機構）加盟により西側陣営に位置づけた**デ=ガスペリ**[▷2]（キリスト教民主党：DC）は，失敗に終わった欧州防衛共同体（EDC）条約の交渉時に，「欧州政治共同体」の設立を提案している。

しかし，EDCの頓挫後に欧州統合を「再浮上」させたメッシーナ会議（1955年）を**マルティーノ**[▷3]外相（自由党）が主催したのは，シチリア州議会選挙を控えた自らの地盤固めでもあったし，ローマをEEC条約の調印地にできたのも，ブリュッセルに本部を誘致したベルギーの巧みな外交に乗ったものである。

その後，イタリア経済は成長の軌道に乗り，自動車のフィアットなどの優良企業は輸出市場を確保し，イタリア王国統一（1861年）以来の歴史的課題である遅れた南部の開発や，労働移民の域内移動など，国内問題の欧州における解決のために，欧州共同体（EC）による支援が望まれた。

2　欧州統合の推進役かつブレーキ

DCなどイタリアの主要政党は少なくとも，連邦主義的な欧州統合推進の伝統を守ろうとした。長く首相，外相を務めたアンドレオッティ（DC）は南欧諸国のEC加盟交渉で活躍したし，社会党を伸長させたクラクシは，「市民のヨーロッパ」を推進した。NATO容認などカトリック勢力との「歴史的妥協」を訴え，1970年代に共産党を史上最高の得票率に導いたベルリングェルは，スピネッリらの欧州連合設立条約草案の欧州議会での採択（1984年）を支援した。

しかし，現実のイタリアは，日本と同様の「ロッキード事件」などの汚職やスキャンダルにまみれ，石油危機後の1979年には，できたばかりの欧州通貨制度（EMS）からイタリア・リラの離脱を余儀なくされた。

1992年には，ミラノで発覚した「タンジェントポリ」汚職事件の捜査が政界全体を揺るがす中で，財政危機から再びイタリア・リラのEMSからの離脱を余儀なくされ，1993年にはイタリア銀行総裁だったチャンピを首相とする実務家内閣が成立し，危機の収拾に当たった。1994年の選挙では，DC，社会党，共産党など既存の主要政党のすべてが改廃・再編され，新たに財界から政界に進出した**ベルルスコーニ**[4]の新党「フォルツァ・イタリア」を中心とする中道・右派連合と，共産党を再編・解消した左翼民主党を中心とする中道・左派連合がその後，政権交代を繰り返すことになる。

ベルルスコーニ自身は欧州統合を否定しなかったものの，中道・右派連合には北部同盟など欧州懐疑派を抱え，財政規律は成長策や減税を理由に緩みがちであった。一方，旧DC左派の**プローディ**[5]を首班に担ぎ，1996年に「オリーヴの木」連立政権を成立させた中道・左派は，チャンピを国庫・予算相とし，緊急財政措置で財政赤字を減らし，ユーロ導入に成功した。この成功もあって，1999年にチャンピは大統領，プローディは欧州委員会委員長になった。

▷4 **ベルルスコーニ**
(Silvio Berlusconi：1936-)
ミラノ生まれ。不動産開発から民放テレビを買収，メディア王となり，政界に進出。中道右派政党「フォルツァ・イタリア」を創立し，1994～95年，2001～06年，2008～11年に首相。

▷5 **プローディ**（Romano Prodi：1939-)
エミリア＝ロマーニャ州生まれ。ボローニャ大学教授（産業政策），商工相を経て，1982～89年，1993～94年，産業復興公社（IRI）総裁。1996～98年，2006～08年，首相。1999～2004年，欧州委員会委員長。2007年，民主党（PD）を創立。

3 ユーロ危機後の展開

21世紀に入っても，中道・右派と中道・左派の間での政権交代は続いていたが，ベルルスコーニが率いる中道・右派が比較的長く政権を担当したのに対し，2007年に設立された民主党を中心とする中道・左派政権は，短命になりがちだった。低成長とGDP比130%を超える政府債務が危惧されたユーロ危機に際しては，ドイツや国際金融界の圧力の下でベルルスコーニが退陣し，元EU委員のモンティを首相とする実務家政権が危機を収拾した。

しかし，緊縮政策への反発が広がる中で，新たに結成された左派的なポピュリスト政党「五つ星運動（M5S）」が伸長し，上院が左右両派とM5Sの三すくみとなった2013年の総選挙後には，民主党とフォルツァ・イタリアを中心に初の左右連立政権が組まれた。1年後にレッタと首相を交代したレンツィ（民主党）が2014年の欧州議会選挙で大勝し，労働法改正などの改革を進めたが，統治機構改革を目指した憲法改正国民投票（2016年）で敗退した。

2018年総選挙では，南部で圧勝したM5Sが第一党，中部にも支持を広げた同盟（北部同盟を改称）が第二党となり，左右ポピュリスト政権が成立した。貧困層を助ける市民所得給付支給（M5S）とフラット・タックスによる減税（同盟）を連立協定に掲げる両党は，EUに財政赤字の拡大を求め，EUはこれに対し，制裁手続きの準備に入ったが，結局，イタリア側が財政赤字を当初案から削減し，デモに揺れたフランスの方針転換による財政赤字拡大にも便乗する形で，両者の妥協が成立した。EUの域外国境に面するイタリアには，地中海からの移民流入による負担が集中することへの反発もあり，同盟のサルヴィーニ内相により，移民救助船の寄港禁止など規制強化が決定された。（八十田博人）

参考文献

伊藤武『イタリア現代史』中公新書，2016年。

村上信一郎『ベルルスコーニの時代』岩波新書，2018年。

Ⅶ　加盟国・加盟候補国と EU 政治

5 スペイン

1 欧州への復帰が悲願

19世紀末から，欧州の発展より疎外されてきたスペインでは，左派・右派共々大部分の国民にとって，まず欧州に「戻る」ことが目標であった。第二次世界大戦中に独伊のファシスト側についていたことを非難され，戦後，フランコ独裁政権は NATO（北大西洋条約機構）にも加盟できず，1960年代には EC 加盟を申請するも，非民主的なスペインの加盟はかなわなかった。

そのためスペインはフランコの死後，1978年には憲法を制定して法による統治を約し，欧州が課した「人権尊重」の要件を民主化によって達成した。中道左派の社会労働党（PSOE）でさえ，1982年政権の座に就くと支持母体の労働組合からの反発にもかかわらず，共通市場・通貨の条件を満たすために，新自由主義的な緊縮政策を採り，構造改革を行い，EC 加盟を目指した。そして，フランコの死後11年経った1986年，スペインは EC に加盟することとなった。

スペインで欧州懐疑主義者が比較的少数であったのは，権威主義体制を経験し，欧州＝民主主義への憧れがあり，民主化後も厳格な審査を経てようやく EC に加盟可能となったという背景もあろう。また加盟後も，EC から潤沢な補助金を得ており，特にカタルーニャ州は域内からの投資，加盟直後1992年のバルセロナ・オリンピック開催で潤ったという理由もあるだろう。

2 カタルーニャ州独立問題

カタルーニャ地方（現在はスペインの自治州の一つ）は，歴史的にマドリードの中央政府よりも，フランスや欧州への親近感を有している。

民主化し「欧州化」を成し遂げたスペインは，EC（EU）の共通政策実現のため，一定の国家主権委譲に他国ほどためらいを感じなかった。当時のゴンサレス首相（PSOE，1982～96年在任）は，地域・国・欧州レベルのアイデンティティを重層的に，**補完性原理**[1]に基づいて形成することにより，カタルーニャのアイデンティティも，国家としてのスペインと矛盾させぬよう，欧州市民権を提唱した。補完性原理を担保し，下位国家主体が関与できるよう創設された EU の地域評議会の副委員長・委員長を，バルセロナ市長が務めたこともある。

21世紀，カタルーニャ州では中央政府への不信感などから独立の機運が高まっているが，独立のデメリットは十分周知されているとはいえない。独立し

▷1　**補完性原理**
⇨Ⅳ-2「補完性の原理」

たとしても，EU からは一旦脱退し（当然ユーロ圏からも離脱），再度加盟手続き（EU 基本条約第49条により，スペインを含む加盟国の全会一致での承認が必要）を踏まなければならない。先行き不透明感に，2017年10月～2019年４月の期間だけですでに約6000の登記上の事務所がカタルーニャ州から撤退した。同州は，国外の支持を得ようとするが，主だった国・政治家で同州の独立に明確な支持を表明している国・者はいない。EU は2017年10月のカタルーニャの独立国民投票に対し，スペインの憲法の下では違法と宣言している。

3 ユーロ危機とそれへの対応

スペインではユーロ導入後世界金融危機の影響を受け，不動産バブルがはじけた。2009年にギリシャで国債が暴落すると，負の連鎖がスペインに波及するという危機感が高まった。スペインでは特に，高い一般政府財政赤字対 GDP 比率（2013年約10.5％を頂点，以降下降し2014年には６％）[◁2]の問題，経営危機にあるバンキア（貯蓄銀行が合併したもので，不動産バブル崩壊の影響を受けた）の不良債権問題があった。

▷2　以下統計は，スペイン統計局，スペインの日刊紙等より引用。

ユーロ圏の GDP による経済規模に鑑みると，ギリシャやアイルランドが１～２％程度であったのに対し，約12％を占めるスペインの経済危機がユーロ圏に与える影響は桁違いである。そのためスペインは保守系の PP（国民党）政権下，EU からの支援と引き換えに，不良債権処理（2012年，金融不安の拡大を防止すべくバンキアに同国史上最高の公的資金を注入，事実上国有化した），銀行のガバナンス強化，規制強化等により銀行の再編を行い，経済再建を目指した。こうして，2012年７月より受けていた支援は2014年１月で完了し，2013年27％の失業率は，2014年末には24％に，2018年末には14％と下降した。

4 移民難民危機への対応

フランコ独裁時代に中南米や欧州へ移民を送り出していたスペインは，EC 加盟後受入国となるが，移民排斥運動はほとんど見られなかった。

スペインはセウタおよびメリーリャという飛び地の自治都市をアフリカ大陸に有し，モロッコと国境を接している。また大西洋側のモロッコ沖にはカナリア諸島があるが，21世紀，こうしたルート経由の移民・難民も増加した。

2014年二大政党の時代が終焉し，内政が不安定になり，積極的な移民政策も行われていない。さらには2018年末より，反移民，反欧州主義，スペインの単一性（反カタルーニャ独立）を標榜する極右政党 VOX が票を伸ばし，2019年11月の総選挙では第三の党にのぼりつめたため，スペインの今後の移民政策は不透明である。

（細田晴子）

参考文献

細田晴子「スペイン」松尾秀哉ほか編著『教養としてのヨーロッパ政治』ミネルヴァ書房，2019年，第10章。

細田晴子「スペイン外交の変遷」坂東省次・牛島万編『現代スペインの諸相――多民族国家への射程と相克』明石書店，2016年。

Ⅶ　加盟国・加盟候補国とEU政治

6 ポルトガル

1 「収斂」による民主化とEEC加盟

▷1　**権威主義体制**
政治学者のJ.リンスにより提唱された概念。非民主主義体制の一つであるが，ファシズム体制や共産主義体制とは異なり，①限定的な多元主義，②曖昧な体制イデオロギー，③低度の政治動員などの特徴をもつ政治体制を指す。

大陸欧州の最西端に位置するポルトガルは，1933年から1974年にかけて「新国家」体制と呼ばれる**権威主義体制**◁1下にあり，その間，EEC（欧州経済共同体）に対する正式な加盟申請を一度も行わなかった。しかし，同体制が崩壊（1974年）し，民主主義体制に移行（1976年）してから約1年後の1977年，EECに対して加盟申請を行った。このような事実から，EEC加入問題が同国の民主化過程の進展に影響を及ぼしたとの指摘がかねてからなされてきた。

欧州統合が開始された目的の一つには，同地域の内外におけるファシズムや共産主義の脅威から民主主義を守ることがあった。ゆえにEECは，非加盟国が新たに加盟するための条件として民主主義体制の導入を挙げていた。そのため，権威主義体制下にあったポルトガルは，同機関に加わることができなかった。独裁政権も同機関への参加には否定的であった。だが1960年代に入ると，EECの一員となることは自国の経済的利益に合致するとして，ポルトガル国内において同機関に加わるべきとの声が次第に高まった。

1974年に権威主義体制が軍部のクーデターにより崩壊すると，同国は軍部を中心とした暫定体制へと移行したが，その直後から国内の政治勢力の間で将来の政治制度のあり方をめぐって激しい対立が生じた。軍部の革新派や共産党は東側諸国に倣い，社会主義的な諸制度を導入するとともに，EEC諸国とは距離を置くべきであると唱えた。他方，社会党や軍部穏健派はEEC諸国の制度に「収斂」させるべく，議会制民主主義体制への移行を主張した。EEC諸国が財政的，外交的に支援したこともあり，最終的に後者が優勢となった。その結果，1976年，議会制民主主義体制を謳う新憲法が制定された。

同年，新憲法下において初の総選挙が実施され，EECへの加盟を国政における最優先課題として挙げていた社会党が第一党の座を獲得した。これにより，翌1977年に社会党政権によりEECへの加盟申請が行われることとなった。EEC諸国との経済格差などが理由で遅れがみられたものの，1986年，ポルトガルは隣国スペインとともに念願であった欧州統合への参加を実現させた。

2 「大西洋」と「欧州」の狭間の国

伝統的にポルトガル人は自国を「大西洋」と「欧州」の狭間の国と認識し，

大西洋沿岸に位置する南米やアフリカの自国の（旧）植民地（諸国）との関係，および欧州諸国との関係のどちらを優先すべきかで揺れてきた。欧州以外の地域に植民地を保有することにより，他の欧州諸国との間に存在する力の不均衡を克服すべきとの考えが支配的であったことから，ポルトガル政府が長らく優先してきたのは大西洋であった。19世紀前半にブラジルを喪失したのちも，アンゴラ，モザンビークといったアフリカ植民地の支配に力を注いだ。しかし，1970年代中盤の権威主義体制の崩壊後，アフリカ植民地が相次いで独立した。それ以来，「欧州」への関心が高まり，そのことが同国の欧州統合への参加を導いた。

欧州統合への参加後，ポルトガルはEUから多額の構造基金を獲得した。また，他の欧州諸国の企業が相次いでポルトガルに進出するようになった。それもあり，1980年代中盤以降，同国は高度経済成長を達成した。とはいえ，以上のような「欧州」との関係の深化は，「大西洋」における旧植民地関係の断絶を意味するものではなかった。ポルトガルと旧ポルトガル領植民地諸国は，1996年に創設された**CPLP（ポルトガル語諸国共同体）**[◁2]などを通し，今日までに様々な協力活動を展開している。2007年に「第２回EU・アフリカ首脳会議」の開催を主導したことにも示されるとおり，ポルトガルはEUと旧植民地諸国との間を架橋する役割を担おうとしているのである。

3 ユーロ危機とポルトガル

欧州統合へ参加したのち，概して安定成長を続けてきたポルトガルであったが，1999年に欧州通貨統合に参加して以来，一転して不況局面に突入した。2001年，自国の財政赤字をGDP比の３％以内に抑制することができず，同国はユーロ圏諸国の中で**安定・成長協定**[◁3]に違反した最初の国となった。

さらに，2009年のユーロ危機の発生以降，ポルトガル経済は深刻な被害を受けた。2008年に1646億ユーロであった実質GDPが，2013年になると1536億ユーロへと減少した。ポルトガルから外国への移住者が急増したため，同国の国内人口は2010年から数年間にわたり減少を記録した。

このような状況を打開すべく，2011年，ポルトガル政府はIMF（国際通貨基金），欧州委員会，欧州中央銀行の３機関に対し経済支援を要請した。だが支援を受けるかわりに，ポルトガル政府は付加価値税の引上げ，国営企業の民営化など，種々の財政再建策を講じることを余儀なくされた。

欧州統合が自国の民主化や経済発展と深い関連性を有してきたという歴史的背景から，ポルトガル国民のEUに対する支持率は長らく高い数値を保ってきた。ところが，ユーロ危機以降，緊縮政策が国民生活を圧迫したことがもとで，多くの国民がEUに対して不満を示すようになった。近年に入り，景気回復の兆候がみられるようになると，支持率は再上昇傾向にあるものの，同国国民の欧州統合への絶対的信頼はもはや損なわれてしまったようである。（西脇靖洋）

▷2 CPLP（ポルトガル語諸国共同体）
ポルトガル語を公用語とする国々により構成される国際機関。事務局をリスボンに置く。①国際政治の分野における協調，②経済，教育，医療などの分野における連帯の強化，③共通の言語であるポルトガル語の普及を目的に，様々な協力活動を実施している。

▷3 安定・成長協定
⇨Ⅴ-3「通貨」側注３

参考文献

西脇靖洋「ポルトガルのEEC加盟申請――民主化，脱植民地化プロセスとの交錯」『国際政治』第168号，2012年，30-43頁。

横田正顕「南欧政治における代表と統合の背理――欧州債務危機とデモクラシーの縮退」『年報政治学』2015-Ⅱ号，2015年，100-129頁。

Ⅶ　加盟国・加盟候補国と EU 政治

7 ベネルクス三国：ベルギー，オランダ，ルクセンブルク

1 EU におけるベネルクスの役割と変化

ヨーロッパにおけるベネルクス（BENELUX）[▷1]三国は，地理的近接性と歴史的なつながり，大国に翻弄されてきた小国という点において共通性を有している。第二次大戦後のベネルクス三国の国際関係における基本的な立場は，戦争のない安定したヨーロッパにおいて自国の安全保障を確保し，繁栄した広範な市場の中で経済的利益を追求することであった。また戦後すでにベネルクスによる関税同盟，経済同盟[▷2]を形成していたこともあって，ヨーロッパにおける国家間協力のための枠組みを重視していた。

ベネルクス三国は現在の EU につながる欧州石炭鉄鋼共同体（ECSC）の原加盟国であり，今日までのヨーロッパ統合の深化と拡大に大きく貢献してきた。これは，ヨーロッパの平和なくして自国の繁栄はなく，そのためには欧州統合が必要であるという前提の共有さらに仏独という大国の強い影響力の下での小国としての利益の確保が三国にとっての共通の課題であったからである。そのためには統合ヨーロッパに超国家的で民主的な性格をもたせるよう設計することが必要という認識のもとで思惑が一致していた。

より広い経済統合と共同機関や社会政策などを盛り込んだ「ベネルクス・メモランダム」，農産物の単一市場と共通価格の設定を目指した1964年の「マンスホルト・プラン」，1970年代に出された「ダヴィニオン報告」や「ウェルナー報告」，「ティンデマンス報告」は，統合の深化に向けた積極的な貢献として評価される。

しかし，加盟国の増加と政策領域の多様化を背景に，ベネルクスとしての影響力と一体感は徐々に低下している。1995年頃から，とりわけ2004年の EU の東方拡大以降は，2005年のオランダでの欧州憲法条約の国民投票の否決が象徴的に表すように，ベルギーおよびルクセンブルクとオランダとの間での統合推進に向けた姿勢に隔たりが目立つようになっている。

2 ベルギーの対外政策と EU

EU 諸機関が集中し，「欧州の首都」[▷3]を自負するブリュッセルをもつベルギーは，EU 加盟国の中でもヨーロッパ統合への支持が一貫して強く，統合をめぐる様々な問題や対立が顕在化する現状にあってもその姿勢は揺るがない。

▷1　ベネルクス（BENELUX）
ベルギー，オランダ，ルクセンブルクのいわゆる低地地方の3カ国を表す。狭義には「ベネルクス経済同盟」を指すものとして用いられるが，地理的・歴史的につながる西欧の小国のまとまりとして定着していった。

▷2　1944年に結ばれたベネルクス関税同盟（さらには戦前のベルギー・ルクセンブルク経済同盟に遡る）が発展してつくられた。ベネルクス経済同盟は，ヨーロッパにおける地域的経済統合の先駆的な事例であり，今日の欧州統合へ一定の影響を与えたものではあるが，これが EEC，EC へと拡大し，今日の EU へとつながったという理解は不正確である。

ベルギーにとってはヨーロッパ統合への積極的参加，より結束した超国家性の強いEUの中で自国の影響力の確保を目指すことが対外政策および国内政治の「所与条件」であり「デフォルト設定」であるといえる[4]。ヨーロッパの安定と繁栄を最重要課題として位置づけ，EUを通じて国際関係の諸問題へ対応することを基本姿勢としているため，EUとしての共通外交・安全保障政策（CFSP）の強化にも一貫して積極的である。

一方でこのようなEUの価値や政策への強い支持にもかかわらず，国内の言語集団間の対立への対処として複雑な連邦制度へと移行したこともあって，国内に複数の議会（連邦レベルと連邦構成体レベル）が存在し，それぞれの管轄権においては最終決定権も有するため，EUでの決定事項の国内法化には時間がかかることが多く，EU全体の外交に影響を及ぼすこともある[5]。

外交政策全般としてみれば，フランスとルクセンブルクとの協力関係や行動一致の傾向が強い。安全保障分野ではNATO（北大西洋条約機構）の役割を重視している。また，国連平和維持活動への積極的な参加や，旧植民地のアフリカ諸国（コンゴ，ブルンジ，ルワンダ）への関与も優先度が高い。

3 ルクセンブルクの対外政策とEU

ルクセンブルクは極小国でありながらも原加盟国として，ヨーロッパ統合の積極的推進を最重要政策と位置づけてきた。外交政策一般としてはフランス，ベルギーとの親和性が高い。大国間の攻防の中で，小国ならではの調停役に徹し，結果として想定以上の影響力を発揮してきたといえる。また，多国間主義を重視し，紛争後の平和構築や人権，軍縮分野においても貢献をしてきた。

4 オランダの対外政策とEU

オランダの対外政策の基本方針は，国連を中心とする多国間枠組みを尊重して，重要な課題と位置づける途上国援助，平和構築，軍縮，人権や法の支配等の分野においての役割を果たすことである。

ヨーロッパ統合については原加盟国としてベルギー・ルクセンブルクと連携して推進してきたが，「大西洋主義」ともいわれる米英との協力を重視する点において独自性が際立つ。このため安全保障においてはNATOの役割を最重要とみなし，たとえばイラク戦争においては強く反対した独仏と立場を違え，米英を支持して派兵した。

超国家的な制度設計によるEU統合の推進と自国の影響力の拡大というオランダの姿勢は徐々に変化しており，ユーロ危機や移民・難民問題をめぐる対応や，さらなる主権の委譲についての懐疑的な姿勢の表明など，オランダの対EU政策には従来のような推進の旗振り役としての影響力は低下してきたといえる。

（正躰朝香）

▷3 ブリュッセルがEU諸機関の集中する「欧州の首都」になったのはなぜだろうか。本部をどこに置くのかは，ECSC/EEC/Euratomの3機関をECとしてまとめる時に加盟国間でも意見が分かれ各国の政治的思惑が錯綜したとされる。結局，小国であることの逆説的優位や交通の要衝という点，ベルギー首相スパーク（⇨ Ⅰ-3 「ECの発足と共通政策の開始」側注4）の影響力など，様々な要因が複雑に作用してブリュッセルに決まったといわれる。EU諸機関のみならず，多くの国際機関の本部が置かれる都市となった。

▷4 Whitman, R.G. and B. Tonra, “Western EU Member States foreign Policy geo-orientation: UK, Ireland and the Benelux”, in A. Hadfield, I. Manners, and R.G. Whitman (eds.), *Foreign Policies of EU Member States*, Routledge, 2017, pp. 38-50.

▷5 たとえば2016年秋には，CETA（EU・カナダ包括的経済貿易協定）において，ワロニー地域が署名を一時拒否することで協定調印を遅らせるということが起こっている。

参考文献

津田由美子・松尾秀哉・正躰朝香・日野愛郎編『現代ベルギー政治』ミネルヴァ書房，2018年。

正躰朝香「ベネルクス三国」森井裕一編『ヨーロッパの政治経済・入門』有斐閣，2012年，99-114頁。

Ⅶ　加盟国・加盟候補国と EU 政治

8 北欧諸国：スウェーデン，デンマーク，フィンランド

1　3カ国の対外政策の特徴

北欧諸国には EU の原加盟国であった国はなく，デンマークが1973年，スウェーデンとフィンランドが1995年に加盟している[1]。各国の対外政策の特徴として，安全保障政策ではデンマークは NATO（北大西洋条約機構）加盟国であるが，平時には外国軍の基地を自国内に設置せず[2]，核兵器も配備しない政策を採っている。スウェーデンとフィンランドは**軍事的非同盟政策**[3]であるため，NATO には加盟せずに「平和のためのパートナーシップ（PfP）」によって協力関係を築いている。3カ国は NATO 主導の平和支援活動（PSO）に参加しており，NATO との協力を深めている。外交では，冷戦期から東西対立や国際紛争の調停に仲介役として積極的に関わっている。

対外経済政策では，スウェーデンとデンマークはイギリスなどとともに1960年に7カ国で **EFTA（欧州自由貿易連合）**[4]を創設し，EEC（欧州経済共同体）には加盟せずにヨーロッパでの自由貿易を推し進めた。フィンランドは EFTA に1961年に準加盟，1986年に正式加盟した。3カ国とも EU に加盟するまで EFTA の構成国であり，他のヨーロッパ諸国と貿易面で密接な関係を築いた。また，3カ国の多国籍企業の中には世界的に事業を展開し，成功を収めてきた企業もある。

3カ国は途上国やヨーロッパ域外の国々との関係において，政府開発援助（ODA），国連の平和維持活動（PKO），地球環境問題に力を入れてきた。各国の経済規模が大きくないため ODA の支出額は大国に及ばないが，国連の掲げる国民総所得（GNI）の0.7%を ODA 予算に充てるという目標の達成に努力している。国連の PKO には初期から参加し，多くの要員を派遣してきた。数々の紛争調停においても，3カ国の政治家が仲介役として活躍している。また，北欧諸国は地球環境問題に対して早い時期から積極的姿勢を示し，地球環境問題に関する国際会議では環境保護を促進する方向を目指している。

フィンランドを除いた北欧4カ国で1952年に北欧理事会（Nordic Council，北欧会議とも呼称される）という地域協力組織を創設し[5]，人の移動の自由化，労働市場，交通通信，文化，教育・研究などの分野において，北欧地域における協力を進めてきた。冷戦終結後は北欧5カ国間だけでなく，バルト海沿岸諸国も含めた協力（環バルト海協力）も行われている。

▷1　非加盟のノルウェーとアイスランドについては，Ⅷ-2「北欧の非 EU 加盟国」参照。

▷2　自治領のグリーンランドには NATO の基地がある。

▷3　**軍事的非同盟政策**
軍事同盟や共同防衛には参加しない政策であるが，EU への加盟や NATO との協力は可能とされている。

▷4　**EFTA**
⇨Ⅷ-1「スイス」

▷5　フィンランドは1955年から参加した。

2 EU の優等生か消極的加盟国か

デンマークでは対 EU 政策において，国民投票が大きな影響を与えている。[6] 1992年に実施された国民投票でマーストリヒト条約の批准が否決され，4分野（経済通貨同盟，共通防衛，欧州市民権，司法・内務協力）での適用除外（オプト・アウト）が認められたエディンバラ合意を経て，再度の国民投票で賛成が過半数となった。デンマークは経済通貨同盟の適用除外が認められているが，2000年にユーロの導入を問う国民投票を実施した。結果は反対が過半数となり，ユーロの導入は見送られた。また，軍事活動での協力は適用除外の共通防衛に含まれるとして，EU 主導の**国際的危機管理**[7]において軍事活動には参加していない。2015年に司法・内務協力での適用除外の撤廃を問う国民投票が実施されたが，反対が過半数となった。2015年の**欧州難民危機**[8]以降は，入国審査の強化や難民の受入れに厳しい政策が実施され，国境管理や移民・難民問題への厳しい姿勢に対して，EU や他の EU 加盟国から懸念を表明されることもある。しかし，EU の専門機関である欧州環境機関の本部はデンマークの首都コペンハーゲンに設置されるなど，EU に積極的に協力する分野もある。

スウェーデンは政策分野によっては，EU に一定の距離を取っている。[9] 2003年に実施されたユーロの導入を問う国民投票では反対が過半数となり，世論調査でもユーロ導入反対が6割を超える状態が続いている。EU の中で積極的に活動している分野もあり，EU 主導で行われる国際的危機管理では多くのミッションに参加している。また，環境対策や情報公開などにも積極的な姿勢をみせている。2015年の欧州難民危機では多くの難民を受け入れ，人口比では最も多い受入数となった。しかし，**シェンゲン協定**[10]加盟国であるデンマークからの陸路による入国で身分証点検が実施されるなど，入国審査が強化された。EU 加盟国であることに否定的な世論は減少しており，国内政治において反 EU 傾向は強くないが，選挙において従来は注目されることが少なかった移民・難民や社会統合が争点として重視されるようになっている。

フィンランドは北欧諸国で唯一ユーロを導入しており，北欧諸国の中では EU の経済通貨統合に最も積極的に参加している。EU 主導の国際的危機管理にも多くの人員を派遣しており，平和維持の活動を中心としている EU の安全保障政策に積極的な姿勢をみせている。しかし，2010年からの欧州経済危機では南欧諸国への経済支援に対する不満が国内で沸き起こり，EU 懐疑政党が国内選挙において躍進した。その後に欧州難民危機もあり，EU 懐疑政党が伸張して政権入りした。他の北欧諸国と比較すると EU との軋轢は少ないといえるが，2019年4月の国政選挙で EU 懐疑と厳しい移民・難民政策を主張する政党が第一党と1議席差の第二党となっており，国民の間に EU への懐疑が存在している。

（五月女律子）

▷6　吉武信彦『国民投票と欧州統合——デンマーク・EU 関係史』勁草書房，2003年。

▷7　**国際的危機管理**
EU の国際的危機管理とは，国連の平和維持活動と同様の活動であり，紛争後の平和維持や平和構築を支援するために，各国の軍隊や文民が派遣される。

▷8　**欧州難民危機**
⇨VI-5「移民・難民問題」

▷9　五月女律子『欧州統合とスウェーデン政治』日本経済評論社，2013年。

▷10　**シェンゲン協定**
⇨VI-4「人の自由移動」

参考文献

津田由美子・吉武信彦編著『北欧・南欧・ベネルクス』ミネルヴァ書房，2011年。
岡澤憲芙編著『北欧学のフロンティア』ミネルヴァ書房，2015年。

Ⅶ　加盟国・加盟候補国と EU 政治

9 バルト三国：エストニア，ラトビア，リトアニア

1 EU 加盟の歴史的背景

2018年は，一般にバルト三国とくくられることの多いエストニア，ラトビア，リトアニアにとって，独立100年目にあたる節目の年であった。いずれもロシア帝国の下にあったこの地域は[◁1]，ロシア革命や第一次世界大戦の動乱の中で1918年に独立を宣言した。しかしこの独立は長くは続かず，1940年に，今度は第二次世界大戦のさなか，ソ連によって併合され独立を喪失した。この時の独立時代は約20年と決して長いものではなかったが，両大戦間期の独立国家は，ヨーロッパの一員として世界に認められ，また独自の文化を発展させることのできた国家的起源として重視されている。

1990～91年にかけて独立を回復したエストニア，ラトビア，リトアニアが示した EU・NATO 加盟に対する強い希望と加盟後現在に至るまでの三国の「優等生ぶり」は，前述の歴史的背景を抜きにしては理解できない。三国がこれら二つの組織に求めたのは，何よりも国家の安全保障であった。それは，隣国のロシアに対する脅威認識からくるものであると同時に，いつ見捨てられるかわからないというヨーロッパ諸国に対する不信感にも起因していた[◁2]。1940年の独立喪失は，明示的にそう主張されることはないにせよ，三国にとってはヨーロッパによる裏切りの結果でもあったのである。対等な一員としての「ヨーロッパ回帰」は，幾重にも重なる歴史的不正義を正すはずのものでもあった。それゆえ，加盟後の三国は，スターリニズムをファシズムと同一視する自らの歴史認識を，ヨーロッパの中で共有させるべく尽力したのである。

2 加盟交渉過程の誤算

制度的な安全保障を求めるエストニア，ラトビア，リトアニアにとって，実は，EU 加盟よりも NATO 加盟の方が政治的優先順位は高かった。しかしながら，三国がロシアの脅威を叫べば叫ぶほど，当時ロシアとの関係構築を模索していた NATO への加盟は遠ざかった。1999年の NATO の第一次東方拡大から除外されると，三国はより現実的な EU 加盟へと本格的に舵を切る。

結局は，EU へも NATO へも2004年5月に加盟を果たすことになったが，その交渉過程で問題視されたのが，エストニアとラトビアに多数存在する無国籍者であった。ソ連からの独立回復に際し，両国は「**ゼロ・オプション**[◁3]」を採

▷1　現在のエストニアとラトビアにあたる領域の大半は，18世紀初頭の北方戦争の結果，スウェーデンからロシアに割譲された。ロシア帝国下にありながら，この地域の支配者はドイツ人であった。現在の首都であるタリンとリーガに中世ドイツ的な趣の旧市街があるのはその名残である。一方，リトアニアは，ポーランドと同君連合を形成し，黒海までをその版図とするヨーロッパの大国であったこともある。

▷2　第二次世界大戦後，アメリカを除く多くの国は，ソ連による三国の併合を事実上，または法的にも承認した。

▷3　**ゼロ・オプション**
現居住地の国籍取得を，二重国籍にならないことなどを条件にほぼ自動的に認める政策。リトアニアも含めて，旧ソ連各共和国ではこの国籍政策が採用された。

用しなかったため，1991年12月のソ連消滅に伴い，国籍取得手続きをとらなかったソ連時代の移住者は無国籍となった[4]。その大半をロシア人が占める無国籍者の割合は，当初，エストニアで人口の約3割，ラトビアでは4割以上にのぼり，民主主義や人権の観点から大いに問題視された。

EU 加盟交渉の中で，エストニアもラトビアも特にロシア人の社会統合を目的とした改革を迫られた。中でも国籍法の改正は，両国の国籍政策にとって大きな転換となった。それまで血統主義のみを採用していた両国では，両親ともに無国籍者の子どもは無国籍者となり，その再生産が続いていたが，1998年の法改正で15歳以下の子どもに対する出生地主義の適用が認められたのである[5]。

三国は，EU 加盟交渉過程で多文化・多言語主義を受け入れたといえる。とはいえ興味深いのは，多言語教育はすでにソ連時代から，片務的ではあったものの実現していたことである。ソ連時代，この地域の生徒は基本的に自らの母語で学んでいた。それが，ソ連国内どこでもロシア語だけで事足りるロシア人の現地語能力の欠如を招き，社会統合の障害となったことは皮肉であるが，他方で，1990年代に西ヨーロッパを中心に称揚された多文化・多言語環境が，旧ソ連諸国に存在していたことは看過されるべきではないだろう。

3 ロシアとの越境

シェンゲン協定[6]への加盟後，人々はその域内を自由に移動できるようになった。一方，東への移動には査証（ビザ）が必要になった。ロシアとの境界がEU の外囲境界となったのに伴い制限が生じたのである。かつて自由に行き来していた境界が閉ざされ，それまでの生活環境を壊された人も少なくない。ただし，無国籍者は無査証でロシアへ渡航できる。実は，この西へも東へも自由に移動できる「特権」が，ロシア人の居住国国籍取得が依然として進まない要因となっている。無国籍者のままでいることにメリットがあるのだ。

ちなみに，EU に加盟したリトアニアとポーランドに囲まれるロシアの**カリーニングラード**[7]の住民は，条件付きではあるが，比較的自由にポーランドに入国することが可能である。このメリットを求め，モスクワなどの大都市から周辺ともいえる飛び地のカリーニングラードに移住する人もいるという。

4 EU 内の移動

Brexit[8] の原因の一つとして，東欧からの移民流入が指摘されている。EU 加盟後の10年の間に，ラトビアからは10万人以上，リトアニアからは15万人以上がイギリスに渡り，両国で急激な人口減少を引き起こした。特に，2008年の世界金融危機でその数は急増した。こうした人の流出には，失業率の低下など送り出し国の経済にプラスの影響がある反面，そうした移民の祖国とのつながりの希薄化に対する懸念は小さくない。（小森宏美）

▷4 ただし，通常の無国籍者とは異なり，市民的権利・社会的権利は保障されている。また，「外国人旅券」の発給により，移動の権利も認められている。エストニアでは，地方選挙における投票権がある。

▷5 この時点では届出が必要とされた。

▷6 **シェンゲン協定**
⇨Ⅵ-4「人の自由移動」

▷7 **カリーニングラード**
⇨Ⅹ-3「ロシア」側注3

▷8 **Brexit**
⇨Ⅵ-7「離脱」

参考文献

小森宏美『エストニアの歴史認識と政治』三元社，2009年。
橋本伸也『記憶の政治――ヨーロッパの歴史認識紛争』岩波書店，2016年。

Ⅶ　加盟国・加盟候補国と EU 政治

10 ギリシャ

1 ギリシャの EC 加盟

第二次世界大戦後，ギリシャは共産主義勢力と反共産主義勢力による内戦が続き，東西冷戦の先駆けとなった。イギリスとアメリカはギリシャを西側の「自由世界」にとどめようと内戦に介入した。**トルーマン・ドクトリン**[1]によってアメリカから莫大な軍事・資金援助がなされたことが決定打となって，1949年，内戦は反共産主義勢力の勝利に終わった。以後ギリシャは，地理的には東欧にありながらも，政治イデオロギー的には西側陣営に位置づけられた。

共産主義国に囲まれたギリシャは，反共の砦となった。アメリカの絶大な影響力の下で右翼による政治が続き，左翼的な思想や政治活動は徹底的に抑え込まれた。1967～74年の軍事独裁政権はその最たるものである。

1974年のトルコによるキプロスへの軍事侵攻[2]をきっかけに，軍事政権は崩壊した。ギリシャにようやく民主主義に基づく政治が実現する道が開けた。

民主化後のギリシャがまず目指したのは，アメリカへの依存からの脱却である。ギリシャは，ヨーロッパ文明の生みの親としてのギリシャという抽象的・精神的な結びつきを超えて，より政治的・経済的なつながりをヨーロッパに求めた。具体的には，EC の加盟国として受け入れられることが，国の将来の発展や安全保障に不可欠であると考えられた。

ギリシャの経済は，EC に加盟するだけの基準を満たしていなかった。しかし，1970年代後半，南欧諸国の右傾化を危惧した EC は，ギリシャの EC 加盟を受け入れる方向に動いた。民主主義揺籃の地ギリシャを EC の加盟国とすることで，民主主義を擁護する EC という政治的アイデンティティを示すことができたからである。1981年，ギリシャは，スペインやポルトガルに先んじて EC の10番目の加盟国となった。EC 加盟は，ギリシャに経済的発展をもたらしただけでなく，民主主義を根づかせることに大いに貢献した。

2 二大政党による政治

民主化後，2009年の財政危機勃発までのギリシャでは，中道右派の新民主主義党（ND）と中道左派の全ギリシャ社会主義運動（PASOK）の二大政党が交代で政権を担った。国政選挙における二大政党への得票数は80％を維持し，ND か PASOK いずれかが単独で政権に就いた。

▷1　**トルーマン・ドクトリン**
1947年3月12日，アメリカ大統領トルーマンが上下両院合同会議での演説中に行った宣言。中東への共産主義拡大を阻止し，自由世界を防衛するために，ギリシャとトルコへの軍事経済援助をアメリカが実施することを主張した。冷戦の始まりを告げる演説とされる。

▷2　キプロス島は1960年にキプロス共和国としてイギリスからの独立を達成したものの，独立以前から続く島内のギリシャ系とトルコ系の対立は収まることはなかった。前者はギリシャへの併合を求め，後者は島の領土分割を主張して，トルコへの依存度を強めた。両者の紛争は国連軍派遣によっても解決されず，74年トルコ軍がキプロスに侵攻し，北部にはトルコ系，南部にはギリシャ系が居住するという共和国分断が決定的となった。⇨Ⅶ-12「キプロス」

この間，この二大政党は国民に負担を求めないポピュリスト的手法で国民を飼いならした。本来であれば，国家のあらゆる領域における近代化と効率化のために振り向けられるはずのEC/EUからの補助金が，選挙で国民から票を獲得するために支持者に様々な形でばらまかれた。具体的な政策としては，公務員の雇用拡大と恵まれた社会保障（年金），市場リスクからの保護，違法行為（脱税，無許可建築，年金の不正受給）からの免責などが挙げられる。

ポピュリズムの政治を変えようとする改革の動きはことごとく挫折した。政党も国民の大多数も変化を求めなかった。

2001年，他のEU諸国から2年遅れで，ギリシャにユーロが導入された。政府はユーロ導入によって容易になった借金を重ね，国民に分配しつづけた。

3 ユーロ危機と難民問題

2009年秋，ギリシャの財政危機を引き金に**ユーロ危機**[3]が起こった。ギリシャは，もはや外国からの借金に頼ることはできなくなった。EU，**欧州中央銀行（ECB）**[4]，国際通貨基金（IMF）から資金援助の見返りに，緊縮策と構造改革の実行を約束させられた。国民はそれに反発し，ギリシャのユーロ圏離脱の可能性が国際社会で大きな話題となった。

NDとPASOKは危機の原因をつくったとして国民からの信頼を失い，二大政党時代は終わりを迎えた。政治的混乱と経済的困窮，社会的疲弊の中で，勢力を伸ばした政党が，急進左派連合（SYRIZA）である。SYRIZAは，ユーロ圏にとどまりながら，押し付けられた緊縮策の枠組みを撤回させ，債務の大幅な減免を実現すると約束し，2015年1月に政権の座に就いた。しかし，EUはSYRIZAの主張を受け入れなかった。最終的に，SYRIZAはEUに屈した。2018年8月に支援は終了したが，ギリシャ経済の完全回復には至っていない。

SYRIZA政権は，中東からの難民の大量流入にも直面した。2014年には年間で4万人だった難民数が，中東情勢の悪化を背景に2015年には86万人に達した。ギリシャは，キプロスを除くと，中東から最も近いEU加盟国であったため，より豊かなEU諸国を目指す多数の難民がトルコから海路で入国した。ギリシャはEU諸機関や国連難民高等弁務官事務所などと協力して難民の対応にあたった。難民問題は，ギリシャだけでなく，EU諸国全体の問題にもなった。難民受入数の配分をめぐって，EU加盟国内での対立が表面化した。2016年3月にEUとトルコ間で，ギリシャに流入する難民をトルコに強制的に送還する取り決めがなされた。しかし，完全な実施には至っておらず，ギリシャには今日においても多くの難民が滞留している。

2019年にSYRIZA政権は任期満了を迎えた。国民の期待に応えられなかったSYRIZAは，同年7月の国政選挙で敗北し，勝利したNDが政権を掌握した。

（村田奈々子）

▷3 **ユーロ危機**
2009年10月のギリシャの政権交代時に国家財政の粉飾決済が明らかになると，欧州共通通貨ユーロの信用が著しく低下した。その結果，ユーロ圏ひいては世界経済の危機が懸念される事態となった。

▷4 **欧州中央銀行（ECB）**
European Central Bankの略称。ドイツのフランクフルトに本部がある。ユーロ圏の金融政策を決定する役割を担っている。

参考文献

村田奈々子『物語 近現代ギリシャの歴史』中央公論新社，2012年，終章。

Ⅶ　加盟国・加盟候補国と EU 政治

11 スロベニア

1 ネオ・コーポラティズムの国

ハンガリーの研究者ボーレとグレシュコヴィチはバルト三国（新自由主義）や中欧諸国（埋め込まれた新自由主義）と区別して，スロベニアを**ネオ・コーポラティズム**[▷1]の国とみなしている。旧ユーゴ時代の労働者自主管理の伝統を受け継ぎ，労働組合の組織率が比較的高く，組合の動員力は強かった。1992年初め，年率200％近いインフレを克服することが重要な課題となった時に，中道左派政権の下で政府，労働組合，経営者団体の三者が一緒に中央レベルで賃金制約を設ける政策を追求することが始まり，1994年には社会的対話のプロセスを制度化する経済社会評議会が設置された。このメカニズムの制度化により，当事者が穏やかな賃金上昇に合意し，インフレ率の引下げが可能になり，マーストリヒト収斂基準を満たすことが容易になった。2004年５月に EU 加盟し，中東欧の新規 EU 加盟国の中では最も早く2007年１月１日に EMU（経済通貨同盟）に加盟し，ユーロを導入し，2008年の前半，EU の議長国を無事に務めた。その意味では，中東欧のポスト社会主義諸国の中の優等生であった。

ところが，この国の経済は2008年９月のリーマン・ショックにより打撃を受け，2014年初めまで不況が続いた。深刻な危機に陥ったのは，銀行が2000年代半ばのわずか数年間に急激に国際金融市場での借入れを増やしたからである。他のポスト社会主義諸国では外資系銀行の比重が圧倒的に大きく，危機に際して本国の親銀行が支えた。それに対して，スロベニアでは国内資本の銀行の比重が高く（銀行セクターの総資産の約60％を占める），銀行システムを守るために，政府がたびたび銀行に資本注入をせざるをえなかった。

▷1　ネオ・コーポラティズム
ムッソリーニらが主張したコーポラティズム（国家組織に経営者や労働者の代表を参加させる仕組み）とは違い，民主的な国々において経営者や労働者の代表が政府の政策決定に参加し，その執行に責任を負う仕組み。

2 政治の特徴

スロベニアは二院制をとり，上院に相当する国民評議会と下院に相当する国民議会がある。重要なのは国民議会で，総議席数は90である。４％の足切り条項があるものの，小選挙区比例代表併用制をとっているので，選挙で単独過半数の議席を獲得する政党はなく，毎回，連立交渉が長引く。1992年から12年間中道左派政権が続いた。2004年10月の総選挙でヤネズ・ヤンシャが率いる民主党が勝利し，中道右派連立政権が発足した。ヤンシャ政権は，ネオ・コーポラティズム解体に取り組み，経済社会評議会は事実上その機能を停止した。この政権の下でバブル経済が生じた。バブルがはじけ不況に陥ると，既成の政党に対する有権者の不信が強まった。2011年12月の総選挙後も難航し，翌年1月末にようやく民主党の党首ヤンシャを首相とする中道右派連立政権が発足した。ところが，深刻な経済危機のまっただ中の2012年12月，ヤンシャ首相の収賄疑惑が浮上した。2013年2月末，議会はヤンシャ政権の不信任投票を可決した。2011年10月に結成されたばかりの政党「積極的なスロベニア」の党首アレンカ・ブラトゥシェクを首相とする中道左派の連立政権が，2013年3月に発足した。この政権はEUやIMFからは，銀行セクターの建て直し，財政再建，年金制度改革，労働市場改革，外資導入を含む民営化の促進，等の厳しい勧告を突き付けられた。2013年6月に発表された民営化プログラムは電話会社，港，道路，リュブリアナ国際空港等を民営化し，外資を呼び込もうとしていた。銀行のストレス・テストの結果が同年12月に発表され，それを受けて三大銀行の不良債権の**バッド・バンク**◁2への移管および政府による資本注入が実施された。その結果，一時的だが，その年度の一般政府財政赤字はGDPの14.7%にのぼった。こうして，ひとまず国際的支援を受けることなく，自力で解決する道を歩むことになった。

▷2　**バッド・バンク**
正式には，銀行資産管理会社。

3 強まる政治不信

インフラの民営化に対する国民の反発は強く，2014年春政権与党の「積極的なスロベニア」の内部でも不満が高まり，ブラトゥシェク首相は党首の地位からおろされた。そのため，同年7月に前倒しで選挙が実施された。この時も直前に新しい党が創設され，たちまち多くの有権者の支持を得た。リュブリアナ大学法学部教授ミロ・ツェラールが6月2日に創設した政党ミロ・ツェラール党（のちに現代中央党に改称）が34.6%の得票率で第一党になり，36議席を獲得した。社会民主党および年金生活者党と連立政権を組んだが，この政権は政治的経験不足を露呈し，いくつかのミスを犯した。2015年秋，大量の難民流入に際して，政府は中道右派勢力の圧力に押されて南の国境に鉄条網を設置したが，中道右派から新たな支持者を獲得することができず，逆にこの措置は進歩的な有権者を遠ざけてしまった。以来，支持率は3分の1で低迷した。政権が崩壊したのは，連立のパートナーからの批判で2018年5月に首相が辞任に追い込まれたからである。6月初めに実施された総選挙の結果，反難民のヤンシャが率いる民主党（中道右派）が第一党（25議席）になったので，EU指導部との対立が生じるのではないかと懸念された。ヤンシャを首相候補として各党間で連立交渉が行われたが，ハンガリーのオルバン首相に似た権威主義的な政治スタイルが嫌われ，不調に終わった。そこで，第二党のマリアン・シャレツ・リスト党が軸になって，民主党抜きの連立政権づくりが試みられ，9月にシャレツが首相に選出された。彼は地方都市の市長を経て4年前の選挙で国会議員になったばかりであり，政治経験が乏しいので，不安定な政治が続きそうだ。（小山洋司）

参考文献

ドロテー・ボーレ／ベーラ・グレシュコヴィチ（堀林巧ほか訳）『欧州周辺の資本主義の多様性――東欧革命後の軌跡』ナカニシヤ出版，2017年。

小山洋司『EUの危機と再生――中東欧小国の視点』文眞堂，2017年。

小山洋司『スロヴェニア――旧ユーゴの優等生』群像社，2018年。

Ⅶ　加盟国・加盟候補国と EU 政治

12 キプロス

▷1　分断国家
一つの国家内に複数の政府それぞれが，国家領域全体への正統性を主張している状態が長期間継続している国家を意味する。中国（中華人民共和国と中華民国）や朝鮮半島，歴史的には南北ベトナムや東西ドイツがこれにあたる。キプロスを「分断国家」と表現すべきかどうかは意見が分かれる。

▷2　北キプロス・トルコ共和国を国家承認しているのは，国連加盟国193カ国のうち，トルコのみである。それ以外の国は，ギリシャ系が統治する南のキプロス共和国のみを主権国家として承認しており，北部のトルコ支配領域については，その国家領域はキプロス島全土であるものの実効統治はできていない状況としている。

1 「キプロス問題」の経緯と現状

地中海の島国キプロスは，ヨーロッパ最後の「**分断国家**[▷1]」と呼ばれる。1960年にイギリスから「キプロス共和国」として独立したものの，多数派のギリシャ系住民と少数派のトルコ系住民との民族間対立が続いている。1964年には両者の戦闘の停止と平和の維持のために国連キプロス平和維持軍（UNFICYP）が設置された。

1974年，ギリシャへの併合を望むギリシャ系住民がクーデターを起こしたのをきっかけに，ギリシャ，トルコ両政府が干渉する衝突へと発展した。トルコ政府が派遣した部隊は北部（キプロス島の37%にあたる領域）を占領し，以後キプロス島は二つの領域に分断され，両者の緩衝地帯（通称グリーン・ライン）をUNFICYP が監視している。1983年にはトルコ系住民が「北キプロス・トルコ共和国[▷2]」の樹立を宣言し，分断状態は固定化していった。

その後国連事務総長の仲介による包括的解決に向けての調停にも成果のないまま推移したが，統一キプロスとしての EU への加盟を目指して交渉が重ねられた。しかしながら包括的解決に向けた交渉が進展する中で，アナン事務総長が取りまとめた「統一キプロス」に向けた案について2004年４月に行われた住民投票では，北部トルコ系住民の65%の賛成にもかかわらず，南部ギリシャ系住民の76%が反対の結果となり頓挫した。その結果，同年５月には南北に分かれたまま，ギリシャ系のキプロス共和国が EU に加盟した。

EU 加盟後も国連の仲介の下で断続的に交渉が続けられて，2008年には，キプロス共和国大統領の交替を受けて分断の象徴でもある首都ニコシアのレドラ通りの検問所の封鎖が解かれるなどの前進もみられた。しかし国内統治の問題（統治の制度，財産権，市民権）などで両者の歩み寄りは困難な状況が続いており，交渉の再開と中断を繰り返している。最近では，2017年に国連の仲介でギリシャ系とトルコ系，それぞれの保障国であるギリシャとトルコを含めた多国間協議がスイスで行われたが，難民の帰還問題や保障国制度，駐留軍の扱いなどについて対立し，合意には至らなかった。

2 「キプロス問題」の「ヨーロッパ化」

キプロス問題は EU 内外との関係において複雑な影響を与えている。たとえば，キプロス共和国はNATO（北大西洋条約機構）には加盟していないが，これはNATOの加盟国であり，地政学的にも重要な役割を果たすトルコがキプロス問題を理由に，キプロス共和国としての加盟を認めていないからである。一方でキプロスは，旧ユーゴスラビアのセルビアからの独立を宣言したコソボ共和国[◁3]を認めていない。EUとしてはコソボ共和国の将来的なEU加盟を見据えて「安定化・連合協定（SAP）」に署名・発効しているにもかかわらず，北キプロスのトルコ系住民の主張への影響をおそれての対応である。

さらにキプロス問題は，EUにとっての長年の懸案であるトルコの加盟問題とも大きく関わる。キプロスとその後ろ盾であるギリシャは，キプロス問題を「ヨーロッパ化」すること，すなわちEUレベルでの交渉を通じて自国に有利な形での問題解決へとつなげることを戦略的に重要視している。キプロス共和国が2004年にEUに加盟した以上，承認はトルコがEUに加盟するまでにはクリアすべきハードルであるのは間違いないが，加盟交渉のどの段階での対応が必要となるのかについての立場には食い違いがある。キプロス問題の交渉はEU加盟問題とは切り離して従来どおり国連の枠組みで協議し，EU加盟時点までに解決すればよいとしたいトルコに対して，加盟交渉の前提条件としてキプロス共和国の承認を求めるべく圧力をかけてきた。現状では，国連枠組みでの交渉の手詰まりに加えて，トルコの加盟交渉の停滞も顕著であるため，キプロス問題の解決はキプロスの対外政策に大きく作用する中心的問題でありながら，進展のない状況で膠着している。

3 キプロスの対外政策とEU関係

対外政策において，キプロスは，ギリシャと共通の立場をとることが多い。イギリスとのつながりも深く，イギリスは現在でもキプロス島内に英領という形で軍事基地を2か所維持している。EU加盟国の中では，ギリシャと連動する形でロシアとも比較的近い関係を有していて，クリミア併合に伴うロシアへの制裁やその継続についても消極的な姿勢をみせてきた。また地理的近接性から中東情勢の影響が大きいため，中東諸国とは友好的な関係を維持しており，近年ではとりわけ，イスラエルとエジプトとの緊密な関係を発展させている。

EU内においては，共通安全保障防衛政策（CSDP）や紛争処理の領域，および移民・難民政策において南欧諸国との連携を強めている。特に地中海経由の移民・難民問題への対処については，沿岸国としての利害を共有し，EUへの働きかけを積極的に行う点で一致している。

ヨーロッパ，アジア，アフリカの結節点ともなる地理的強みと，2008年に導入したユーロ，そして低い法人税などを活かして，観光，金融，海運を主要産業とし，積極的に外国からの投資を誘致することで経済成長を目指している。

（正躰朝香）

▷3 EU加盟国ではギリシャとキプロス，スペイン，ルーマニア，スロバキアの5カ国のみが未承認。

参考文献

Madalina Dobrescu et al., "Southern Europe: Portugal, Spain, Italy, Malta, Greece, Cyprus", in A. Hadfield, I. Manners and R. G. Whitman (eds.), *Foreign Policies of EU Member States*, Routledge, 2017, pp. 83-98.

Ⅶ　加盟国・加盟候補国とEU政治

13 マルタ

1 地中海の小さな島国マルタ：地理・歴史・国際関係

マルタは，ジブラルタル海峡とスエズ運河に挟まれた地中海の真ん中に位置し，イタリア半島，シチリア島からも，対岸の北アフリカからも，また海上を通って東のトルコやアラブ地域からもアクセスしやすい。歴史上どの列強国家も戦略上また通商上の拠点や中継地として獲得したい島であった。マルタの対外政策の理解にとって，こうした地政学的な視点が重要である。

16～17世紀には十字軍の一端を担った「マルタ騎士団」が島に要塞を築き対イスラームの前線基地として名を馳せたが[1]，役割を終えた後の19世紀にはイギリスの植民地となり，自治領マルタ国として独立するのは1964年，現在のマルタ共和国となったのは1974年である[2]。1979年までは英国軍が駐留した。EU加盟は，2003年の国民投票（賛成53.6％）を経て実現された（2004年）。

マルタの面積は日本の淡路島の半分ほどである。EU加盟国の中では，人口（2018年）は44万人と最少で[3]，名目GDPの規模（145億ドル，2018年）もEU最小である[4]。しかし国民1人当たりの名目GDP（2018年）は3万1058ドルで，EU構成国平均の3万6735ドルを下回っているものの，経済成長率は7.6％（2014～18年の平均），失業率3.5％（2018年）と順調である。またマルタの貿易相手は，EUが第一位であり（輸出の57％，輸入の72％，2018年），EU共同市場への依存度が高い。このようにマルタはEU構成国のうちでGDPも人口も最少で，資源も乏しいがゆえに，国の財源を確保し雇用を創出するため，競争力ある産業の育成と市場の確保のための政策が国の重要課題となり続けてきたのである。議会は一院制の下，71議席（本来65議席だが，得票率と議席数の不均衡是正のため）を労働党と国民党が争ってきた。2013年以降親EU路線に転換した労働党のムスカットが首相に就き内閣を率いてきた（側注11参照）。

小国マルタが世界にその名を知らしめたのは，冷戦終焉を告げる「マルタ会談」である。国際関係史の記述で，「ヤルタ（会談）からマルタ（会談）へ」，というフレーズを必ず目にする。ヤルタ会談（1945年）は，第二次世界大戦後の世界秩序につき，クリミア半島のヤルタで，米英ソの首脳により行われたが[5]，マルタは1989年，アメリカのブッシュ大統領（2018年逝去）とソ連のゴルバチョフ共産党書記長が，マルタ沖の船中で冷戦終焉の宣言をして，第二次世界大戦後の米ソ二極体制に幕を引く歴史的転換の大舞台となった。

▷1　もともと聖ヨハネ騎士団というロドス島を拠点とする十字軍の一端を担った騎士団が，オスマントルコ（オスマン帝国）によるロドス島陥落後，マルタを本拠地にするようになりマルタ騎士団となった。

▷2　1798年にナポレオン率いる仏軍によってマルタ島が占領され，翌年，イギリスによって仏軍が追放されたものの，1814年のパリ条約によってイギリス領とされた。第一次世界大戦後に自治政府が成立した。

▷3　ルクセンブルク60万人，キプロス119万人（2018年，国連）。

▷4　キプロス24.5億ドル，エストニア30.3億ドル（2018年，IMF）。

▷5　アメリカのルーズベルト大統領，イギリスのチャーチル首相，ソ連のスターリン共産党書記長が行った会談である。現在のヤルタは，ロシアがかつての勢力圏を挽回するため国内の傀儡親ロ勢力を操り実効支配している。

▷6　**シェンゲン協定**
⇨Ⅵ-4「人の自由移動」

2 欧州統合とマルタの課題

マルタは，かつてEUの地中海政策の対象国であったが，2004年に中東欧諸国・キプロスとともにEU加盟を果たした後は，**シェンゲン協定**[6]の締結（2007年），ユーロの採用（2008年）と，EU構成国として共通政策に参加した。

2017年の1～6月には，EU理事会の議長国を初めて務めた[7]。現在の欧州委員会には，マルタからヘレナ・ダッリが機会均等担当委員として選出された。欧州議会には現在6名（2019年5月の欧州議会選挙の結果，社民党系4名，人民党＝キリスト教民主党系2名）の議員が選出されている。また欧州委員会や欧州議会の諮問機関である経済社会評議会および地域評議会に各5名ずつ代表者を送り込んでいる[8]。財政面では，EUからマルタへの支出はマルタのGNI（国民総所得）の1.93%，マルタのEU財源への拠出はGNIの0.79%である（2017年）。

近年マルタは，難民受入れの問題に直面した。EU構成国の中で地理的にアフリカから船で最もアクセスしやすいマルタには，アフリカからの難民を乗せた船が押し寄せた[9]。今後も困難な課題をマルタに課すこととなろう。

マルタの産業構造は[10]，1980年代半ばまでは労働集約型であったが，1980年代後半から政権を担った国民党が経済自由化政策を推進し，知識・技術集約型の高付加価値産業を振興し，輸出志向型製造業への転換を図った。この経済政策は現在の労働党政権にも引き継がれ，政府はメディカル・ツーリズムといった高付加価値ビジネスを観光業に組み入れたり（マルタは年間約200万人もの観光客が訪れ，貿易収支の赤字を観光業収入で補填している），外資導入，オフショア・金融ビジネスの振興，仮想通貨企業の誘致等に積極的に取り組んでいる。とりわけ近年，**仮想通貨**[11]ビジネスを新たな基幹産業とすべく国をあげて振興政策をとっている。現に仮想通貨企業の誘致策として法人税を下げ，規制を緩和した結果，2018年には，世界の大手の仮想通貨企業の本社が相次いでマルタに本社を移し，世界で最も多額の仮想通貨が取引された。

またマルタはタックスヘイブン（租税回避地）としても有名である。これに関し，2016年4月，タックスヘイブンを利用する世界の企業，政治家，富裕層の人々に関する膨大な機密文書，いわゆる「パナマ文書」が公表されたが，マルタの政治家の名前も含まれていた。この文書の調査報道に関わり，ムスカット首相の婦人や側近の汚職疑惑を追及していたマルタ人女性ジャーナリストが，2017年10月に乗用車ごと爆殺されるという事件が発生し，世界を震撼させた。この事件とともに，マルタが違法なマネーロンダリングの温床になっているのではないかという疑惑，世界の富裕層へ市民権や旅券の高額販売を行っているという問題は，「法の支配」「民主主義」「基本的人権」「グッド・ガバナンス」といった価値を共有する共同体の構成国としては，克服すべき大きな課題であろう[12]。

（鈴井清巳）

▷7　前々任国スロバキア，前任国オランダとともに，連携して課題に取り組み，任期終了後は，後任国のエストニア，ブルガリアと連携して運営にあたった。

▷8　⇨Ⅲ-6「経済社会評議会と地域評議会」

▷9　人道的見地から難民船を寄港させるべきとの他のEU構成国やNGOからの要請があったが，マルタ政府は他のEU構成国が受入れ人数を明確に示すまで寄港を拒否した。

▷10　主要産業部門のGDPに占める割合は（2016年），流通，運輸，宿泊，飲食（20.9%），公行政，防衛，教育，保健等(17.7%)，専門・科学・技術的業務への管理サポート業務(12.7%)と，第三次産業がGDPの半分以上を占めている。さらに後述のオフショア・ビジネスや仮想通貨関連ビジネスが近年の経済成長の原動力になっている。

▷11　**仮想通貨**
ネットワーク上で流通している電子的な決済手段であり，強制通用力や特定の国家による裏付けのないものをいう。

▷12　批判を受け，ムスカット首相は辞任した（2020年1月）。

参考文献

モーリー・グリーン（秋山晋吾訳）『海賊と商人の地中海』NTT出版，2014年。

田中義晧『世界の小国——ミニ国家の生き残り戦略』講談社選書メチエ，2007年。

Harwood, Mark, *Malta in the European Union*, Ashgate, 2014.

Ⅶ　加盟国・加盟候補国と EU 政治

14 ポーランド

1 EU とポーランド

旧共産圏の国であったポーランドは，1989年の体制派と反体制派による「円卓会議」後，同年9月に初めての自由選挙が実施され，自主管理労組「**連帯**」[1]が圧勝し，民主化・市場経済化への歩を進めることとなった。当時のローマ法王がポーランド人のヨハネ・パウロ2世であったことから，西欧への心的距離感が近く，その後のポーランド政府は，政権交替が行われても，EU 加盟を至上命題とした。1999年3月には NATO（北大西洋条約機構）に加盟。欧州の西側諸国の一員としての基盤を確たるものとした。その後，EU 加盟条件である①政治的条件（民主主義の定着），②経済的条件（機能する市場経済），③法的条件（EU 法体系の受容）の作業を経て，2004年5月に EU に加盟した。

EU 加盟後は，加盟候補国から加盟国へと立場が変わり，中東欧の大国として，またバルト三国と中東欧・南東欧をつなぐ地政学的な位置関係から，域内における重要性を高めつつある。

2 ポーランドの政治

2019年6月現在，ポーランドの大統領は「法と正義」のアンジェイ・ドゥダ，首相も「法と正義」のマテウシュ・モラヴィエツキである。大統領と議会がともに保守系ナショナリズム政党の「法と正義」によって握られている。「法と正義」はポピュリズム政党，非リベラル政党の呼び声が高く，現に憲法裁判所の権限を弱体化させようとしたり，「法と正義」に批判的であった公共放送への介入を行ったり，EU の難民受入割当制度に反対したりと，EU 加盟国における**非リベラル民主主義**[2]の一例として取り上げられることが多い。

このような「法と正義」の政治運営には，大きく二つの理由がある。

第一は，2015年の上下院選挙以降，ベアタ・シドゥオ政権とそれを引き継いだモラヴィエツキ政権が，1989年のポーランドの体制転換以降初めての単独政権であることである。これにより，2015年10月の上下院選挙以降は「法と正義」の単独政権となり，公約をそのまま実施できる周辺環境が整った。それまでは，1991年10月選挙で中道左派連立政権，1993年9月選挙で左派連立政権，1997年9月選挙で中道右派連立政権，2001年選挙で左派連立政権と，旧「連帯」派と旧「**統一労働者党**[3]」派との間で，政権交替が行われた。2004年5月1

▷1　**連帯**
1980年に社会主義国であったポーランドにおいて初めて労働者による自主的かつ全国規模の労働組合として結成された自主管理労組。通称“Solidarność”。1981年12月に戒厳令が施行され，その活動は地下に潜るが，全国的な展開は以後も続き，1989年2月6日～4月5日にかけて，カトリック教会関係者とともに，体制側の統一労働者党との円卓会議を開催した。これがポーランドの体制転換の引き金になった。

▷2　**非リベラル民主主義**
Illiberal democracy と英語では表記され，制度的民主主義は担保されているものの，支配政党によって実質的な自由が制限される政治体制をいう。傾向として立法府への権力集中が特徴として挙げられ，裁判所，大学，メディアなどが権力を奪われる対象となることが多い。

▷3　**統一労働者党**
1948年に結成されたポーランドの支配政党。共産主義・社会主義を政治的・経済的立場とする。1989年6月の部分的自由選挙で敗北を喫するまで，ポーランドを支配し続けた。略称は PZPR。

日の EU 正式加盟後は，2005年選挙後は「法と正義」中心の右派連立政権，2007年選挙後・2011年選挙後は「市民プラットフォーム」中心の中道リベラル連立政権と，旧「連帯」系の二つの政党を中心とした連立政権の間で，政権交替が続いた。

第二は，中道リベラル政党の「市民プラットフォーム」と保守系ナショナリズム政党の「法と正義」との間の政策の違いである。後述するように，「市民プラットフォーム」が政権をとった2007年以降，ポーランド経済は EU 市場により開放的となり，海外企業の積極誘致や大企業への減税など**ネオリベラル経済政策**[◁4]を進めた。他方で，「法と正義」はポーランド国内の，農村部や，都市部のいわゆるグローバル化・EU 化の「負け組」の票を基盤としており，保護主義的な政策を取る傾向にある。2015年10月選挙以降は単独政権ということもあり，「法と正義」の体質が如実に政策に反映される形となっている。

▷4 ネオリベラル経済政策
小さい政府や規制緩和を志向し，市場の力を評価する。民間投資の役割を重視，時に国営企業の民営化をはじめとする民間経済部門の活性化を図る。しかし，「小さな」政府ゆえに，各種社会保障や教育，所得配分政策などにおいては，比較的所得の低い者に不利に働く場合もある。

3 ポーランドの経済

2007年の「市民プラットフォーム」中心の連立政権発足後，ポーランド経済はより EU に対して開放的となり，その結果，海外直接投資の流入が増え，経済成長率は高まり，失業率は減少した。この傾向は，2015年の「法と正義」政権になっても続いている。2008年から2017年に至る10年間で，リーマン・ショックの一時期を除き，おおむね4～6％の経済成長率を維持し，また，失業率も低下の一途を辿り，2018年には6.7％の過去最低水準となった。

しかし，このような「市民プラットフォーム」主導のネオリベラルな経済政策にも問題が存在する。それは，2016年2月にモラヴィエツキが発表したモラヴィエツキ・プランに凝縮されている。ここでは①中所得国の罠（経済発展進行に伴う賃金上昇による経済停滞），②国内資本と海外資本のバランスの悪さ（国内資本が不十分），③平均生産の罠（ポーランド経済におけるイノベーションが不十分），④人口動態の罠（少子高齢化），⑤弱い制度の罠（公的制度の効果の低さ）をポーランド経済の問題点として焦点を当て，経済改革を進めるとする。そして，これら5点の問題点を解決することで，最終的な目標として，①再工業化（産業を強化してポーランド経済の特徴を増やす），②イノベーティブな企業の発展，③国内投資の増大，④ポーランド企業の国際的展開，⑤よりバランスのとれた社会経済発展，を達成することが掲げられている。

このモラヴィエツキ・プランは，「市民プラットフォーム」のネオリベラル経済政策を修正し，より国内目線で政府主導のもと問題解決を行おうとする計画と考えることができる。これに対しては，過半数のポーランド市民も支持しているとされ，ポーランドは今後も近い将来は，この二つの軸の間で揺れ動きながら，自国の発展を模索していくことになるだろう。　（市川　顕）

参考文献

松尾秀哉・近藤康史・近藤正基・溝口修平編著『教養としてのヨーロッパ政治』ミネルヴァ書房，2019年。

Ⅶ　加盟国・加盟候補国と EU 政治

15 ハンガリー

1 ハンガリーと EU

1989年に社会主義労働者党（共産党）の一党支配体制が終焉を迎えた後，ハンガリー国内では EU 加盟を望む声が高まった。体制転換後のハンガリーにとって，EU 加盟はソ連の勢力圏からの「ヨーロッパ回帰」を意味した。同時に，経済発展のために加盟が不可欠だという認識を多くの国民が共有していた。

1997年，EU はポーランド，チェコ，ハンガリー，スロベニア，エストニア，キプロスを候補国として，翌年3月から加盟交渉を開始した。EU 加盟の必要条件として，ハンガリーや他の候補国は民主主義や人権，市場経済などのコペンハーゲン基準を受け入れなければならなかった。さらに，EU がこれまで蓄積してきた法体系である「アキ・コミュノテール」を満たすための準備を中東欧諸国は進めた。ハンガリーは2002年12月に加盟交渉を終えて，2004年5月に加盟を実現させた。

しかしながら，加盟後最大7年にわたる現加盟国への労働力の移動の制限措置に対して，加盟交渉の段階から新加盟国は不満をもっていた。2003年4月にハンガリーで実施された EU 加盟のための批准手続きとしての国民投票では，加盟への賛成票は83.76％を占めた。にもかかわらず，投票率は45.56％にとどまり，賛成票を投じた有権者は全体のわずか38.16％にすぎなかった。さらに，アキ・コミュノテールを受け入れるための改革や法整備は，現実には厳しいものだった。EU 加盟以降，ハンガリーは「改革疲れ」ともいえる状況に陥った。さらに，2008年の世界金融危機がハンガリー経済を直撃した。ハンガリーは危機打開のため，IMF（国際通貨基金），EU，世界銀行から多額の融資を受けることになった。翌年にハンガリーの GDP は前年比で6.6％も下落した。[1] 2000年代末までに，ハンガリー国内では「ヨーロッパ回帰」そのものへの幻滅が広がった。

2 オルバーン政権（2010～）と EU

現在，EU の基金からの多額の公共投資に支えられてハンガリー経済は回復基調にある。にもかかわらず，**オルバーン**[2]首相は EU に対して加盟国の主権の優位を強調している。2010年4月の総選挙に勝利した後，オルバーンは伝統的な価値観を反映した新憲法（基本法），政権に批判的な左派系メディアを規制

▷1　柳原剛司「危機下における国家の再構築と社会政策の変化」福原宏幸・中村健吾・柳原剛司編『ユーロ危機と欧州福祉レジームの変容――アクティベーションと社会包摂』明石書店，2015年，229-230頁。

▷2　**オルバーン**（Orbán Viktor：1963-）
1963年にハンガリー西部の都市セーケシュフェヘールヴァールで生まれ，エトヴェシュ・ロラーンド大学（ブダペスト大学）法学部を卒業して弁護士資格を取った。1988年に法学部時代の仲間とフィデスを結成。当初，フィデスはリベラル派だったが，まもなく右旋回を始めた。

するためのメディア法の制定を強行した。さらに，オルバーン政権は司法や中央銀行への介入を強めた。オルバーンが自国民に向けて強い指導者像，国家像を打ち出そうとするたびに，EU との軋轢が生じた。[3] オルバーンと彼の与党フィデスの対 EU 姿勢には，第1期政権（1998～2002年）時代の加盟交渉での苦しい体験が背景にあった。

2010年以来，オルバーンが推進してきた行政府の権限の強化は，リスボン条約第2条に明記された人間の尊厳の尊重や法の支配など EU 共通の価値への挑戦ともいえる。オルバーンは2014年4月の総選挙での勝利を，西欧をモデルとした体制転換後の自国の過去と訣別するための契機だと認識した。総選挙後の7月，オルバーンはルーマニアのトランシルバニア地方で毎年開催される夏期大学での講演で「西側的でも，自由主義的でも，たぶん自由民主主義的でもないにもかかわらず成功している国家がどのような体制なのかを世界は理解しようとしている」と語り，成功した国家の例としてシンガポール，中国，インド，ロシアに言及した。[4] オルバーンにとって，EU は模範となるべき存在でなかった。

3 ハンガリーと欧州難民危機

2015年の**欧州難民危機**[5]で，ハンガリーはバルカン・ルートを北上する難民にとって，事実上の EU への玄関口となった。オルバーン政権は大量の難民の流入を前に，南部国境をフェンスや鉄条網で閉鎖した。同年9月に EU の政策執行機関である欧州委員会が加盟国に対して16万人の難民の受入れ（ハンガリーは1294人）を割り当てると，移民を受け入れた経験に乏しい中東欧諸国は激しく反発した。12月にハンガリーはスロバキアとともに，EU による受入れ割当の無効を求めて EU 司法裁判所に提訴した。しかし，2017年9月に同裁判所は両国の訴えを退けた。敗訴の後，オルバーンは難民問題を半年後に迫った総選挙の主要な争点と位置づけ，メディアを巧みに利用して有権者に大量の難民流入による治安の悪化をアピールした。2018年4月の総選挙の結果は，フィデスが3分の2の議席を得る圧勝であった。

総選挙後の2018年6月に，ハンガリー国会で不法移民を支援する NGO 関係者に禁固刑を科すことができる法案が可決された。9月12日に欧州議会は賛成多数で，ハンガリーで EU 共通の価値への重大な侵害が存在すると決議した。賛成票を投じた議員の中には，フィデスの所属する会派・欧州人民党の議員も多く含まれていた。にもかかわらず，オルバーンは難民をめぐる問題で EU 域内の治安や域外国境の防衛の重要性を主張して強気の姿勢を崩してしない。フィデスは2019年5月の欧州議会選挙で，ハンガリーに割り当てられた21議席のうち過半数を超える13を獲得した。

（荻野　晃）

▷3 オルバーン政権と EU の軋轢に関しては，山本直『EU 共同体のゆくえ――贈与・価値・先行統合』ミネルヴァ書房，2018年，130-146頁を参照。

▷4 オルバーン演説（英語訳）は，ハンガリー政府の公式ホームページ，http://www.kormany.hu/en/the-prime-minister/the-prime-minister-s-speeches/prime-minister-viktor-orban-s-speech-at-the-25th-balvanyos-summer-free-university-and-student-camp（2017年5月10日アクセス）。

▷5 **欧州難民危機**
⇨ Ⅵ-5 「移民・難民問題」

参考文献

田中宏「欧州ポピュリズム対ハンガリー・ポピュリズム――ハンガリーにおけるソーシャル・キャピタルの創発と欧州地域信任体系から」『比較経済体制研究』第25号，2018年，20-42頁。

荻野晃「ハンガリー現代史と人の移動――1956年，1989年，2015年」藤井和夫編『現代世界とヨーロッパ――見直される政治・経済・社会』中央経済社，2019年，47-67頁。

Ⅶ　加盟国・加盟候補国とEU政治

16 チェコ

1 EU政治におけるチェコ

チェコ共和国は2004年にEUに加盟した新規加盟国の一つである。加盟から十数年が経過したが，EU政治におけるチェコの影響力は国のサイズを考慮しても大きいとはいえない。その原因として挙げられるのは，欧州委員会委員やEU官僚に十分に人材を供給できていないことと，国内におけるEU政治への関心の薄さである。唯一有力政治家出身として雇用・社会問題・機会均等総局委員を務めた首相経験者のウラジミール・シュピドラは，フランス語はできても英語での執務ができないなどの語学力の問題や自分のヴィジョンを促進する説得力に欠け，十分な成果をあげることができなかった。その後のチェコ出身の委員は外交官出身であった。チェコ出身のEU官僚も人口比からみて少ない。さらに，欧州委員会委員もEU官僚もEU政府の一員として，中立的に職務を行うべきだと考え，出身国の利害を反映させることに十分意を用いてこなかった。EU官僚としては職務に忠実といえるが，国内の政党政治との接点が少なく，チェコ政府からの引きがないことから上級職に上りにくい面もある。

その中で，2009年前期のEU理事会議長国就任は，チェコがEU政治におけるプレゼンスを発揮する機会であったが，議長国任期中に首相が不信任決議で辞職に追い込まれる事態となり，その後は暫定首相による「オートパイロット的な[1]」議長国職務遂行にとどまった。EUの個々の政策については，対応，実施に力を注ぎ，発言まで至らなかったといえる。

▷1　政治的意思決定を避け，ルーティン的なものに活動を絞る意。

欧州議会では，チェコのキリスト教民主主義政党，社会民主主義政党，共産党はそれぞれの姉妹政党の会派に所属している。市民民主党はイギリス保守党とともに欧州懐疑主義の会派（保守改革派連盟ACRE）を構成しており，イギリスのEU離脱後の行方が注目される。

単独では影響力をもつことが難しいことから，**ヴィシェグラード諸国**[2]はEU理事会の前に首脳会議をもち，相互の立場を確認している。しかし，それぞれのEUに対する立場も必ずしも一致しておらず，共同歩調をとれる政策は限定されている。その中でEUの難民の割当て政策に対しては一致して反対したのは，興味深い動きである。

▷2　**ヴィシェグラード諸国**
⇨Ⅶ-17「スロバキア」側注3

ユーロを導入していないチェコは，統合のマルチ・スピード化によって，置き去りにされることをおそれているが，ユーロ危機以降，ユーロ導入を推進しようとする国内勢力はない。その点でユーロ加盟国であるスロバキアとの利害の違いもある。

2 チェコ政治における EU

EU 加盟をきっかけに，チェコには EU 域内，域外から企業が進出し，雇用増進や関連企業の発展に寄与した。構造基金，結束基金については，加盟初期にはマッチングファンドの国内ファンドが準備できない等の問題で，十分利用できなかったが，2007～13年の時期には県をいくつかまとめたリージョンが自律的に行動できるようになり，基金を獲得し，様々なインフラ事業に役立てている。EU 加盟によって経済的利益を得ていることはチェコ人にも認識されているが，それが EU 支持に必ずしもつながっていない。最低賃金がヨーロッパでも低いレベルであり，EU の中でのチェコ市民の経済的立場への不満が背景にある。

政党では，中道右派の市民民主党と共産党が EU 懐疑主義，社会民主党とキリスト教民主主義政党，中道右派の TOP 09が親 EU 政党であるが，両方に共通するのは EU に対する「道具的」見方である。懐疑主義の市民民主党も親 EU の社民党も，EU をチェコが西ヨーロッパの経済水準に追いつくための手段とみなしており，そのためにどれだけ有効か否かという点で EU を判断する傾向がある。欧州統合の理念やプロセスについての関心や議論は低調である。有権者も同様であり，それは欧州議会選挙の投票率の低さ（2019年は28.72%）にも表れている。

ただし，ユーロ危機時のギリシャへの対応と**難民危機**[3]時の難民割当てによって，日系チェコ人トミオ・オカムラが率いる「自由と直接民主主義」など，欧州統合そのものに反対する「ハードな欧州懐疑主義」の新党が台頭した。また，2013年からの大統領であり，2018年にも再選されたゼマン大統領は，EU の外交政策に反対して，ロシア寄りの姿勢を示したり，チェコでも EU についての国民投票を提起したりと，掘り起こした有権者の反 EU 感情を人気維持の手段としている。大統領選の行われた時期の2018年 2 月の調査によれば，チェコ人の54%が EU 残留，34%が離脱を支持しており，EU への支持は東中欧で最も低かった。35歳以下の若者層と66歳以上の高齢者に支持が強く，中年層に反 EU が多いのが特徴である[4]。一方，既成政党の側は，元来市民民主党は EU は支持しつつ「過度な統合」を批判する「ソフトな欧州懐疑主義」であり，イギリスの EU 離脱（Brexit）国民投票に同調することはない。難民問題で EU と距離を置いた社民党との距離はむしろ縮まっている。

2013年以降政府に参加し，2018年からはバビシュ首相を出している新党 ANO は EU に対しての明確な姿勢を示していない。バビシュは EU の補助金を受給する農業化学食品関連企業のアグロフェルトの実質的オーナーであり，利益相反が問題視され，EU 基金の不正受給の疑いがある。　（中田瑞穂）

▷3　**難民危機**
⇨ Ⅵ-5 「移民・難民問題」

▷4　Český rozhlas, 2018. 2.21

参考文献

中田瑞穂「〈難民問題〉を争点化する東中欧諸国の政治――チェコの政党政治を中心に」宮島喬・佐藤成基編『包摂・共生の政治か，排除の政治か――移民，難民と向き合うヨーロッパ』明石書店，2019年。

Havlík, Vlastimil, Vít Hloušek and Petr Kaniok, *Europeanised Defiance: Czech Euroscepticism Since 2004,* Opladen/Berlin/Toronto: Barbara Budrich Publishers, 2017.

Ⅶ　加盟国・加盟候補国と EU 政治

17 スロバキア

1 国家独立から EU 加盟達成までのスロバキア

1989年の東欧民主革命によりチェコスロバキアでも共産主義体制が崩壊し，民主主義の政権が樹立された。また，経済面では社会主義から資本主義への転換である市場経済移行が始まった。

1993年1月，チェコとの連邦が解消した結果，スロバキア共和国が独立した。外交政策の中心目標として掲げた「ヨーロッパへの回帰」は，EU の西欧諸国の民主主義と近代の自由主義というモデルをスロバキアへ導入することを意味する。同国は1995年6月に EU 加盟を申請した。EU との加盟交渉を開始するためには，EU の加盟基準（**コペンハーゲン基準**◁1）を達成する必要があった。

▷1　**コペンハーゲン基準**
⇨ I-7「EU 拡大の歴史」

しかし，スロバキアでは当時の内政により EU 加盟向けの過程の前半が周辺国より遅れた。1993〜98年のメチアル首相政権下での非民主主義的な政治手法が EU から批判を浴びた。1997年7月に欧州委員会により発表された「アジェンダ2000」により，当時最も加盟交渉開始準備が進んでいると判断された「第1陣諸国」（ハンガリー，チェコ，ポーランド，スロベニア，エストニア，キプロス）と EU との間の加盟交渉が1998年3月に開始されたが，「第2陣諸国」である国（スロバキア，ラトビア，リトアニア，マルタ，ルーマニア，ブルガリア）との加盟交渉は1999年12月に開始された。

中欧で取り残されつつあったスロバキア国内では不満が高まり，1998年9月の総選挙の結果として政権が交代した。ズリンダ政権は民主化政策推進と経済・財政の立て直しに取り組み，EU 側から高く評価された。ズリンダ政権が EU および NATO（北大西洋条約機構）への加盟に強くコミットした結果，加盟準備の達成が進展し，経済も順調に回復した。EU 加盟をめぐる国民投票がスロバキアで2003年5月に行われ，EU 加盟に賛成した投票者の比率（92.5%）が中欧で最も高かった。同国は2004年5月1日に EU 加盟を果たした。同年3月に NATO に加盟した。

2 EU 統合の深化に積極的に取り組んできたスロバキア

2006年6月に総選挙が行われ，フィツォ首相下で連立政権が発足した。政権交代にもかかわらず，スロバキア政治には EU 統合の深化の積極的推進という一貫したコミットがあった。

第一に，2007年12月にスロバキアが**シェンゲン圏**[▷2]というヨーロッパ単一旅行領域に加盟し，EU 対外国境（スロバキア・ウクライナの90キロの国境）では出入国管理に EU 共通のルールを導入した。

第二に，経済面では，2000年以降に主に西欧諸国からの対外直接投資を通じて，高い成長と EU コア諸国への急速な経済水準の収斂を実現してきた。ユーロの早期導入を目指していた同国は EU 市場への輸出依存度が高く，ユーロがもたらす為替相場の安定は一層重要であった。2009年1月にユーロが導入された。欧州債務危機（ユーロ危機）下でもスロバキア経済が安定性を保った主な要因の一つはユーロであった。現在も，スロバキアは**ヴィシェグラード・グループ**[▷3]の唯一のユーロ導入国であり，EU の統合深化に積極的に取り組み続けるスロバキアが諸外国からも成功事例として評価されている。

3 EU が直面している課題とスロバキアの位置づけ

EU 加盟国であることはスロバキアの安全性，安定化，経済繁栄の根本であると同国政府は繰り返し宣言し，EU の課題に積極的に取り組む姿勢に変更はない。外交面でスロバキアは，西バルカン諸国の EU 加盟に向けた取組みを積極的に支援し，ウクライナを含む旧ソ連諸国に対する協力も重視している。

しかし，2015年にスロバキアを含む中欧4カ国は EU が求めた難民受入れの加盟国への強制的割当てを拒否した。移民や難民の受入れ経験が浅いスロバキアでは国民の難民の受入れへの抵抗を背景に，政府は**難民危機**[▷4]に対する自発的な取組み（たとえば，EU 域外国境の強化策に加盟国による自発的な支援等）を EU に推進しようとした。難民をめぐる EU 各国の立場の違いを乗り越える課題が現在も残っているが，スロバキアは建設的な対話に取り組んできた。その姿勢を明確にしたのは同国が EU 理事会議長国の時であった。

2016年下半期，スロバキアが初めて EU 理事会（加盟国閣僚会議）議長国を務めた。EU 理事会議長国の役割は，EU 理事会の立法業務を推進し，加盟国間の協力を図ることである。スロバキアが，経済的に強い EU，持続可能な移民政策，グローバルな関与をもつ EU という主要課題を掲げた。移民危機やイギリスの EU 離脱に立ち向かった EU ではスロバキアの舵取りが注目された。スロバキアが議長国として果たした四つの大きな成果として，①EU 対外国境管理を強化するための**欧州国境沿岸警備機関**[▷5]の発足，②雇用や経済成長に十分な予算を充当することを柱にした2017年次の EU 予算成立，③EU デジタル単一市場の戦略の進展，④EU・カナダの包括的経済貿易協定の調印が EU で高く評価された。2016年9月16日にスロバキアの首都ブラチスラバでイギリスを除く EU 27カ国首脳によって採択された「ブラチスラバ宣言」は，EU が今後優先的に取り組む課題（移民問題，テロ対策等）の行程表を示した。

（花田エバ）

▷2 シェンゲン圏
⇨Ⅵ-4「人の自由移動」，Ⅵ-5「移民・難民問題」

▷3 ヴィシェグラード・グループ
中欧4カ国（チェコ，ハンガリー，ポーランド，スロバキア）の協力枠組みである。1991年2月に発足。加盟国はまとめて「ヴィシェグラード諸国」と呼ばれる。

▷4 難民危機
⇨Ⅵ-5「移民・難民問題」

▷5 欧州国境沿岸警備機関
⇨Ⅵ-3「治安，テロ対策」側注9

参考文献

田中素香ほか著『現代ヨーロッパ経済（第5版）』有斐閣アルマ，2018年。
田中宏『EU 加盟と移行の経済学』ミネルヴァ書房，2005年。
羽場久美子ほか編著『ヨーロッパの東方拡大』岩波書店，2006年。

Ⅶ　加盟国・加盟候補国と EU 政治

18 東バルカン

1 ブルガリア

1989年11月，1954年以来続いていたトドル・ジフコフ共産党書記長による長期政権が終わった。1990年６月に行われた大人民会議選挙では，社会党と名称変更した共産党が勝利したものの，1991年10月の人民議会選挙では，民主勢力同盟が勝利し，1992年１月には，民主勢力同盟系のジェリュ・ジェレフが大統領に選出された。[1]

移行開始後の政権の不安定性による首尾一貫性のない経済政策は，民営化などの構造改革，マクロ経済安定化を遅らせた。[2]これに対して民主勢力同盟は，急進的経済改革を推進したが，貧困と失業者の増大，構造的な汚職により国民の政治不信を招くこととなり，[3]2001年，ブルガリア王国の最後の国王であったシメオン２世が国民議会選挙に勝利し，首相となった。シメオン２世政権は，NATO（北大西洋条約機構）加盟（2004年）を果たしたが，国民の生活水準向上への期待に応えられず，汚職・組織犯罪に関して有効な政策を打ち出せなかった。

その後も，2005年はスタニシェフ社会党党首を首班とする連立政権が，2009年にはボリソフを首班とする「ブルガリアの欧州における発展のための市民（GERB）」政権が，2013年には社会党による連立政権が，2014年は GERB と改革派ブロックによる連立内閣が，2017年には GERB が政権をとる（第三次ボリソフ内閣）など，不安定な政治情勢が続いている。

このような中，ブルガリアは2007年１月に EU に加盟した。ブルガリアは，毎年，司法改革，汚職，組織犯罪への対策の検証を受けてきたが（協力・検証メカニズム［CVM］），2019年報告書は，前年に指摘された課題に十分な対応が成されたとして CVM の終了を勧告した。今後は**シェンゲン域**[4]加盟が課題である。

▷１　ロシア東欧経済研究所『日本・東欧貿易ハンドブック（ルーマニア・ブルガリア）改訂版』1993年，101～108頁。

▷２　GDP 成長率は，1996年－7.5％，1997年－15.7％へと下落した（EBRD, *Transition Report, 1998,* p. 211）。その後，各々0.7％，－1.1％に改訂されている（http://api.worldbank.org/v2/en/country/BGR?downloadformat=csv，2018年12月24日アクセス）。

▷３　外務省ブルガリア基礎データ：内政（外務省 HP）。

▷４　**シェンゲン域**
⇨Ⅵ-４「人の自由移動」，Ⅵ-５「移民・難民問題」

2 ルーマニア

ルーマニアでは，1965年以来続いたニコラエ・チャウシェスク政権が，1989年12月，突然終焉を迎え，共産党古参幹部であったイオン・イリエスクを議長とする救国戦線評議会（FSN）が政権を奪取した。イリエスクは，1990年５月，大統領に就任する。FSN の後継である社会民主党政権は，漸進主義的な移行政策をとり，旧共産党員による汚職が批判され，1996年に野党連合「民主会議」のエミール・コンスタンティネスクが大統領に選出された。しかし，コンスタンティネスク政権は，経済においても汚職対策においても十分な実績を残すことができず，[5] 2000年イリエスクが大統領に返り咲いた。

2000年，ブルガリアとともに，ルーマニアのEU加盟交渉が開始され，[6] 法・政治・経済のEU基準への収斂が進み，NATO加盟（2004年）に続き，2007年1月，ルーマニアはEU加盟を果たした。

この間，2004年，国民自由党と民主党からなる「正義と真実」連合の支持を得て，ブカレスト市長であったトラヤン・バセスクが大統領に就任した。バセスク大統領は，2007年4月に下院により弾劾を受け，5月の国民投票で信任され，大統領職にとどまったほか，ボック，ポンタなどの首相と対立した。

2014年，国民自由党と民主党からなる「キリスト教自由同盟」の支持を受けたクラウス・ヨハニスが大統領に選出されたが，2016年の議会選挙で社会民主党が勝利し，[7] ねじれ現象が起き，2017〜18年に四度の首相交代が起きるなど不安的な政治情勢が続いている。

ルーマニアは，ブルガリアとともに，CVMにより，毎年，司法改革，汚職対策の進展の検証を受けており，シェンゲン域にも加わることができていない。特に，2017年1月に出された二つの緊急政令[8]は大規模な国民の抗議デモを引き起こし，その後も，司法関連法改革，司法の独立への圧力，国家汚職対策局に対する圧力，その他の汚職対策を危うくする措置がとられていることへ欧州委員会は強い懸念を示している。

3 モルドバ

モルドバは，1991年8月にソ連からの独立を宣言し，1991年末のソ連解体以来，民主化，市場経済化を進めてきたにもかかわらず，多くの困難に直面し，欧州の最貧国の一つといわれている。[9]

モルドバの第一の課題は，東（ロシア）を向くのか，西（ルーマニア・EU）を向くのかである。スネグル初代大統領は親ルーマニア政策をとるが，中立的なルチンスキー大統領の後，2001年には親ロシア派の共産党党首であるヴォローニンが大統領に就任する。2009年より，共産党への不満，経済政策の失敗，汚職問題などにより，2年以上にわたって大統領不在となる内政の混乱が続いた後，2012年に親欧州派のティモフティが大統領に選出された。[10] 現在は，ドドン大統領の選出母体の親ロシア・左派の社会党，親EU・反新興財閥のACUM，親EU・中道左派の民主党による三すくみの対立が続いている。

第二の課題は，国内に「トランスニストリア（沿ドニエストル）・モルドバ共和国」という未承認国家を抱えていることである。親ロシア政権が1990年9月にトランスニストリアの独立を宣言し，ロシア軍を加えた戦闘の後，2002年より正常化交渉が続けられている。（吉井昌彦）

▷5 1997年，経済成長率は4.8%のマイナス成長となり，第二の移行不況を経験した（http://api.worldbank.org/v2/en/country/ROU?downloadformat=csv，2018年12月31日アクセス）。

▷6 1999年，ラトビア，リトアニア，スロバキア，ルーマニア，ブルガリア，マルタの6カ国との加盟交渉開始が決定された。

▷7 下院329議席中，社会民主党が154議席を占め，国民自由党は69議席にとどまっている。

▷8 禁固5年以下（汚職の場合は，汚職金額が4万4000ユーロ［530万円］以下）の罪で収監されている者に対する恩赦に関する政令，職権乱用の罪の定義に関する刑法の改正に関する政令。

▷9 2017年の1人当たりGDPは2290ドルである（http://api.worldbank.org/v2/en/indicator/NY.GDP.MKTP.CD?downloadformat=csv，2018年12月31日アクセス）。

▷10 2014年，深淵かつ包括的な自由貿易協定（DCFTA）を含むEU・モルドバ連合協定が署名され，2016年，発効している。

参考文献

六鹿茂夫『ルーマニアを知るための60章』明石書店，2007年。

Ⅶ　加盟国・加盟候補国と EU 政治

19 西バルカン諸国

1 西バルカン諸国の政治変動

1989年の東欧諸国で生じた混乱は，ユーゴスラビア（ユーゴ）とアルバニアにはほとんど及ばなかったが，両国はより大きな混乱をその後に経験することになる。本節では，ユーゴ後継諸国のうちスロベニアを除く6カ国とアルバニアを扱うことにする。これら7カ国は，一般に西バルカン諸国と呼ばれている。

西バルカン諸国の現在はユーゴ解体から始まる。1980年の**チトー**[◁1]の死後，ゆっくりと解体の道を歩みつつあったユーゴにとって，1990年は組織的主柱であったユーゴ共産党（正式には1952年より「ユーゴスラビア共産主義者同盟」）の全国的支配に終止符が打たれたことにより，存続の望みが絶たれた年であった。その後のユーゴを待っていたのは，四度の内戦と7カ国への解体であった。

スロベニアを除くユーゴ後継諸国について，まずクロアチアは，トゥジマン主導のクロアチア民主同盟が唱えるクロアチア民族主義の下で独立を勝ち取り，その後は同党中心の保守派とクロアチア社会民主党中心の左派の間で政権交代が繰り返されている。2009年4月の NATO（北大西洋条約機構）加盟に加え，独立以来の念願だった EU 加盟を2013年7月に果たした一方で，政治の民族主義化の動きも指摘されている。次に，3年半にわたる内戦を**デイトン合意**[◁2]によって終わらせたボスニア・ヘルツェゴビナ（ボスニア）では，内戦の原因となった民族主義政治が横行している。国土は，ボスニア人，クロアチア人中心のボスニア連邦とセルビア人共和国，国際管理されているブルチュコ地区に三分され，さらにボスニア連邦は10の県（カントン）に分かれている。その上，3民族には重大決定に関する拒否権が与えられている。こうした政治システムの複雑性が政治的停滞の一因となっている。セルビアの政治は，ミロシェヴィッチ時代とその後に大きく分けられる。ミロシェヴィッチは1988年以来セルビアの実権を握っていたが，コソボ内戦に敗れ，2000年10月に下野した後に旧ユーゴスラビア国際刑事法廷に移送された。その後は民族派と西欧派が鎬（しのぎ）を削っていたが，現在では民族派のセルビア進歩党が政権の中心である。最大の懸案であるコソボとの国交関係樹立の目処は立っていない。モンテネグロでは，旧共産系であるモンテネグロ社会民主党が一貫して第一党であり続け，党首のジュカノヴィッチは長らく政治リーダーとして君臨している。ジュカノヴィッチ体制の腐敗に対する批判も封じ込まれている。続いて，マケドニアの

▷1　**チトー**（Josip Broz Tito：1892-1980）
1937年よりユーゴスラビア共産党書記長を務め，パルチザン部隊を率いて第二次世界大戦中の内戦や対独抵抗運動を乗り切った。戦後ユーゴでは首相，大統領（1971年からは連邦幹部会議長）を歴任し，1980年の死去までユーゴの「主柱」であった。国際的にも非同盟運動の中心人物の一人であった。

▷2　**デイトン合意**
ボスニア内戦を終了させた合意。1995年11月に署名。デイトン合意の付属書Ⅳは現在のボスニア憲法である

政治的構図は,「内部マケドニア革命組織－マケドニア民族統一民主党」中心の民族派とマケドニア社会民主同盟中心の左派間の競争に，アルバニア人政党が絡むというものである。2001年春の政府治安部隊とアルバニア人武装組織の衝突収拾以来，マケドニア人とアルバニア人との対立は表面化していない。隣国ギリシャとの懸案であった**マケドニア国名問題**[3]は，北マケドニアに改名することでひとまず解決した。最後にコソボでは独立以来民族主義政党が中心的役割を果たしている。北部のセルビア人地域の問題が未解決である上に，露中の国家承認が得られず，近い将来の国連加盟は難しい。

アルバニアは長らくホッジャ率いるアルバニア労働党の独裁体制下にあった。1991年３月の初めての自由選挙では，同党の後継，アルバニア社会党が勝利したが，翌92年３月の選挙ではアルバニア民主党が圧勝，党首ベリシャの強力な指導下，急速な市場経済化が進められた。しかしそのつけは1997年春の「ネズミ講」の破綻を契機とする北部の無政府状態化，国連 PKO の派遣であった。他方で，ベリシャ体制の方針は欧米に歓迎され，EU 加盟，NATO 加盟プロセスは大きく進んだ。2009年４月の NATO 加盟後の最優先事項は EU 加盟であり，この点では主要政党すべてが一致している。

2 西バルカン諸国の国際関係

西バルカン諸国における国際関係の最大の特徴は EU，NATO の東方拡大である。EU 加盟プロセスでは，クロアチアについては前述のとおりであり，セルビア，モンテネグロ，マケドニア，アルバニアが EU 加盟候補国，ボスニア，コソボが潜在的加盟候補国である。その際に指摘しておくべきことは，加盟プロセスの進行が内戦における戦犯への対応と関係している点である。NATO については，クロアチア，アルバニアに加えて，2016年６月にモンテネグロが加盟を果たした。1999年に大規模空爆を受けたセルビアを除き[4]，ボスニア，マケドニアは NATO 加盟プロセスを進み，コソボには NATO 主体の PKO である **KFOR**[5] が展開している。これに対して，西バルカン諸国への影響力拡大を図るロシアはセルビアやボスニアのセルビア人共和国との良好な関係を維持している。さらに，中国の「**一帯一路**[6]」には，ハンガリー，セルビア，マケドニアを経てギリシャから地中海に出る計画も含まれている。既述のように，西バルカン諸国と隣接国家間，西バルカン諸国間については，歴史的経緯を一因とする民族間関係や係争地の問題が影響している。

今後は，EU の東方拡大を基調としつつも，欧米と露中のせめぎ合いが続くであろう。他方で，現地の政治に民族主義が大きな役割を果たしていることは明らかである。大国の戦略と現地の民族主義という構図は100年前にもあった。現在の西バルカン諸国を眺めるたびに一種のデジャヴにとらわれるのである。

（月村太郎）

▷3 **マケドニア国名問題**
歴史的地域としてのマケドニアにギリシャ北部が含まれるために，ギリシャは国名として「マケドニア共和国」を認めていない。

▷4 コソボ内戦に際して，NATO は1999年３月から６月にかけて，コソボのセルビア側拠点だけでなくセルビアも大規模空爆した。

▷5 **KFOR**
内戦後に国連安保理決議1244に基づいてコソボに展開している PKO。

▷6 **一帯一路**
⇨X-4「中国」側注４

参考文献

月村太郎『ユーゴ内戦――政治リーダーと民族主義』東京大学出版会，2006年。
月村太郎編『解体後のユーゴスラヴィア』晃洋書房，2017年。
M. マゾワー（井上廣美訳）『バルカン――「ヨーロッパの火薬庫」の歴史』中公新書，2017年。

Ⅶ　加盟国・加盟候補国と EU 政治

20 トルコ

 1 西洋化の夢と実現しない EC 加盟（1959〜89年）

トルコ共和国の建国の父であり，初代大統領のムスタファ・ケマル（アタテュルク）は，近代化および文明化はすなわち西洋化であると考え，内政だけでなく，外交でも西洋重視の姿勢を打ち出した。この考えはケマルの考えに共鳴した政治家や軍部に連綿と受け継がれることとなる。トルコの政策決定者にとって，EC/EU の加盟は西洋諸国の仲間入りを果たすことを意味していた。

トルコの EC/EU 加盟の道のりがスタートしたのは1959年であった。1963年９月にトルコは欧州経済共同体（EEC）との間で連合協定（通称アンカラ協定）を締結し，経済関係を深めていったが，石油危機，トルコ軍のキプロス侵攻などの影響で1978年に EEC は連合協定に基づく関係を凍結した。また，EC は1980年９月12日に起きたクーデターによる軍部の権力掌握を強く非難し，トルコと EC の関係は悪化した。加えて，ライバル視するギリシャが1981年に EC に加盟したこともトルコの首脳にとっては不満であった。

EC 加盟に向けた動きを再活性化させたのは，軍部が民政移管する際の選挙で首相となり，その後1989年には大統領となったトゥルグット・オザルであった。オザルは，1987年４月に EC に加盟申請を行ったものの，89年12月に欧州委員会は経済状況，人権侵害，**キプロス問題**[1]を理由に加盟申請を棄却した。

▷1　**キプロス問題**
⇨Ⅶ-12「キプロス」

2 EU 加盟交渉国となるまでの道のり（1990〜99年）

オザルはトルコを EC 加盟に導くことはできなかったが，確実にその後の EU 加盟交渉国となる道筋をつくった。加盟申請が却下された後，再度 EC/EU 加盟への道を探ったトルコは1995年に欧州関税同盟に加盟することに成功する。しかし，クルド問題やエーゲ海をめぐるトルコとギリシャの領土争いによって，90年代後半にトルコの EU 加盟に向けたプロセスは再び停滞した。1997年12月に開かれた欧州理事会のルクセンブルク会議では，トルコを差し置いて，90年代に加盟申請したキプロスと東欧諸国が加盟交渉を始めることが決定された。この決定に激怒したトルコは，EU との政治的対話を凍結した。

トルコの加盟交渉が再び動き出したきっかけは，長年対立してきたギリシャとの関係が1999年に改善したことである。まず，クルディスタン労働者党（PKK）の党首であるオジャランが1999年２月に逮捕された際，ケニアのギリシャ大使館がオジャランを匿っていたことが明らかになり，ギリシャは国際的な批判を受けた。[2] また，同年8月にトルコ，9月にアテネで大地震が起き，両国が相互に援助活動を行ったことも信頼関係を高めた。こうした経緯により，トルコとギリシャの対立は軟化し，1999年12月に開かれた欧州理事会のヘルシンキ会議において，トルコを加盟交渉国とすることが決定された。

3 公正発展党の加盟交渉（2000年以降）

2002年に政権の座に就いた公正発展党は，親イスラーム政党であったが，EU 加盟に前向きであった。[3] なぜなら，それまで親イスラーム政党を解党に追い込んできた軍部の力を抑制するために，EU 加盟交渉とそれに伴う民主化が不可欠であると考えたからである。世俗主義者たちが EU 加盟とそのための交渉を建国からの悲願である西洋化の実現と考えたのに対し，公正発展党は政治と法のシステムを**コペンハーゲン基準**[4]に則して技術的かつ構造的に変容させることを重視した。トルコが二度の憲法改正（2001年と2004年）と8回にわたる EU 調和法パッケージによる法改正を実施したことで，2004年10月に EU がトルコの加盟交渉に合意，2005年10月から加盟交渉をスタートした。

しかし，加盟交渉は遅々として進んでいない。同時期に交渉を始めたクロアチアが2013年に EU に加盟したのに対し，トルコは35項目中，交渉が開始されたのが16項，交渉が完了したのはたったの1項となっている。主な理由として，一連の法改正後，公正発展党が EU 加盟交渉に熱心ではなくなった点，キプロス問題をめぐり，欧州理事会とキプロス共和国が一部の項で加盟交渉を凍結した点が挙げられる。

4 最近のトルコ・EU 関係

加盟交渉が停滞しているトルコと EU であるが，**欧州難民危機**[5]を受け，2016年3月18日に共同声明を発表，ギリシャに不法入国した移民をトルコがいったんすべて受け入れることで合意した。一方で EU は，トルコ人に EU 加盟国へのビザなし渡航の自由化を2016年6月末までに実現するよう努めるとした。この合意以降，EU に渡る移民は激減，トルコは EU 諸国にとってシリア難民の流入を防ぐ上で重要なゲートキーパーの役割を果たした。

協力関係を深めたトルコと EU であったが，2016年7月15日にトルコで起きたクーデター未遂事件に関与した人々に対して，エルドアン大統領が死刑の復活を言及したことを重く受け止め，欧州委員会でトルコの加盟交渉の見直し，もしくは制裁を科すべきだという意見がみられた。また，トルコ人のビザなし渡航も実現していない。ただし，EU がトルコとの共同声明を重視しており，トルコも貿易の分野で EU に大きく依存しているため，トルコと EU の協力関係は今後も継続していくと予想される。（今井宏平）

▷2 PKK はオジャランを中心に1978年に立ち上げられ，1984年からトルコ政府との抗争を始めた。この抗争により，これまでに双方合わせて4万人以上が亡くなっている。

▷3 1970年にネジメッティン・エルバカンが親イスラーム政党を設立した当初は，世俗主義に反するとして異端視された。こうした見方は1990年代まで続いた。また，エルバカンはイスラーム諸国との連帯を重視し，西洋諸国を敵視してきた。

▷4 **コペンハーゲン基準**
⇨ Ⅰ-7「EU 拡大の歴史」

▷5 **欧州難民危機**
⇨ Ⅵ-5「移民・難民問題」

参考文献

今井宏平『トルコ現代史』中央公論新社，2017年。
夏目美詠子「トルコ――したたかな EU 戦略」羽場久美子・小森田秋夫・田中素香編『ヨーロッパの東方拡大』岩波書店，2006年。
八谷まち子編『EU 拡大のフロンティア――トルコとの対話』信山社，2007年。

Ⅷ　周辺国と EU 政治

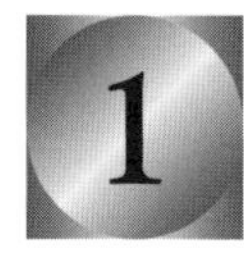

スイス

1　変化する EU とスイスの関係

スイス連邦（以下，スイス）はヨーロッパ大陸の中央部の内陸に位置し，EU 加盟国であるフランス，ドイツ，オーストリア，イタリアの4カ国およびリヒテンシュタインと国境を接する国である。スイス国民の大半は自らをヨーロッパ人であると自覚し，EU が重視する諸価値を共有している。にもかかわらず永世中立国であるスイスは EU に加盟する選択をしなかったし，EU もスイスに対し寛容な（例外的な）政策的対応をとってきた。

しかし Brexit を契機として，EU はこれまでのスイスの特権的な地位を見直し，120もの分野にわたるバイラテラル（EU・スイス間の個別）協定を「制度的枠組み条約」へと再編するための交渉を加速させている。それは，欧州統合の経済的利益の享受を主目的とする例外は認めない，欧州統合――とりわけ人の自由移動や移民の受入れ――に伴う痛みやリスクもともに担うべきである，という目的をもつ。現在，既得権（国家主権の独立性，移民流入の規制等）を維持しようとするスイスと EU との関係は，移民流入に反対の立場のスイス国民党が第一党という現状から◁1，これまでになく緊張を孕むものとなっている。

2　豊かなスイスと EU 経済

スイスの人口（2018年末）は約854万人，そのうち外国籍が約25%を占める。またスイス企業の高い給与水準や労働者の社会保障費負担の低さから，周辺国から国境を越えて通勤している者は30万人を超えている。スイスは常に豊かな国の上位にランクされ，国民1人当たりの名目 GDP は8万ドルを超え，ルクセンブルクに次いで世界2位である（2017年）。また *World Happiness Report 2017* によると，国民の幸福度は世界4位（2014～16年），WHO の発表による平均余命は83.3歳と世界2位である（2016年◁2）。

このようにスイス国民が世界でトップクラスの豊かさを享受している主たる理由は，安定した政治体制の下，自国の判断で経済・金融政策を行い，多くの国民が高付加価値産業に従事し，高付加価値工業製品を無関税で EU の共同市場に輸出し，高度なサービスを EU 市場で展開してきたからである。スイスにとって EU は，全輸出額の45.3%，全輸入額の59.7%を占める最大の市場である。EU にとってスイスはそれぞれ，8%（米中に次ぎ3位），5.9%（中

▷1　スイスにおけるポピュリズムの動向は，移民の制限を主張する国民党が第一党であることにもみられる。国民党はヨーロッパ各国のポピュリズム政党が台頭する前から移民の制限を掲げていたのでそれらと同類には扱えないが，時流に乗ってその主張を強める可能性がある。

▷2　国民1人当たりの名目 GDP（2017年）は日本は3万8000ドル台で25位，国民の幸福度は日本は51位，平均余命（2016年）は日本は84.4歳で1位。世界経済フォーラム（WEF）が毎年発表する国際競争力ランキングでは，スイスはほぼ毎年世界1位である（2018年は4位）。

▷3　近年，国境を越えて活動する多国籍企業に対するグローバルな課税の必要性が課題となってきて，スイスはタックスヘイブンとして名前が挙げられるようになり，グローバルな情勢の変化や企業倫理の観点から，見直しが迫られている。

米露に次ぎ4位）を占める重要な貿易パートナーで，輸出入の約95％は工業製品である（2017年，Eurostat）。両者間には高度な水平分業が成立している。スイスの対内直接投資の87.3％はEUから，対外直接投資の73％はEUに向けられている（2017年，JETRO『世界貿易投資報告 2018年版』）。スイスの安定した政治情勢，安定したスイス・フラン，低率の法人税[3]，国際機関からの情報収集やロビー活動に有利といった理由で，ジュネーブやベルンには，金融業[4]，化学・医薬品，時計・光学機器・医療機器等の精密機械，先端技術を用いた電子機器の部品など，高付加価値製品の製造業など多国籍企業の本部がひしめく。

3 スイスと欧州統合：過去・現在・未来

スイスは，1960年にイギリスがEEC（欧州経済共同体）に対抗するためEEC非加盟の7カ国で結成したEFTA（欧州自由貿易連合）の構成国である。その後，イギリスなどがECに加盟したため，現在は，アイスランド，ノルウェー，リヒテンシュタイン，スイスの4カ国のみがEFTAに残り，EUとはEEA（欧州経済領域）を設立し，人・モノ・サービス・資本の自由な移動が保障されEU共同市場と一体となっている。しかしスイスは，EU加盟へとつながるEEA参加の可否を問う国民投票（1992年12月）で参加は否定されたので，EEAに参加していない。

さらに1997年，2001年，2015年に施行されたEU加盟を問う国民投票では，国民の多数は加盟しない選択をし，2016年6月，議会上院はEUへの加盟申請取り止めを正式に決定した。

スイスのEUに対する姿勢の基本は，共同市場へのアクセスによって得られる経済的利益は最大限確保しつつ，国家の主権・自立性・中立性の維持，超国家的組織への編入回避という方針を貫くため，バイラテラル協定で対応する，と特徴づけることができる。「事実上のEU構成国」，「構成国とならない統合」，「消極的EU構成国」などと呼ばれる所以である。

1972年に最初のバイラテラルな自由貿易協定が締結されて以降，120にわたる様々な分野別協定が締結されてきた。2014年から交渉を開始した「制度的枠組み条約」は，アキ・コミュノテール（EUの法体系の総称）のスイス国内法化を徹底するためである[5]。しかし同年，スイスで国民党の提案による移民制限法案（大量移民反対イニシアチブ）が国民投票で僅差で可決された[6]。「人の自由移動」を定めた協定の破棄を問う国民投票が今後行われる可能性があるが，可決されると他の条項も破棄されることになるので，1992年以来，バイラテラル協定によって築き上げてきたスイス・EU関係は危機に瀕する。その過程でスイス独自の価値や直接民主主義制度と，EU統合との軋轢が顕在化することとなろう。

（鈴井清巳）

▷4　反面，政治家の裏金や，独裁者が私物化した国庫の一部，犯罪・戦争による略奪金が理由を問われずに預け替えされ，マネーロンダリングの役割を果たしてきたという指摘もあり，これも企業倫理の観点から国際的な批判にさらされるようになり，変化もみられるようになった。

▷5　最近では，スイス証券取引所におけるEU企業の株式取引の承認権の期限が2018年末で切れることから，EUは同条約の合意を取引材料にして，両者間で承認権延期の交渉が進められた。

▷6　直接民主主義の制度として3種類がある。強制的レファレンダム，任意のレファレンダム，イニシアチブ。EUへの加盟やEU関連法案に関しては強制的レファレンダムの対象となり，たとえ連邦議会を通過した法案であっても，任意のレファレンダムによって5万人以上の署名をもって異議を唱えることができ，またイニシアチブによって10万人以上の署名をもって憲法改正等を提案できる。現在も，年に3～4回の国民投票が行われている。

参考文献

小久保康之「スイスのEU政策」『日本EU学会年報』第36号，2016年，268-286頁。
笹本駿二『私のスイス案内』岩波新書，1991年。

Ⅷ　周辺国と EU 政治

2　北欧の非 EU 加盟国：ノルウェー，アイスランド

1　安全保障政策と対外経済政策の特徴

ノルウェーとアイスランドは NATO（北大西洋条約機構）の原加盟国であり，安全保障面でアメリカとの協力関係が強い。ノルウェーは，平時は外国軍の基地を自国内に設置せず，北方での NATO の軍事演習に制限をつけ，核兵器も配備しない政策を採っている。ロシアと北部で国境を接するノルウェーは，NATO 加盟国としてアメリカとの強固な協力関係を築きつつ，ロシア（冷戦期はソ連）と経済・社会分野での協力も進めてきた。アイスランドは自国軍をもたないが，1951年からアメリカ軍を中心とした NATO の基地が置かれ，2006年まで存続した。冷戦期は，アメリカ軍の基地を自国に設置することの是非をめぐり，国内政治において左右の両陣営の中に亀裂があったが，2006年のアメリカ軍撤退後は安全保障防衛政策における対立は弱くなった。

ノルウェーとアイスランドは他の北欧３カ国と同様に，国際紛争の調停に仲介役として積極的に関わってきた。ノルウェー政府は，イスラエルとパレスチナ解放機構（PLO）の間でのオスロ合意[1]を実現させる際に大きな役割を果たし，スリランカの内戦調停などでも仲介外交を進めた。クラスター爆弾禁止条約の策定においても，積極的な行動をみせた。ノーベル賞の中で平和賞はノルウェーで選考・授与が行われており，紛争調停や平和の実現に熱心な国との印象がもたれている。アイスランドは冷戦期にアメリカとソ連による首脳会談の場を提供し，両国の橋渡しを行った。

▷１　交渉がノルウェーの首都オスロやその周辺で行われたことから，1993年に合意された一連の協定の通称となっている。正式名称は「暫定自治に関する原則宣言」である。

対外経済政策では，ノルウェーは1960年に **EFTA（欧州自由貿易連合）**[2] に原加盟国として参加し，アイスランドは1970年に加盟した。両国は現在も EFTA 加盟国である。ノルウェーは北海で発見された油田・ガス田で本格的な採掘が開始された1980年代から，石油と天然ガスの輸出により経済が比較的安定している。アイスランドでは1990年代から金融業が成長していたが，2008年の**世界金融危機**[3]で経済が大きく落ち込んだ。漁業・農業という自国の伝統産業に立ち返るとともに，観光業や地熱利用などに力を入れたことにより経済は回復した。

▷２　**EFTA**
⇨Ⅷ-１「スイス」

▷３　**世界金融危機**
2008年９月にアメリカの投資銀行（リーマン・ブラザーズ）が経営破綻し，その影響で世界規模の金融危機が発生した。日本では「リーマン・ショック」と呼ばれることがある。

国連に対しては，ノルウェーは初代の国連事務総長が自国出身者であり，国際平和を目指す政策において国連を重視し，国連の平和維持活動（PKO）に積極的に参加している。「持続可能な開発」という言葉を世に広く認知させた報

告書を1987年に発表した国連の委員会は，当時ノルウェー首相であったブルントラントが委員長であった。政府開発援助（ODA）にも積極的であり，1970年代後半からは国民総所得（GNI）比での国連の目標（0.7%）を上回っている。

他の EU 加盟北欧3カ国とは1950年代から北欧協力を継続し，冷戦終結後は環バルト海協力にも参加している。1993年から始まったバレンツ地域協力ではノルウェーが積極的に動き，ロシア北部との協力関係の構築に貢献した。他にもノルウェーのトロムソに常設事務局が設置された**北極評議会**◁4など，冷戦後は北極圏の国家間での地域協力でも活発な動きをみせている。

2 EU への加盟申請と EU との協力関係

ノルウェーは，過去に他の北欧諸国と同時期に二度 EU に加盟を申請したが，二度とも加盟の是非を問う国民投票で反対が過半数を占めて否決され（1972年と1994年），1994年以来，EFTA 加盟国として EU と **EEA（欧州経済領域）**◁5を形成している。ノルウェーは自国内で採掘した石油・天然ガスの輸出により国家の経済が安定しており，EU への加盟は利益よりも負担の方が大きいと考える国民が多いといえる。国政レベルの大政党の政治家には EU 加盟賛成派が多くとも，国民の間では EU に主権を委譲することへの抵抗感が存在し，世論調査では EU 加盟への反対は約7割で推移している。

アイスランドは2008年の世界金融危機による国内経済の悪化から，2009年に EU に加盟を申請して加盟交渉を開始した。しかし，自国経済が回復に向かう中で，EU の共通漁業政策（CFP）に参加することへの懸念が漁業関係者を中心に高まった。共通漁業政策では漁獲量割当制度や **EU 共通海域**◁6が導入されているため，自国の主力産業である漁業が制約を受けるとの不安もあり，2013年に加盟交渉を中断し，2015年に加盟交渉の打ち切りと加盟申請の取下げを発表した。ノルウェー同様に，EFTA 加盟国として1994年から EEA の構成国である。アイスランドは主力産業の漁業を考えると，EU の外にいるほうが国内産業の保護という観点からは有利であると捉えている国民が多いといえる。

EU の加盟基準は十分に満たしているが，ノルウェーとアイスランドは EU に加盟しない状況が続いている。ただし，両国とも EU との協力関係は緊密である。EEA の枠組み以外でも，**シェンゲン協定**◁7，**エラスムス計画**◁8，EU の専門機関である欧州環境機関に参加し，EU 主導の**国際的危機管理**◁9にも人員を派遣するなど，EU との協力に積極的な分野がある。1999年に開始された，EU とロシア，ノルウェー，アイスランドの間での経済・文化・環境・運輸問題における協力を目指した「ノーザン・ダイメンション（Northern Dimension）」では，ロシアも含めた形で EU との協力の枠組みが形成されている。自国の主権は維持しつつも，EU との広範かつ緊密な協力関係の構築を模索しているといえよう。

（五月女律子）

▷4 北極評議会（Arctic Council）
1996年に設立された。ノルウェー，アイスランド，スウェーデン，デンマーク，フィンランド，アメリカ，カナダ，ロシアの8カ国で構成されており，日本も含めた12カ国がオブザーバーとして参加している。

▷5 EEA
⇨Ⅷ-1「スイス」

▷6 EU 共通海域
EU 加盟国の排他的経済水域（EEZ）を EU 共通の海とみなし，互いに操業できる。

▷7 シェンゲン協定
⇨Ⅵ-4「人の自由移動」

▷8 エラスムス計画
⇨Ⅴ-11「教育」

▷9 国際的危機管理
⇨Ⅶ-8「北欧諸国」

参考文献

グンナー・カールソン（岡沢憲芙監訳，小森宏美訳）『アイスランド小史』早稲田大学出版部，2002年。
岡沢憲芙・奥島孝康編『ノルウェーの政治』早稲田大学出版部，2004年。
津田由美子・吉武信彦編著『北欧・南欧・ベネルクス』ミネルヴァ書房，2011年。

Ⅷ　周辺国と EU 政治

ウクライナ

1 狭間の「大国」

ウクライナは日本の約1.6倍の領土をもち，ロシアを除けばヨーロッパ最大の国である。人口は，25年間に約100万人減少したとはいえ，4205万人（2019年）と，独仏英伊西に次ぐ。この限りで，ウクライナは「大国」である。また，ウクライナは，世界で最も深刻な原発事故を経験した国でもある。[1]

ウクライナは，ロシアと欧州の狭間に位置する。同国は，キエフ・ルーシに起源をもち，長くロシア帝国やソ連の支配下にあった。ウクライナは，1991年末のソ連崩壊とともに独立し，近年はロシアと対立している。とはいえ，両国は，文化，経済，軍事などあらゆる面で結びついている。人口構成はウクライナ人78%，ロシア人17%（2001年国勢調査）だが，ロシア語が常用され，東部のドンバスやクリミアで8割に達する。また，2018年時点でもロシアはウクライナの貿易の11%を占める。2013年以前は，ミサイル部品，ジェットエンジンなど3000品目もの軍事用途品がロシアに輸出されていた。クリミア半島セバストーポリ市には黒海艦隊基地があり，1997年に黒海艦隊分割協定が成立し，ロシアは2017年まで基地を利用できることになった。

ところが，国境を接するポーランド，スロバキア，ハンガリー，ルーマニアが次々と NATO（北大西洋条約機構）や EU に加盟し，欧州統合の重要性が増した。ウクライナは2002年春に NATO 加盟の意思を公式表明し，2004年の**オレンジ革命**[2]後，ロシア離れに拍車がかかった。2005年に NATO・ウクライナ緊密化対話が設置され，2008年には将来的なウクライナの NATO 加盟を記したブカレスト宣言が出された。こうした動きは，ロシアの強い反発を招いた。[3]

2 形成途上の国民国家

独立後，ウクライナ国籍は領内の旧ソ連市民に無条件で付与され，ウクライナ語化も強制されず，寛容な政策が取られた。しかし，それは中央政府の弱さでもあり，汚職が蔓延し，**オリガルヒ**[4]が政財界を支配し，生活は改善されなかった。2017年でも，**実質 GDP**[5] はソ連末期の6割，平均月収は190ユーロで，ウクライナは欧州最貧国の一つである。

オレンジ革命によって大統領になった「親欧米派」のユーシチェンコも，庶民を顧みず，拙速な民族主義で国民の亀裂を深めた。その反動から，国民が選

▷1　1986年，ウクライナの首都キエフから130 km にあるチェルノブイリ原子力発電所4号炉が爆発炎上，国際原子力事象評価尺度でレベル7「深刻な事故」が発生した。レベル7に分類されているのは，チェルノブイリの事故と2011年の福島第一原子力発電所事故の2件である。放射性物質の放出量や健康影響の評価については諸説ある。だが，これらの事故が，世界のエネルギー安全保障政策に影響を及ぼしていることは事実である。

▷2　**オレンジ革命**
2004年の大統領選挙で，ヤヌコーヴィッチ陣営の不正疑惑が発覚し，最高裁判所は決選投票のやり直しを命じた。選挙法が改正され，やり直し選挙でユーシチェンコが当選し，平和裏に政権交代が実現した。

▷3　⇨ X-3 「ロシア」

▷4　**オリガルヒ**
市場経済への移行の過程で形成された政治的影響力をもつ新興財閥。

▷5　**実質 GDP**
物価の影響を取り除いた国内総生産。

んだ「親露派」のヤヌコーヴィッチ大統領は，当初，様々なグループ間のバランスを保ったが，次第に権力を私物化し，失望を招いた。つまり，問題は，「親欧米派」か「親露派」かではなく，様々な利害を調整し人々が帰属意識をもちうる国民国家を形成するガバナンス能力が欠けていることにある。

3 ユーローマイダン革命，ドンバス紛争，クリミア併合[6]

2010年，ヤヌコーヴィッチは，EU と連合協定交渉継続を約束し，ロシアの求めるユーラシア関税同盟参加を拒んだ。同時に，彼は，ロシアとハリキフ協定を締結し，ガス値引きの見返りにセバストーポリ基地租借を2017年から25年間延長した。2013年11月，同政権は，ロシアから150億ドルの融資とガス値引きを受け入れ，EU との連合協定締結を延期した。不況と政権の腐敗に我慢の限界を感じた人々は，独立広場（マイダン）で抗議の声をあげデモが広がった。このユーローマイダン革命により，政権は崩壊し，暫定政権が樹立された。

これに対して，ロシアは，ウクライナの州を単位としたドネツク人民共和国，ルハンスク人民共和国の創設を支援し，ドンバス紛争が生じた。2015年２月，ウクライナと独仏露は，ウクライナの憲法を改正し，地域に自治権を与えウクライナの主権回復を図るミンスク合意（ミンスク２）を締結したが，実効支配が続いている。さらに，ロシアは，**クリミア**[7]を併合し，住民投票で97％の賛成を得たことでこれを正当化した。こうして，ロシアとの対立は決定的になった。

▷６　この一連の状況は，ウクライナ危機とも呼ばれる。

▷７　**クリミア**
クリミア州は，1954年にロシア共和国からウクライナ共和国に移管され，想定外のソ連崩壊の結果としてウクライナ領になったという歴史的経緯がある。なお，クリミア・タタール人は住民投票に参加していない。また，2018年，ロシア本土とクリミアを結ぶケルチ海峡大橋が完成している。

4 ウクライナ新政権の課題と EU

2014年５月に大統領となったポロシェンコは，ウクライナ正教会をロシア正教会から独立させるなど民族主義を強め，同時に欧米に接近した。だが，彼自身，製菓大手ロシェン社のオーナーで，オリガルヒ支配も腐敗も変わらなかった。加えて，IMF 融資を得るためのガスや電力など公共料金引上げは，庶民の生活を直撃した。2019年の大統領選挙で，コメディアンのゼレンスキーが選ばれた背景には，国民の失望がある。世論調査によれば，国民は，汚職対策，ロシアとの対話を求めている。だが，ゼレンスキーの背後にもオリガルヒの影がちらついており[8]，期待に応えられるかは定かではない。

新政権にとって，ガバナンス能力を高め，またロシアと対等な交渉を進めるためにも，EU との協力が重要となる。EU との連合協定は，2014年６月に調印され，2017年に発効した。EU は，総額138億ユーロの支援を約束している。それは，汚職対策，行政改革などガバナンス能力向上を狙いとしている。深く包括的な自由貿易協定（DCFTA）は，関税撤廃にとどまらず，人の移動，検疫，知財などのルールを EU に収斂させていこうとする協定である。EU はウクライナの貿易の４割以上を占め，その影響力は以前にも増して大きい。

（蓮見　雄）

▷８　前政権と対立し国外に脱出しているオリガルヒのコロモイスキーは，テレビ局を所有し，ゼレンスキー演じる学校教師が大統領になって活躍するというテレビドラマを放映した。

参考文献

服部倫卓・原田義也編『ウクライナを知るための65章』明石書店，2018年。

第5部　世界の中の EU

Ⅸ　国際機構・国際制度との関係

国　連

多国間主義を牽引

国連は，第二次世界大戦直後，集団安全保障機関として設置され，安全保障理事会と総会を軸に世界の平和の維持を目指す活動を開始した。そして国際労働機関（ILO）や国連教育科学文化機関（UNESCO）などの専門機関，総会設立機関として国連難民高等弁務官（UNHCR）や国連開発計画（UNDP）など，多様な分野の組織を包含する普遍的国際機構となった。特に総会では全加盟国が平等に参加して国際的な規範の形成を促す場を提供し，多国間主義を体現する役割を担っている。

EU は国連と同様に多国間主義を重視してきた。ヨーロッパの平和の維持と繁栄，そして周辺地域の政治的・経済的安定を促す活動を推進しており，国連とは目的と方法論で一致する点が多い。グローバル政治全体の中で，多国間主義に基づくルールづくりと協力の促進において，両者は世界の牽引役を担っているといえる。2018年9月23日には，国連総会の際，グテーレス国連事務総長と，ユンカー欧州委員会委員長およびモゲリーニ副委員長の間で，両者のパートナーシップを再確認する共同コミュニケが発表されている。

2　持続可能な発展

国連の場で採択された「**持続可能な発展目標（SDGs）**[◁1]」は，2030年までの期限を設けて，貧困解消，飢餓解決，保健・医療の向上，教育普及，ジェンダー平等，水資源確保，クリーンエネルギー推進，海洋環境保護など，多面的に地球環境の保全と開発の両立を目指す活動を各国政府や市民団体，企業との連携を深めながら展開しているが，EU もこの実現に向けた中核的パートナーとして協力を行っている。

2018年9月には EU と国連の連携強化の共同声明が発表され，「持続可能な開発のための2030アジェンダ」とその持続可能な発展目標（SDGs）の実行に向け，パートナー国を支援する強い決意を示した。声明では「EU と国連は，グローバルな開発構造の中で補完的な役割を果たす」と述べ，国レベル，地域レベルでの発展計画の促進における協力の最重要パートナーとして連携していくことが確認されている。

▷1　**持続可能な発展目標（SDGs**：Sustainable Development Goals）
国連の「ミレニアム開発目標（MDGs）」（2001年策定）の後継として，「持続可能な開発のための2030アジェンダ」（2015年9月国連サミットで採択）に記載された，2016年から2030年までの国際目標。持続可能な世界を実現するための17のゴール，169のターゲットから構成されている。

3 人権

人権への取り組みはEUの対外政策の指針「グローバル戦略」(2016年) にもあるとおり，EUの対外行動の中軸をなす。2018年に国連「世界人権宣言」70周年を迎えると，EUは国連との協力関係を深めながら，内外で積極的に人権政策を推し進め，数十年にわたってこの分野で国際社会をリードしてきていることを強調している。

EU理事会は毎年，「国連の各種人権関連会合でのEUの優先事項」に関する結論を採択し，国連の各種人権会合でのEUの主な行動綱領を明確にしている。人権の推進と擁護は多国間主義の中核に位置づけられるもので，国連システムの支柱でもあるとし，平和と安全と人権と開発は相互に切り離すことができず，相互に強化しあうものであり，EUはこの3分野において，重要な役割を果たし続けるとしている。そして国連との関係でいえば，2018年という「世界人権宣言」70周年と「人権擁護者宣言」採択20周年の節目として，一層の連携強化に進むとし，さらに国連の「ビジネスと人権に関する指導原則」の確実な実施に向け，地球規模での取り組み支援を行うと表明している。

4 環境問題

地球温暖化対応にみられる環境問題対策でのEUと国連の連携ではパリ協定が挙げられる。2015年12月にパリで開催された国連気候変動枠組条約(UNFCCC) 第21回締約国会合 (COP21) で，2020年以降の地球温暖化対策の枠組みが採択されたものである。京都議定書を受け継ぎ，196の国・地域が参加する枠組みで，途上国と先進国の対立を乗り越えて締結に至った。

そして2018年12月ポーランドで開催のCOP24では，パリ協定の運用ルールの合意に至り，先進国と途上国が共通ルールの下で実施する道筋を確実にした。環境問題では途上国と先進国の利害の厳しい対立が生じがちである。加えて温暖化対策では，温暖化の原因となるエネルギー資源の石油・天然ガスの保有国と非保有国との対立も大きく，合意を得ることは容易ではない。COP24ではトランプ政権のアメリカの影が薄く，中国も大きな主張は行わない中，EUは水面下での合意づくりに尽力し，削減の数値目標の設定には至らなかったが，共通ルールで実施するという方向での合意は大きな意味があった。

開発，人権，環境などをめぐるグローバル・イシューでの国連とEUの連携は多面的に進んでいる。自国優先の単独行動主義の動きをみせる大国がある中で，多国間主義のルールづくりはグローバル・イシューへの効果的な対応に不可欠との認識から，EUと国連の動きは軌を一にすることが多く，双方が単独行動主義の動きを牽制し，国際法と国際協調の枠組み強化を図る役割を果たしている。

(坂井一成)

参考文献

坂井一成「協調と対立の国際関係」坂井一成編『新版グローバリゼーション国際関係論』芦書房，2014年。

Ⅸ　国際機構・国際制度との関係

2 ユネスコ

1 ユネスコと EU

ユネスコ（UNESCO：国際連合教育科学文化機関）は，諸国民の教育，科学，文化の協力と交流を通じて，国際平和と人類の福祉の促進を目的とした国際連合の専門機関で，1946年に創設された。本部はパリにある。ユネスコ憲章（1945年採択）の前文にある「戦争は人の心の中で生まれるものであるから，人の心の中に平和の砦を築かなければならない」との哲学が，基本的な行動指針となっている。ユネスコの活動分野は大きく五つに分かれ，①教育（万人のための質の高い教育と生涯教育の実現），②自然科学（持続可能な開発のための科学的知識と政策の活用），③人文・社会科学（新たな社会および倫理的課題への取り組み），④文化（文化多様性，異文化間の対話と平和の文化の促進），⑤コミュニケーション（表現・報道の自由，情報・知識社会の構築）における国際的連携を推進している。

EU はユネスコとは，教育，文化，科学に加え，水資源と海洋，表現の自由の分野での協力を特に推進している。2012年10月には，ユネスコと EU はパートナーシップ協定を結び，その連携を強化した。

2 EU とユネスコの協力

パートナーシップ協定締結後のユネスコと EU の連携による活動としては，「ヨーロッパ文化遺産サイト整備」，「南東欧におけるメディアの信頼性構築」，「中央アフリカ世界遺産森林イニシアチブ」，「ホロコーストに関するヨーロッパでの教育カリキュラム」，「アフリカ南東部マラウィ共和国における技術教育プログラム」などが進められてきた。

ユネスコによる教育分野での主要な刊行物『教育を再考する（*Rethinking Education*）』（2015年）では，難民への教育，留学の意義，市民権教育などが今日の重要課題として提示された。生涯学習を促進するとの観点から，こうした教育課題に取り組む重要性をユネスコは提示しており，EU も欧州議会を舞台とした啓発活動などで連携している。

EU の事業へのユネスコからの協力も行われており，たとえば EU における世界遺産をめぐる旅行ルート開発，水資源と海洋に関しては，水資源管理のためのソフトウェア開発や，海洋生物の多様性と環境保護システム管理などのプログラムに，ユネスコが参画している。

3 文化多様性保持への取り組み

ユネスコの中核的活動の一つに文化がある。2005年に採択された「文化表現の多様性の保護と促進に関する条約（文化多様性条約[1]）」は，グローバリゼーションの進展の下で英語・英語文化が席巻し，話者が少なく発信力の弱い文化が消え去ってしまい，あたかも文化の単一化が進むのではないかとの懸念が増す中で策定された。すべての文化は各々の価値を有し，そこに優劣はなく対等な関係にあるもので，多様な文化の存在こそが新たな価値や相互の発展を生み出すとの理念がある。2001年のアメリカでの「9・11」同時多発テロを受けて文化間の対立が不可避だと強調される世相に対して，異文化間の対話こそが平和のために必要であるという考えを波及させる意図も背景にあった。

条約の中核理念によると①多様性は，表現，創造性，イノベーションのための力だと理解される，②文化表現は，文化的な中身を伴う個人・集団・社会の創造性からもたらされ，言葉，音，画像など様々なフォーマットで伝達される，③文化表現の多様性は，手段や技術を問わず，芸術家の様々なやり方での創造，製作，配布によって示される。そして条約の起草にあたっては，EU を代表して欧州委員会のラミー通商担当委員が積極的に協力した[2]。

この文化多様性条約では，たとえば①国や EU のような国際機関が自由貿易促進を促すために締結する条約（FTA）の中に文化多様性の保護を促す条項を入れることや，②経済的に苦しい状況にある途上国のアーティストが文化発信を行う活動を支援する方針が盛り込まれている。①に関しては，EU は，2005年以降締結されたカナダ，韓国，中米諸国，ジョージア，モルドバ，カリブ海諸国[3]との各々の FTA において，本条約に示される文化多様性保護に関わる条項を加えている。②については，文化創造活動への投資の必要性などが盛り込まれ，途上国での能力開発のためのドナーとして EU は，デンマーク，ドイツ，ノルウェー，韓国，スペイン，スウェーデンなどとともに参画している。

4 協力の鍵としての「多様性」尊重

EU とユネスコは，教育，科学，文化の多面的な協力を展開しているが，そこに見出されるのは両者が中核的な価値として共有している「多様性」の尊重である。EU が「**多様性の中の統合**[4]」を標榜するように，ユネスコも他者の尊重を何より重視している。人権や基本的自由が社会の安定と発展の礎石であるとの認識を共有していることに加え，多様性の尊重からマイノリティの保護や先進国と途上国の壁を越えた**持続可能な発展目標（SDGs）**[5]へとつながっており，その協力関係は強化を続けている。

（坂井一成）

▷1 佐藤禎一『文化と国際法――世界遺産条約・無形遺産条約と文化多様性条約』玉川大学出版部，2010年。

▷2 UNESCO, *Re-shaping Cultural Policies : A Decade Promoting the Diversity of Cultural Expressions for Development (2015 Convention Global Report)*, 2015, p. 143.

▷3 カリブ海の15の国が1992年に経済協力組織としてカリビアン・フォーラム（Caribbean Forum : CARIFORUM）を結成し，EU との経済協議を進めている。

▷4 **多様性の中の統合**
（United in Diversity）
EU 諸国の文化，伝統，言語の多様性を尊重しながら，平和と繁栄を追求するという EU のモットーとなっている。

▷5 **持続可能な発展目標**
⇨ IX-1 「国連」側注1

Ⅸ　国際機構・国際制度との関係

3 OECD

1 欧州の機関（OEEC）から先進国の機関（OECD）へ

経済協力開発機構（OECD）の原点は，第二次世界大戦後の欧州の復興のために設立された欧州経済協力機構（OEEC）に遡る[1]。1948年にフランスのパリで発足した OEEC の目的は，①米国による対欧援助「マーシャル・プラン」の欧州諸国間での配分，②加盟国間での貿易自由化交渉，③円滑な貿易のための支払制度の確立という3分野であった。EU の原型となった欧州石炭鉄鋼共同体（ECSC）が超国家的要素をもつ機関であったのに対して，OEEC はコンセンサスを原則とする政府間主義的な機関であった。その後，欧州の復興が進むにつれて，米国は援助国－被援助国という関係ではないより緊密かつ平等な関係の構築を欧州との間に求めた。さらに，1950年代から1960年前後にかけて旧植民地諸国が独立し，多数の発展途上国が出現する中で，米国は途上国援助の負担を欧州の先進国も分担するべきだと考えた。その結果，OEEC 18カ国に米国とカナダが加わり，「先進国のクラブ」となった OECD が1961年に設立された。

OEEC の慣行を引き継いだ OECD は世界貿易機関（WTO）などとは異なり，加盟国間の交渉ではなく，継続的協議と相互審査を通じた共通認識の醸成，相互協力と協調行動による加盟国の政策の調和を図っている。OECD の三大目標は経済成長，途上国援助，貿易拡大であり，政治的目標よりも経済・社会的目標に重きを置いてきた。この他にも OECD が扱うイシューは，農業，移民，労働，福祉，環境，科学技術，情報通信，教育など広範囲にわたる[2]。OECD の具体的な機能としては，シンクタンクとしての機能，意見交換と政策調整の場としての機能が挙げられる。シンクタンク機能についてみると，対 EU およびユーロ圏の経済審査報告書（OECD Economic Survey）などの調査，OECD の統計データや経済比較は，EU が経済・社会・環境政策を分析し，モニタリングする際に必要となる情報を提供している。また，意見交換の場としては，各国の経験からベストプラクティスを明らかにすることで，共通の課題への解決策を見出せる点が，EU にとっての利益であるといわれている。

▷1　OEEC の原加盟国は16カ国で，2020年2月現在の OECD 加盟国は36カ国。

▷2　OECD の活動でよく知られているものとしては，たとえば，OECD エコノミック・アウトルック（世界経済の見通し），生徒の学習到達度調査（PISA：Programme for International Student Assessment），開発援助委員会（DAC）の「援助受取国・地域リスト（DAC リスト）」などが挙げられる。

2 OECD における EU 加盟国と EU の参加形態

OECD の構造は，理事会，委員会，事務局に大別される。理事会は最高意思決定機関であり，議長たる事務総長，OECD 全加盟国および EU が参加し，コンセンサスで決定・勧告を行う。委員会では，OECD 加盟国，EU およびオブザーバー国が事務局と連携し，分野別の議論を行う。事務局は事務総長をトップとする組織である。2020年2月現在，キプロス，クロアチア，ブルガリア，マルタ，ルーマニアを除く EU 加盟22カ国が OECD 加盟国であり，加えて EU も OECD の議論に加わっている。EU は理事会による法的行為への投票権をもたないが，文書の作成に関わり，提案や改正案の提示を行う権利をもつ。[3] さらに，EU 加盟国の代表部とは別に，EU も大使をトップとする OECD 代表部をもっている。なお，EU 加盟国の拠出金を合計すれば OECD 予算に対して最大の拠出元であるが，EU としては拠出金を出資していない。

各委員会においては，EU はたとえば，マクロ経済政策，構造問題などの経済政策委員会での議論，各国の経済審査報告書に関する経済開発検討委員会での議論，租税委員会，貿易委員会，コーポレートガバナンス委員会などの議論に欧州委員会の各総局が参加している。[4]

3 EU と OECD の関係

最後に，具体的な事例を通して EU と OECD の関係をみていこう。まず，EU と OECD との間の関係に注目すると，OECD は EU の貿易政策に影響を与えている。たとえば，OECD 多国籍企業行動指針（1976年に策定され，5回の改訂が行われている）は，EU・カナダ包括的経済貿易協定（CETA）や EU ベトナム自由貿易協定（FTA）などの EU が第三国と締結する貿易協定において言及されている。さらに，紛争地域からの鉱物輸入の規制にあたり，EU は OECD のガイダンス（OECD Due Diligence Guidance）に沿って法制化を進めている。また，EU 諸機関と OECD の関係については，EU 統計局（Eurostat）が OECD 統計局との覚書を通じて協力関係を深めている。覚書は欧州投資銀行（EIB）や欧州特許庁と OECD の間でも結ばれている。[5]

次に，OECD 非加盟国に対する EU と OECD の協力をみてみよう。冷戦後の1992年，OECD と欧州委員会は移行パートナー（中東欧諸国）の OECD 加盟・EU 加盟に向けた支援として「ガバナンスと管理の改善支援（SIGMA）」プログラムを開始した。[6] 現在では，EU 加盟候補国／加盟候補予定国（西バルカン諸国，トルコ），欧州近隣政策の対象国（コーカサス諸国，モルドバ，ウクライナ，中東・北アフリカ諸国）に対し，公的ガバナンス・システムと行政能力の強化を支援している。さらに，最近の動きとしては，中東・北アフリカへの政策として，スエズ運河経済地区の開発をサポートする EU と OECD の共同プロジェクトが開始されている。また，アジアにおいても，6カ国（中国，日本，ミャンマー，フィリピン，タイ，ベトナム）を対象として EU，OECD，国際労働機関（ILO）が合同で「責任あるサプライチェーン」に関する新プロジェクトを開始している。

（西川太郎）

▷3 ただし，DAC などの一部の委員会においては，EU は完全なメンバーシップをもっている。

▷4 Hadzhieva, Eli, "The European Union's Role in International Economic Fora Paper 3: The OECD", European Parliament, 2015.

▷5 Hadzhieva (2015). Mendonca, Susana, "The role of the OECD in shaping EU trade policy", European Parliament, 2016. OECD, *Annual Report on the OECD Guidelines for Multinational Enterprises 2016*, OECD, 2017.

▷6 EU の東欧諸国支援プログラムである PHARE (Poland and Hungary Assistance for the Restructuring of the Economy）との共同イニシアチブ。

参考文献

増島建『開発援助アジェンダの政治化——先進国・途上国関係の転換か？』晃洋書房，2017年，第3章。

村田良平『OECD（経済協力開発機構）』中央公論新社，2000年。

Ⅸ　国際機構・国際制度との関係

WTO

1　GATTの基本原則と地域経済統合に関する規定

関税及び貿易に関する一般協定（GATT）は，第二次世界大戦後の世界の貿易のルール，同時に交渉の場として1948年に23カ国間で暫定的に発効した。◁1 GATTは市場経済原則により世界経済の発展を図るという目的の下，最恵国待遇（輸出国間の差別の禁止），関税の引下げ，内国民待遇（輸入品と国内産品の差別の禁止），数量制限の禁止という基本原則を定めている。

地域経済統合については，GATT第24条が自由貿易地域（**FTA**）◁2と**関税同盟**◁3の設立を認めている。EUの原型である欧州経済共同体（EEC）は，ローマ条約（1958年発効）で関税同盟の創設を規定した。たしかにFTAや関税同盟などの地域経済統合は，参加国とそれ以外の国を差別するという意味でGATTの最恵国待遇原則から逸脱している。しかし，GATTが地域経済統合を一定の条件の下で例外的に認めるのは，地域経済統合が参加国間の貿易を促進する効果（貿易創出効果）を否定できないからである。一方で，域外諸国との貿易が域内貿易に取って代わられる効果（貿易転換効果）が生じる可能性があることにも留意する必要がある。

2　GATTラウンド交渉におけるEC

EC/EUの共通通商政策（貿易政策）では，加盟国の集合体であるEC/EU理事会による交渉開始の決定，欧州委員会による貿易交渉を経て，EC/EU理事会により貿易協定が締結される。そのため，ディロン・ラウンド（1960～61年）以降，EEC/ECはGATTの「締約国」ではないが，実質的に一つの代表団としてGATTラウンド（関税交渉）へ参画してきた。ケネディ・ラウンド（1964～67年），東京ラウンド（1973～79年）では，鉱工業品の関税削減が進むと同時に，非関税障壁（政府調達，**アンチ・ダンピング**◁4，補助金など）に関する補助協定が策定されたが，GATT締約国が保護政策を実施していた農産物については事実上例外扱いされた。◁5 しかし，その後，**共通農業政策**（**CAP**）◁6の下で農産物の純輸出地域となったECがアメリカとの間で互いに輸出補助金を導入するようになり，EC・アメリカにおける財政負担の増加，国際価格の低迷と輸出競争の激化が起こった。その結果，アメリカや**ケアンズ・グループ**◁7などの農産物輸出国を中心に，農産物への輸出補助金に関する規律が必要であるとい

▷1　のちに欧州経済共同体（EEC）を形成する6カ国のうち，ベルギー，フランス，ルクセンブルク，オランダはGATTの原締約国である。なお，GATTが盛り込まれる予定であった国際貿易機関（ITO）は，アメリカ議会によるITO憲章（ハバナ憲章）の批准拒否などで設立されなかった。

▷2　**FTA**
域内の関税およびその他の制限的通商規則を撤廃することで域内の貿易を自由化する地域。自由貿易協定の略称としても用いられる。

▷3　**関税同盟**
FTAの特徴である域内の貿易自由化に加え，域外に対する関税およびその他の制限的通商規則も共通にする地域。

▷4　**アンチ・ダンピング**
保護貿易政策の一つであり，主に輸入商品の販売価格が輸出国の国内市場価格より下回る場合，輸入国がその商品に追加関税を賦課すること。

▷5　ケネディ・ラウンドでEECの共通農業政策（CAP）の保護主義を批判したアメリカですら，1950年代からウェイバー（GATT第25条の義務免除）を援用し，農産物の輸入数量制限を広範に認めさせてきた。

▷6　**共通農業政策**
⇨ V-9 「農業」

う考えが高まり，農業がウルグアイ・ラウンド（1986～94年）の主要な議題の一つとなっていくのである。

GATT 史上最大の123カ国・地域が参加したウルグアイ・ラウンドでは，農業に加えて，新分野が主要な議題となった。農業については，CAP による保護を堅持しようとする EC が農産物輸出国と対立し，ラウンド交渉難航の原因となった。しかし，EC で CAP 改革（マクシャリー改革）が実現したことで，EC・アメリカ間の農業に関する合意（ブレアハウス合意）が結ばれ，農業問題が解決に向けて進んだ。新分野については，EC はアメリカとともにサービス貿易，知的財産，貿易関連投資措置などの交渉を推進し，制度化に貢献した。[8]

3 WTO 設立後の EU の重層的な貿易政策

ウルグアイ・ラウンドの結果，1995年には GATT を発展させる形で，正式な国際機関である世界貿易機関（WTO）が設立された。2001年に立ち上げられた WTO ドーハ開発アジェンダ（ドーハ・ラウンド）において，EU の重要課題は，ウルグアイ・ラウンドから継続交渉が合意されていた農業とサービスの二分野（ビルトイン・アジェンダ）を超えた包括的ラウンドの開始であった。特に，農業における譲歩を最小限にとどめつつ，「**シンガポール・イシュー**[9]」と呼ばれる新分野の交渉開始を目指した。しかしながら，鉱工業品や農業をめぐる先進国と発展途上国の対立によりドーハ・ラウンド交渉は難航し，新分野についても南北対立で貿易円滑化だけが交渉対象となった。なお，貿易円滑化については，2017年に WTO 貿易円滑化協定が発効している。

他方で，ドーハ・ラウンド交渉の難航の中，2006年の欧州委員会の貿易戦略「グローバル・ヨーロッパ」を契機として，EU はアジアを中心とする新興市場との FTA 戦略も進めている。[10] 韓国との FTA を皮切り，2019年には**日・EU 経済連携協定**（EPA）[11] が発効した。日・EU EPA などのメガ FTA は，高いレベルの貿易および投資の自由化に加えて，国有企業，知的財産などについて WTO が規定する以上のルール・メイキングも行っている。さらに，EU は WTO の有志国・地域で進められている環境物品協定（EGA），サービスの貿易に関する新たな協定（TiSA）などのプルリ（複数国間）の交渉にも参画している。

EU 内部に目を向けると，リスボン条約（2009年発効）により，共通通商政策における EU の権限は，WTO 協定の適用範囲におけるほぼすべての分野に拡大した。一方，貿易協定の締結に際して欧州議会の同意が必要となり，民主的正統性も強化された。さらに，アメリカとの環大西洋貿易投資パートナーシップ（TTIP）などの貿易交渉に対して市民の懸念が拡大する中，2015年の欧州委員会の貿易戦略「万人のための貿易」では，すべての利害関係者へ配慮し，経済的な効果のみならず EU の価値や基準を維持・推進する姿勢が鮮明に示されている。[12]

（西川太郎）

▷7 **ケアンズ・グループ**
オーストラリアを中心とする農産物輸出国のグループで，2020年2月現在は19カ国からなる。

▷8 斎藤智美「EU 単一市場と GATT/WTO」田中素香編著『単一市場・単一通貨と EU 経済改革』文眞堂，2002年，第5章。

▷9 **シンガポール・イシュー**
1996年の WTO シンガポール閣僚会議で議論の対象とすることが合意された，投資，競争，政府調達の透明性，貿易円滑化という4つの分野。

▷10 ただし，EU はすでに1960年代から特恵的な貿易関係をアフリカ，カリブ海，太平洋（ACP）諸国などの旧植民地諸国，EU 加盟候補国などの近隣諸国との間で形成してきた。

▷11 **日・EU 経済連携協定**
⇨X-1「日本」側注2

▷12 ジェトロ「EU の新貿易・投資戦略『万人のための貿易』の概要」ジェトロ，2015年。

参考文献

伊藤泰介「EU と WTO」辰巳浅嗣編著『EU——欧州統合の現在（第3版）』創元社，2012年，第4章3節。
経済産業省『2018年版不公正貿易報告書』2018年。
経済産業省『平成30年版通商白書』2018年。
田村次朗『WTO ガイドブック（第2版）』弘文堂，2006年。
渡邊頼純『GATT・WTO 体制と日本（増補2版）』北樹出版，2012年。

Ⅸ　国際機構・国際制度との関係

NATO

NATOとは何か

北大西洋条約機構（North Atlantic Treaty Organization：NATO）は，欧州と北米の29カ国が参加する集団防衛機関である。うち21カ国はEU加盟国でもある（巻頭図3も参照）。設立根拠となっている北大西洋条約（通称ワシントン条約）は，その第5条に集団防衛条項を有する。

NATOは，ベルギーの首都ブリュッセル郊外に国際事務局（いわゆる本部）を置く。同じブリュッセル市内にはEUも委員会や理事会など中枢機関を置くが，近年まで，相互の関係は極めて希薄であった。ブリュッセルから車で1時間ほどのモンスには，軍事面を取り仕切るNATO欧州連合軍最高司令部（SHAPE）がある。このSHAPEを頂点として，統合軍事機構が構築されているが，実際に存在するのは，ほぼ司令部や参謀本部的な機構のみであり，実体的な部隊として「NATO軍」があるわけではない。必要に応じて，NATO加盟国の軍が統合的に運用される。

NATOの政治的意思決定は，北大西洋理事会（NAC）で行われる。NACは，通常，各加盟国のNATO大使および事務総長で構成される。外相，国防相，首脳各レベルでも定期的に開催される。意思決定は全会一致だが，アメリカの強い影響力の下にあることは論を俟たない。この他，軍事的意思決定は軍事委員会にて行われる。

図1　NATOの旗

2　冷戦期のNATO

1949年4月4日に北大西洋条約が署名され，同年8月24日に同条約が発効して以降のNATOの歴史は，冷戦期と冷戦後に大別することができる。冷戦期を通じ，NATOは，ソ連を中心とする軍事同盟であるワルシャワ条約機構と対峙した。

その中で，分水嶺となったのがデタントと呼ばれる緊張緩和の時期である。この時期，年来の対米自立の主張を強めたド・ゴール仏大統領がNATO統合軍事機構からの脱退を決定すると，当時パリに所在していたNATO中枢機関はブリュッセルに移転することとなった。同時に，デタントに対応した新たな同盟のあり方が検討された結果，採択されたのがアルメル報告であった。1966～67年にかけてのことである。これらの一連の変革の中で，NATOは政治的役割を増した安全保障機構としての色彩を獲得していった。

このように，すでに冷戦期において単純な軍事同盟ではなくなっていたことが，冷戦終焉後もNATOが解体されず，確固たる軍事的機能も有する安全保障機構として，冷戦後の国際安全保障情勢の中で独自の役割を果たす基盤となった。

3 冷戦後のNATOとEUとの関係

冷戦後のNATOが直面したのは，冷戦期とは異なる新たな役割であった。具体的には様々な軍事作戦の展開と広範なパートナーシップの構築である。そして，これらの任務において，EUとの関係が発生することとなった。

NATOは，まず，冷戦終焉直後，ワルシャワ条約機構解体後の旧東欧諸国に対し，包括的な対話の枠組みを提供した。北大西洋協力理事会（NACC，のちの欧州大西洋パートナーシップ理事会［EAPC］）がそれである。また，「平和のためのパートナーシップ（PfP）」を通じて，実際的な能力構築支援を行った。NATOは，この枠組みを基盤として，NATO加盟の可能性を提示しながら，旧東欧各国の軍改革を支援していった。また，旧ユーゴ紛争勃発に際し，国連，欧州安全保障協力機構（OSCE），西欧同盟（WEU）などといった他の安全保障機構とともに関与し，最終的には直接的な軍事力行使による紛争の沈静化を行った。NATOは紛争後の重武装の安定化部隊も展開した。これはNATO加盟を希望していた国々をはじめとする非NATO加盟国との協力の下で実施されたものだった。

EUが安全保障政策分野に乗り出すと，オルブライト米国務長官から「3D」という言葉を使ってNATOとの競合の懸念が示されるなどした。これは，EUの独自能力構築自体は認めつつ，Decoupling（米欧離間），Discrimination（非EU加盟国の差別的待遇），Duplication（能力の不要な重複）の回避という条件を表明したものであった。そのような中，2002年には**ベルリン・プラス合意**[◁1]として，EUは，必要かつ可能な場合にはNATOの能力を利用できることとされた。これは，EUとNATOとの能力的重複を可能な限り回避すること，すなわち実質的にはEUの独自能力の構築を抑制することを意図したものであった。

前後して，2001年アメリカ同時多発テロ（9・11）後のアフガニスタンでのNATO諸国の活動支援や，ソマリア沖海賊対策，リビア軍事介入など，NATOは様々な地域で様々な内容の活動を行い，その中で安全保障主体としての役割も獲得しつつあるEUとの協力も模索されている。現状では，EUとの棲み分けは，軍事的な烈度，加盟国，対象地域などの違いから生じているようにみられるが，今後の展開に関しては必ずしも定かではない。特にNATO加盟国であるトルコとの間に問題を抱えるキプロスがEUに加盟して以降，EUとの協力関係は停滞状況にある。　（小林正英）

▷1　ベルリン・プラス合意

欧州諸国とNATOの間の合意としては，すでに1996年，ほぼ同内容のベルリン合意が成立していたが，この時は欧州諸国の枠組みは西欧同盟（WEU）としてであった。EUの共通外交・安全保障政策（CFSP）の構築に伴い，EUとしてNATOとの間に合意を結び直す必要があったが，EU非加盟国のトルコとの調整の問題があり，1999年にはEU・NATO間で基本的に合意されていたにもかかわらず，最終合意は2002年までずれ込んだ。

参考文献

広瀬佳一・吉崎知典編著『冷戦後のNATO——“ハイブリッド同盟”への挑戦』ミネルヴァ書房，2012年。

金子譲『NATO北大西洋条約機構の研究——米欧安全保障関係の軌跡』彩流社，2008年。

佐瀬昌盛『NATO——21世紀からの世界戦略』文春新書，1999年。

Ⅸ　国際機構・国際制度との関係

OSCE

OSCE とは何か

欧州安全保障協力機構（OSCE）は，主に欧州の57カ国からなる国際機関である（巻頭図3も参照）。すべての EU 加盟国とすべての NATO 加盟国，それにすべての旧ソ連構成国を含むすべての旧ワルシャワ条約機構加盟国が参加しており，その地域的包括性は「バンクーバーからウラジオストクまで」とも呼ばれる。安全保障の包括的・協調的アプローチを主眼としており，ウィーンのホーフブルグ宮殿に本部を置いている。

冷戦期

図1　OSCE のロゴ

1975年，冷戦が緊張緩和（デタント）状況にある中で，主に東西両陣営の国々が包括的な協力を実施するフォーラムとして，当初 CSCE（欧州安全保障協力会議）の名で構築された。CSCE の設立文書となったヘルシンキ最終議定書は，三つの協力分野（バスケット）を規定していた。相互国境不可侵や信頼醸成措置などを含む安全保障に関する第一バスケット，経済協力などを含む第二バスケット，人道協力などの第三バスケットである。CSCE は，以降，東西欧州の国々のフォーラムとして機能した。相互均衡的兵力削減（MBFR）交渉や戦略兵器制限交渉（SALT）などと並んで，デタント期の東西両陣営間の主要交渉（の場）となった。

3　冷戦後

冷戦が終焉すると，1990年に CSCE の枠組みで NATO（北大西洋条約機構）とワルシャワ条約機構加盟国によって欧州通常戦力条約（CFE）が署名された。1991年にワルシャワ条約機構が解体すると，両機構の存在を前提としていた CFE の適合化を目指す交渉が行われた。1999年には一応の合意をみて CFE 適合化条約が署名されたが，発効に至らないまま2015年にロシアが脱退を表明している。

1995年，CSCE の機構化によって OSCE が発足した。OSCE は，CSCE を継承して安全保障を包括的に捉え，紛争予防や紛争後の問題のみならず，自由選挙や少数民族問題，それに報道の自由までも使命として掲げ，選挙監視などを実施している。構成国も，CSCE を継承して旧東側諸国と旧西側諸国が網羅的に参加した。このように，使命と構成国について包括的・網羅的であったOSCEは，冷戦後の新たな欧州の安全保障枠組みとして期待された。しかしながら軍事能力を欠いたため，喫緊の軍事展開が要請された任務ではNATOが活用されることとなった。旧東側諸国の民主化あるいは体制転換支援についても，加盟という誘引をもつEUやNATOの影響力の方が顕在的であったことは否めない。[1]

しかしながら，皮肉なことに，近年の西側諸国とロシアとの緊張再燃によってOSCEは再認識されつつもある。2013年末から不安定化したウクライナ情勢は，2014年3月のロシアによるクリミア編入により，ロシアを一方の当事者とする欧州での緊張関係を再燃させた。[2]この問題は，2014年9月のミンスク合意および翌2015年2月のミンスク合意2によって一応の沈静化が図られているが，OSCEはこれら暫定合意の執行の監視を担っている。これは，ロシアが対等の立場で参加しているOSCEだからこそ，可能となったミッションである。ただし，ロシアが容認する範囲でしか，活動しえないこともまた事実ではある。

4 EUとの関係

OSCEの標榜する安全保障の包括的・協調的アプローチは，EUの共通外交・安全保障政策（CFSP），特にその文民的ミッションと競合的である。EUとの最大の相違は，加盟国の包括性である。特に，ロシアが西欧諸国と対等の立場を有する数少ない欧州の国際機関である（EUやNATOを想起されたい）。その結果として，前述のように，西欧諸国とロシアの対立関係が激化しているウクライナ情勢をめぐっても，暫定合意の執行監視というデリケートな役割を担うこととなった。このように，加盟国が地域包括的であるからこそ，OSCEは加盟国内の問題として，監視団の派遣などのミッションを決定し，実施することができる。当然，その実効性は関係各国が合意できる程度に制限されることとなるが，関係各国が正加盟国である機関における決定は，その実現性が担保されているといえるだろう。

また，OSCEは国連憲章第8章に定める地域的取極であり，構成国の包括性の観点と合わせて，その決定の正統性は高い。これにはOSCEでの決定が全会一致ベースであることもあわせて考えることができる。

OSCEとEUは，現時点で公式な協力関係を有しない。ただし，EU加盟27カ国すべてがOSCE加盟国であるということは，OSCE加盟国の半数がEU加盟国であることも意味するため，EU加盟国が共同歩調をとった場合のOSCEにおけるEUの影響力は非常に大きい。（小林正英）

▷1 西バルカンでは，90年代に不安定化した旧ユーゴスラビア情勢においてもOSCEへの期待は高かった。OSCEは当初いくつかのミッションを展開したが，紛争の激化に伴い撤収を余儀なくされてゆく。紛争沈静化に伴ってOSCEのミッション展開は再開されている。

▷2 ⇨VIII-3「ウクライナ」

参考文献

宮脇昇『CSCE人権レジームの研究――「ヘルシンキ宣言」は冷戦を終わらせた』国際書院，2003年。
西村めぐみ『規範と国家アイデンティティーの形成――OSCEの紛争予防・危機管理と規範をめぐる政治過程』多賀出版，2000年。
吉川元『ヨーロッパ安全保障協力会議（CSCE）――人権の国際化から民主化支援への発展過程の考察』三嶺書房，1994年。
百瀬宏・植田隆子編『欧州安全保障協力会議（CSCE）1975-92』日本国際問題研究所，1992年。

Ⅸ　国際機構・国際制度との関係

7 欧州審議会

1 法によるヨーロッパ統合

欧州審議会（Council of Europe，欧州評議会とも呼ばれる[▷1]）は1949年5月に設立が決定されたヨーロッパ機関として，主に人権，民主主義，法の支配，文化交流の分野でヨーロッパの基準策定を促す活動を続けてきた。EC/EU とは異なるもう一つのヨーロッパ統合の機関である[▷2]。EU が国家主権の一部を委譲されている超国家主義をとるのに対して，欧州審議会は国家主権は維持しつつ，協定等の国際法を通じてヨーロッパ共通の価値や政治的目標を共有していく，いわば「法の統合」によりヨーロッパの一体化を促している。

本拠地はフランスのストラスブールにあり，当初は10カ国で発足したが，その後加盟国は増加し，特に冷戦崩壊後の1990年代には東欧および旧ソ連の諸国が加盟したため，現在47カ国に及ぶ（巻頭図3参照）。日本もアメリカ，カナダとともにオブザーバー国として参加している。

欧州審議会は，発足当初より閣僚委員会と議会（議員総会）を併存させた。これは国家主権を守りたいイギリスと，超国家主義を目指したフランスとの間の妥協の産物であり，この並存形態はのちの欧州石炭鉄鋼共同体（ECSC）を経て EC にも引き継がれ，ヨーロッパ統合特有の形態を生み出した。議員総会は立法権を有さず，諮問ないしモニタリング的役割にとどまる。その他，事務局のほか，欧州地方自治体会議や，欧州人権裁判所等が配置されている。

2 「民主主義の学校」：ヨーロッパ的な人権と民主主義

欧州審議会は，欧州独自の人権保護システムを生み出した。審議会の最初の取組みとして1950年に欧州人権条約が締結され，1953年に発効した。欧州人権条約の批准は加盟の条件とされている。なぜならファシズムの経験から，独裁を防止するためにはまず個人の人権の擁護が民主主義の維持に不可欠と考えられたからである。注目すべきは，欧州人権裁判所や欧州人権委員会（1998年まで。1999年より欧州人権弁務官を配置）等を備えるのみならず，個人の申立てを認めている点が国際機関として際立っていることである。社会権については，欧州社会憲章により明記されているほか，具体的には拷問の禁止，人身売買への反対，子どもの性的搾取・虐待からの保護，地方言語・少数言語の保護，民族的少数者の保護，報道の自由等に取り組んでいる。たしかに経済統合の主役は

▷1　ヨーロッパレベルでの議会を設立することが提案されたのは，1948年5月に開催されたハーグヨーロッパ会議であった。このハーグ会議には欧州各国からあらゆる党派のヨーロッパ統合運動が参加し，ヨーロッパ統一の意義を訴えた。ヨーロッパ統合構想はメディアの注目を集め（「ヨーロッパの春」），夏以降は欧州議会構想が外交レベルで議論されるようになり，欧州審議会の設立に至った。

▷2　EC/EU の欧州議会は European Parliament，EU 理事会は European Council であり，欧州審議会とは異なる組織である。

図1　欧州審議会の旗

ECであったが，冷戦期においては欧州人権レジームにおいて欧州審議会が中核的な役割を果たし，高いレベルでの人権保護体制を構築した。[3]

欧州審議会がヨーロッパ民主主義の確立において大きな役割を果たしたのは，冷戦崩壊後の中東欧の民主化過程においてである。冷戦期に共産主義体制にあった中東欧諸国は，早急に民主化と市場経済に移行する必要があった。そこで，EU加盟の前段階として，まず欧州審議会への加盟準備を通じて西欧が育んできた代議制や人権，法の支配等を整え，EU加盟を実現した。いわば「民主主義の学校」として機能したのである。

3 EUの一体化を支える価値の共有・制度・交流

このように欧州審議会は，冷戦期から西欧の民主主義の遵守と強化のために，法を通じて，人権・民主主義・法の支配の分野で着実な成果をあげてきた。[4]ヨーロッパの一体性やヨーロッパ的価値の底上げ・均質化に貢献してきたといっても過言ではない。その成果の一つは死刑廃止であり，加盟国の間では近年執行されていない（この点でオブザーバー国である日本は批判を受けている）。

これ以外にも，文化協力や文化の多様性の擁護にも尽力している。グラーツに欧州現代語センターを設置するなど，少数話者言語の保存に尽力しており，単一のヨーロッパではなく，「多言語・多文化主義」をその理念としている。

こうした国家より下位の主体を重視する姿勢は行政機関との関係にも及ぶ。すでに1957年より定期的に欧州地方自治体会合を開催し，ローカル民主主義の育成に尽力し，1985年には欧州地方自治体憲章を採択した。1994年には欧州地方自治体会合を欧州地方自治体会議に改組し，欧州地方自治体憲章の遵守や，地方自治のモニタリングおよび勧告，選挙監視，また加盟国政府と自治体との協議・対話を支援している。特に中東欧における地方自治や選挙の底上げに力を入れてきた。

初期から重視されてきた分野の一つが教育である。青少年の交流のほか，留学を円滑に促すための学位の相互認定，高等教育の均質化のための質保証（ボローニャ・プロセス）等はヨーロッパの留学制度の基盤となっている。[5]

その他，選挙監視やテロリズム対策の連携を図る専門家委員会（CODEXTER），医薬品の均質化のための欧州医薬品品質部門および欧州薬局方等，各時代の社会問題に対応した国際法・制度を整備している。（上原良子）

▷3 ⇨IX-11「欧州人権裁判所」

▷4 ⇨II-8「EUにおける『共通の価値』」

▷5 ⇨V-11「教育」

参考文献

植田隆子編『現代ヨーロッパ国際政治』岩波書店，2003年。

Ⅸ　国際機構・国際制度との関係

8 G7/G20

1 G7 と EU

G7（Group of Seven）サミット（先進国首脳会議）は，1975年，フランスのヴァレリー・ジスカールデスタン大統領の発案に基づき，石油危機後の世界経済問題に対処すべく，パリ郊外のランブイエで第１回が開催された。第１回の参加国はフランス，西ドイツ，イタリア，日本，イギリス，アメリカで，1976年からカナダが加わった。そして1977年のロンドン・サミットから EU の前身の EC が加わった。

G7 がスタートした1970年代は，政治的には東西冷戦の最中であるが，米ドルの金兌換停止（**ニクソン・ショック**[▷1]と呼ばれる）（1971年），1973年に始まる**石油危機**[▷2]によって，経済面では急速に国際的な相互依存状況の高まりをみせた。この状況を受けて，ジスカールデスタン大統領は，先進国の首脳が一堂に会して議論を行って課題克服の処理に当たることの重要性を唱え，サミット開催を提案した。

冷戦終結後の1990年代，冷戦期には敵対関係にあったロシアが参加をしはじめ，1998年のバーミンガム・サミットからはロシアもフルメンバーとして加わり G8 サミット（主要国首脳会議）と称するようになった。1980年代までの G7 で議論された内容は世界経済に関する事柄に終始していた。しかし1990年代に入ると，冷戦が終わったことで徐々に政治問題についても取り上げることが増えていく。

EC/EU は国家ではないものの，英仏独を含んで世界経済の中核を担う多くの国が参加して自由貿易圏を形成する共同体であり，1977年から EC としての参加が始まった。EU 代表としては，欧州委員会委員長と欧州理事会議長の２人が参加している。

2 G20 と EU

G20 は G7 の７カ国，ロシア，EU，および11の新興国（中国，インド，ブラジル，メキシコ，南アフリカ，オーストラリア，韓国，インドネシア，サウジアラビア，トルコ，アルゼンチン）の，計20の国・地域からなるグループである。G20 首脳会合と，G20 財務大臣・中央銀行総裁会議を開催している。

新興国の国際経済における存在感の向上を背景に，G7（G8）での議論だけ

▷１　**ニクソン・ショック**
1971年８月にアメリカのニクソン大統領が突如発表した米ドルと金の兌換停止は，米ドルを金と交換できる唯一の通貨として，世界経済の基軸通貨としていたブレトンウッズ体制を終結させ，世界経済体制の転換を意味した。

▷２　**石油危機**
1973年10月の第四次中東戦争をきっかけに，ペルシャ湾岸のアラブ産油国が原油公示価格の引上げと原油生産の段階的削減を発表し，原油の供給逼迫とそれに伴う原油価格の高騰が世界経済に混乱をもたらした。

では不十分との認識を受け1999年にG20財務大臣・中央銀行総裁会議が始まり，リーマン・ショックによる世界金融危機の深刻化を受けて2008年からはG20首脳会合も定例化された。さらに2010年からはG20労働大臣会合，2017年からはG20外務大臣会合も行われるようになるなど，グローバル・イシューの多様化を背景に，開催される会合の種類も多様化してきている。

3 G7/G20でのEU主導の議論

G7もG20も，そもそもは経済問題を中心に議論がなされてきたが，次第に政治問題に広がってきている。G20で近年取り上げられた議題をみると，世界経済や貿易・投資に加えて，開発，気候変動・エネルギー問題，デジタル化，雇用，テロ対策，移民・難民問題などとなっており，経済に限定されているわけではない。

EUは，EUとしての共通外交・安全保障政策（CFSP）の枠組みを強化しながら，経済のみならず政治面での存在感を増してきた。G7/G20でも，政治的な課題における議論での主導権も確認できる。気候変動・エネルギー問題にみられる環境問題への取り組みをはじめとして，安全保障や人道・開発援助においても主導的な位置を占めるようになっている。G7においては自由と民主主義，法の支配，人権といったEUが創設時から守り続けている基本的価値の共有が図られており，EUとしてはG20においてもこうした基本的価値の広がりを目指しつつ，様々な分野での政策協調に挑んでいる。

ロシアがG8議長国を務める予定だった2014年には，ロシアのクリミア併合を受けて事態が急転した。ロシアに対する非難と，同国を除くG7の枠組みで会合をもつことなどを盛り込んだ「ハーグ宣言」が同年3月に採択されると，同年6月にブリュッセルでEUが議長を務めてG7サミットが開催された。

2015年のエルマウ（ドイツ）でのG7サミットでは，地球温暖化対策では「2030年までに温室効果ガスを少なくとも40％減少する」という野心的目標を率先して掲げて議論を主導し，同年12月に採択されるパリ協定への下地を築くことに貢献した。人道・開発援助面では，2030年までに開発途上国の5億人を飢餓と栄養不良から救い出すとの目標をG7として取りまとめ，貧困問題解決を目指す国連のミレニアム開発目標（MDGs）の後継目標「持続可能な開発のための2030アジェンダ」が，同年9月の国連総会で採択されるプロセスで指導力を発揮していった。

また世界各地で深刻化している移民・難民問題は，2016年のG7伊勢志摩サミットで議長国日本と協力し，G7で初めて正面から議題にあげられた。移民・難民問題ではEU内での加盟国間の意見調整に苦労はしているが，国際社会としての人の国際移動に関するルール形成への指導力を発揮すべく，G7でも努力を続けている。（坂井一成）

Ⅸ　国際機構・国際制度との関係

 インターリージョナリズム

▷1　インターリージョナリズム
地域間主義，地域間関係などの訳語が当てられている。

▷2　ASEAN（東南アジア諸国連合）
加盟10カ国。原加盟国は，タイ，インドネシア，シンガポール，フィリピン，マレーシアで，その後，ブルネイ，ベトナム，ラオス，ミャンマー，カンボジアが参加している（加盟順）。

1　起源

インターリージョナリズム[▷1]（地域間主義）の中心は，EU・ASEAN関係である。その歴史から振り返ろう。ECと**ASEAN（東南アジア諸国連合）**[▷2]という二つの多国間枠組みの間での制度的関係の構築が，どのようになされたのか。EC・ASEAN関係はまず，1972年に，欧州委員会とASEAN諸国間での非公式対話が始まる。そして，75年には委員会とASEAN諸国の間で共同研究グループが設置され，EC・ASEAN関係の制度化がみられていく。そして，77年には大使級対話の設置，78年には閣僚会合の創設，80年にはEEC・ASEAN協力協定調印がなされ，EC・ASEAN関係の制度的基礎が築かれることになったのである。

最近の研究では，ASEANとの間の制度的発展の動因としてより高次な戦略的価値をECがASEANに認めたことが明らかになっている。EC側の決定的動機は，世界戦略に属するものであった。まずは，その中心的な推進者であったEC委員会のソームズが抱いたアメリカのプレゼンスが低下する東南アジアにおいてECのプレゼンスを高めたいという戦略的動機だった。その後，東南アジアでの東側諸国のベトナムへの影響力拡大に対するフランスの防衛戦略，西ドイツ外相ゲンシャーの第三世界重視，デタントの維持，日米への均衡を目指す戦略が重要となった。

2　ASEM成立と地域間主義の拡散

1993年にEUが成立した後，EUとASEANを主なメンバーとする首脳会議を中心としたASEM（アジア欧州会合）が1996年に創設された。ASEMは初めてアジアと欧州の地域主義の首脳が一堂に会する歴史的場となった。成立の起源は，シンガポールとフランスの共同提案だといわれているが，その成立は，両国にとどまらず，アジア諸国とヨーロッパ諸国にとって意味のあるものだった。

第一に，アジア諸国にとっては，独自の政治・経済的規範に基づいたアジア的アイデンティティを主張することを可能にしたのである。政治的規範とはEUとの協力をあらゆるレベルで強化することであった。経済的規範とは，イデオロギーよりも経済的国益の方が重要になったという考えであり，加盟国に

とって経済的利益の最大化が望まれるということであった。さらには，アジア太平洋経済協力会議（APEC）という1989年に日豪のイニシアチブによって創設された機関を意識し，ASEM の創設は，それに相応する機関をつくることも意味した。

一方で，ヨーロッパ諸国にとっては，高関税に守られた「ヨーロッパ要塞」とその保護主義が批判されることに効果的に対応することが可能になった。自由貿易から繁栄を得ていた都市国家シンガポールを中心に，ヨーロッパ要塞は，危惧されていたのである。その中で，フランスは，ヨーロッパ要塞のイメージを消し去ることを狙っていた。

地域間主義は，EU・ASEAN 関係に限定されない。EU・AU 関係も近年注目されている。**アフリカ連合（AU）**◁3の活動の中核にある平和維持活動を，EU は「欧州安全保障戦略（European Security Strategy：ESS）」（2003年）に基づき支援している。ESS では，破綻国家の脅威が挙げられているが，この戦略が正式に採用される前後から，EU の AU 支援は行われてきた。コンゴ民主共和国に対しては，EU 初の軍事活動となるアルテミス（2003年５～９月）を実施した。SSR（治安部門改革）の実施においても EU・AU はともに協調することになった。アフリカ平和ファシリティ（APF）という基金枠組みも，EU の開発援助から資金調達されている。

EU・メルコスール関係も地域間主義にあたる。関税同盟である **メルコスール（南米南部共同市場）**◁4設立決定の４年後，1995年には，EMIFCA（協力協定のための地域間主義の枠組み）が採択された。しかし，その後具体的措置が続かず，2018年末現在，自由貿易協定はなお交渉中である。メルコスールにとって EU は全貿易の21.8％（2016年）を占める重要な貿易相手であり，EU との交渉が妥結するかが，今後の焦点となる。

▷３ **アフリカ連合（AU）**
アフリカに位置する55カ国が参加している。本部はアディス・アベバ。アフリカの平和・安全保障・安定の促進等が主な活動目的。

▷４ **メルコスール（南米南部共同市場）**
⇨Ⅹ-8「中南米」側注４

3 ASEM の展開と現状

ASEM は，２年ごとにアジアと欧州で交互に首脳会議を開き，その活動は経済，政治，社会・文化・教育にわたる。

しかし一方で，ASEM は，「単なる議論の場」と呼ばれたり，二国間首脳対話の場を提供するという二次的役割のみ担っているともされる。たしかに，ほぼ毎回のサミットでの加盟国増加の結果，組織は肥大化し，運営困難に陥った。また2014年以後，南シナ海でのアジア諸国の対立，ウクライナをめぐる露・欧米の対立で，戦略的見直しが不可欠となった。

結局，ASEM は，制度としては問題を抱えており，今後は，その加盟国間の「連結性」（規制の調和，投資の拡大，相互理解の増進）と地域主義の精神においてしか期待できない取組みとされる。（黒田友哉）

参考文献

細谷雄一編『戦後アジア・ヨーロッパ関係史――冷戦・脱植民地化・地域主義』慶應義塾大学出版会，2015年。

Ⅸ　国際機構・国際制度との関係

 地中海

 バルセロナ・プロセス

ヨーロッパ（特に南欧）諸国は，北アフリカから中東にかけての国々とともに，歴史的に地中海交易圏を形成して緊密な交流を行ってきた。地中海北側のヨーロッパはEUを形成してきたが，南地中海との関係は今日でも重要であり，EUとしての地中海政策が積み上げられてきている。

1995年に「欧州・地中海パートナーシップ」（通称バルセロナ・プロセス）という枠組みが発足した。これはEUが地中海諸国を包括する国際協調の枠組みをつくるための国際会議を開催し，EU加盟15カ国と地中海の12カ国・地域が集まって締結したものである。

バルセロナ・プロセスは，EU・地中海広域自由貿易圏の創設を最大目標に掲げ，①政治・安全保障，②経済・財政，③社会と人間の三つの分野から協力を深めるとした。たとえば政治・安全保障分野については，地中海沿岸のアラブ・イスラーム諸国とEU諸国との間の対話が特に重要であるとの認識に基づき，相互の文化を尊重する姿勢を重視しつつ，人権，民主主義，法の支配の原則を守るとしている。さらに国際法に則って，主権の平等，不当な内政干渉の排除，領土保全，紛争の平和的解決，テロ・組織犯罪・麻薬取引対策，軍縮と核・化学・生物兵器の拡散防止，地域諸国間の友好関係発展による地中海の平和と安定を図るとしている。

バルセロナ・プロセスは，EUとアラブ・イスラーム諸国の間の経済，政治，社会のリンケージの制度化に一定の貢献はしたものの，地域におけるテロの発生が収まらず，EU側のアラブ・イスラーム世界への理解の広がりが限定的にとどまり，経済的に広域自由貿易圏は実現することなく，暗礁に乗り上げていった。

2　地中海連合

停滞したバルセロナ・プロセスであるが，地中海がEUにとって重要な地域であることは変わりなく，地中海地域の安定化を進める政策枠組みにテコ入れを図るべく，フランスの**サルコジ**[◁1]大統領のイニシアチブにより2008年7月に第1回首脳会合がパリで実現したのが地中海連合（Union for the Mediterranean）であった。フランスは2008年下半期のEU議長国としてこの枠組みの立ち上げの主導権をとった。パリ会議には，EU全加盟国と，イスラエル，シリア，

▷1　**サルコジ**（Nicolas Sarkozy：1955-）
フランス共和国大統領（任期2007年5月～2012年5月）。保守政党の国民運動連合，その後継の共和党総裁などを歴任。経済面では新自由主義者で，在任中は移民に厳しい姿勢で物議を醸すことも多かった。

レバノン，ヨルダン，アルジェリア，モロッコ，チュニジア，モーリタニア，トルコ，バルカン半島のEU未加盟の国々などを含めた地中海沿岸国・地域の首脳16人の計43人が出席し，国連の潘基文事務総長，バローゾ欧州委員会委員長らも参加した。招待国のうち欠席したのはリビアだけである。

地中海連合は，バルセロナ・プロセスが十分な機能を果たせなかったという反省に立っている。バルセロナ・プロセスは，政治，経済，社会，文化にわたる包括的なマルチラテラルな対話の枠組みを目指すものであったが，実効性に欠け，特に2001年のアメリカ同時多発テロ（9・11）以降はイスラームをめぐっての対立がイスラーム圏と非イスラーム圏との間で高まり，その活動は滞った。地中海連合では，こうした経緯を踏まえ，いくつかの改善点を示した。すなわち①首脳会議を定例化（2年ごとに開催），②共同議長制度の設置（EUから1カ国と，非EU＝南地中海側から1カ国。初代議長国にはフランスとエジプト），③常設事務局の設置である。特に共同議長国制度の導入によって，地中海の北側（＝EU）が南側を支えるという一方的な形ではなく，南北双方が責任を分掌する形で対話・政策の展開にあたるという体制を整えることとなった。

地中海連合はそもそも危機管理を目的とする枠組みではなく，相互理解・協調の促進を様々な分野で行う枠組みとされる。具体的には，文化交流，教育交流，産業面での協力，エネルギー協力などを含み，南側のキャパシティ・ビルディングを促すことが重視されている。相互理解という点で，EUと南地中海側との価値観の共有が目指されるが，民主主義や人権など，摩擦を生みやすい争点については，**欧州近隣諸国政策**（ENP）◁2 においてバイラテラルな関係の中で処理されることが想定されている。

EUの手法は，EU諸国間での戦争を行わないようにする制度・措置を積み重ねてきた経験を地中海諸国に輸出するスタイルといえる。解決の困難な紛争に対しては対話の枠組みの設置が不可欠と捉えており，これが地中海政策の根底にあり，地中海連合もこうした観点からその意義をまずは理解することが必要である。

3 安定の模索が続く

地中海連合発足からほどなく，2010年暮れにチュニジアを起点とした急激な民主化運動「アラブの春」が南地中海諸国に広がり，政治・経済の急激な変動をもたらした。リビア，エジプト，チュニジアでは政権が打倒されたほか，シリアでは長期に及ぶ内戦に陥り，アフリカ大陸の南部から来る者も含めて多くの国から甚大な数の難民が発生した。移民や難民は地中海を船で渡り，あるいは陸路トルコを経由してEUへと入ってきており，EUはその受入れの困難さに直面している。地中海地域の政治的・経済的安定がEUにとっていかに重要であるかを示す事態である。

（坂井一成）

▷2 欧州近隣諸国政策
⇨Ⅵ-8「近隣諸国政策」

参考文献

坂井一成「EUの対中東予防外交――東地中海地域を中心に」『日本EU学会年報』第30号，2010年。

Ⅸ　国際機構・国際制度との関係

欧州人権裁判所

1　欧州人権裁判所の設立

1949年，欧州の10カ国により**欧州審議会**（Councile of Europe）[1]が設立された。この欧州審議会の枠組みの下，**欧州人権条約**（European Convention on Human Rights）[2]が作成され，1953年９月３日に発効した。欧州人権条約は，生命の権利，人身の自由，裁判を受ける権利，私生活の尊重および精神的自由を規定[3]するとともに，締約国による条約上の人権の遵守の如何を判断する機関として，欧州人権裁判所（European Court of Human Rights）を創設した。欧州人権裁判所は，1959年４月20日に発足し，現在では，47カ国すべての欧州人権条約締約国が個人の申立権と欧州人権裁判所の管轄権を受諾している。その結果，欧州人権裁判所は，ロシアやトルコを含む欧州全域の国々による約８億人に対する人権侵害の訴えについて管轄を有する裁判所として機能している[4]。

▷１　**欧州審議会**
⇨Ⅸ-７「欧州審議会」

▷２　**欧州人権条約**
正式名称は，人権及び基本的自由の保護のための条約（Convention for the Protection of Human Rights and Fundamental Freedoms）。

▷３　これ以外の人権については議定書を追加する形で規定・補充されてきている。

▷４　2019年に欧州人権裁判所が下した判決は，884件であった（３万8480件が受理不可能と判断された）。

2　欧州人権裁判所の構成

欧州人権裁判所の裁判官は，締約国数（47）と同数であり（20条），各締約国が指名する３名の候補者の中からそれぞれ１名ずつ，欧州審議会の議員総会により選挙で選ばれる（22条）。任期は９年で，再選不可能である（23条１項）。裁判所は，五つの部（Sections）に分かれ，各部に９～10名の裁判官が所属する。裁判体として最も重要な役割を果たすのが，各部において７名で構成される小法廷である。小法廷は第一審として機能する。小法廷から上訴される事件を扱うのが大法廷である。大法廷は17名の裁判官で構成される（27条）。これらのいずれの法廷にも，当該事案の当事国について選挙された裁判官が含まれる。

3　欧州人権裁判所の手続

欧州人権裁判所の主な手続には，締約国が他の締約国による条約違反を主張する国家間申立（33条）と，個人が締約国を相手取り申し立てる個人申立（34条）がある。裁判所は，すべての国内的救済措置が尽くされた後，最終的な決定がなされた日から６カ月以内の期間にのみ事案を取り扱う（35条１項）。小法廷が判決を下してから３カ月以内に，当事者は上訴受理を要請できる。要請は大法廷の審査部会により審査され，審査部会は条約の解釈・適用に関する重大な問題，または一般的重要性を有する重大な争点の場合，受理を決定する（43条）。違反が認定され，かつ関係締約国の国内法が部分的な救済しか与えない場合，裁判所は，「公正な満足（just satisfaction）」を与える決定をする（41条）。これにより，精神的損害のみならず物質的損害，および条約機関での手続費用について，金銭補償を与えるよう命じる。小法廷の判決は，当事者が上訴受理要請をしない旨表明した時，上訴期限が徒過した時，または大法廷の審査部会が上訴受理要請を却下した時，確定する（44条2項）。大法廷の判決は，常に確定判決である（44条1項）。なお，判決には，いずれの裁判官も意見を付すことができる（45条2項）。締約国は，自己が当事者である事件の確定判決には従わなければならない（46条1項）。ただし，これは国際的な平面での法的拘束力であり，欧州人権条約が国内的効力を有している国でも，判決が国内的効力や執行力を有するとは限らない[◁5]。なお，2018年8月より，一部の署名・批准締約国につき，第16議定書が発効してきている[◁6]。

4 EU加盟国，EUおよび欧州人権裁判所の関係

現在ではEU加盟国はすべて欧州人権条約の締約国である。欧州人権条約締約国であるEU加盟国が欧州人権条約違反を行った場合，当該加盟国が欧州人権裁判所により欧州人権条約違反の責任を問われる。一方，従来より欧州人権条約締約国となれるのは欧州審議会の加盟国のみであったため，現在EUは締約当事者ではない。しかし，EU法は欧州人権条約に規定される人権をEU法の一般原則として遵守する旨を規定しており[◁7]，EU司法裁判所は原則として欧州人権裁判所の判例に従う。とはいえ，欧州人権裁判所が判断を下していない問題については，EU司法裁判所の判断が後の欧州人権裁判所の判断と異なり，EUが欧州人権条約違反を行う可能性が生じうる。現状では，EUが欧州人権条約違反を行った場合のうち，第一に，EU法上の措置またはEU諸機関の行為による欧州人権条約違反が生じた場合，および，第二に，EU法をEU加盟国が国内で実施するための措置による欧州人権条約違反であって，加盟国に裁量の余地がない場合は，加盟国の欧州人権条約上の責任が問われることにより，間接的にEUによる欧州人権条約違反が審査される。ただし，EU法は，欧州人権条約が提供するものと少なくとも同等とみなすことができる仕方で基本権を保護しているとみなされ，特定の事件の状況により欧州人権条約上の権利の保護に「明白な瑕疵」が存在しない限り，欧州人権裁判所はEU法による欧州人権条約違反を審査しない（「同等の保護理論」）。

このような状況は，EUが欧州人権条約に加入した場合，変更となる。EU条約第6条2項には，EUによる欧州人権条約への加入が規定された。他方，欧州人権条約第14議定書が2010年6月1日に発効し，現在，国家ではないEUが締結当事者になれることとなっている[◁8]。EUによる欧州人権条約加入が実現した後は，EUによる欧州人権条約違反により，直接EUの責任が問われることとなる。（東　史彦）

▷5　判決の執行は，締約国が行い，欧州審議会の閣僚委員会が監視する（46条2項）。

▷6　第16議定書は，締約国の最上級審から欧州人権裁判所に欧州人権条約に関する勧告的意見を求める手続を導入する。

▷7　EU条約第6条3項。

▷8　EUが欧州人権条約に加入した場合にもEU法の自律性が損なわれないようにする必要が指摘されている。

参考文献

戸波江二ほか編『ヨーロッパ人権裁判所の判例Ⅰ』信山社，2019年，2～27頁。

X　国家・地域との関係

日　本

日欧関係の歩み

現在，日本が欧州外交で果たす役割は大きく，EUは日本にとって重要なパートナーである。1957年に欧州経済共同体が設立されて以来，日本と欧州の関係は国際情勢の変化と欧州統合の過程の進化を伴う変化を経て，大きく発展してきた。

冷戦時代は日欧関係は活発であったとはいえない。日本との対話が始まったのは1957年以降であるが，それほど進展はしなかった。東西対立に基づいた二極構造の世界の中で，日・EC/EU関係は日米，米・ECほど重要ではなかった。アメリカは日本外交にとって安全保障および経済面において決定的な存在であるが，それは日本とECの関係にも大きな影響を与えた。アメリカとの緊密な関係を重視しながら，「経済重視，軽武装」という政策を優先していた冷戦時代の日本は，ECを主に経済的アクターとして認識し，海外直接投資などを通してヨーロッパ諸国における自らの地位を拡大してきたのである。一方，ヨーロッパ諸国にとって東アジアは今日ほど戦略的な地域ではなかった。そのため，1991年までは，日・EC関係は経済領域に限られており，摩擦も対立もなかったわけではない。

冷戦終結は日欧関係に大きな変化をもたらした。東西対立の崩壊とEUの拡大・深化は日・EUの関係強化への道を開いた。1991年に日本とECは「ハーグ共同宣言」を取り交わし，2001年には「アクション・プラン」が採択された。この二つの画期的な文書は，経済のみならず，外交政策ならびに安全保障の分野においての協力の重要性を強調しながら，自由，民主主義，法の支配等を中心的な共有価値として認定したものである。何よりも，新しい定期的な協議の仕組みが導入された。特に「ハーグ共同宣言」では，日本の首相と欧州理事会議長および欧州委員会委員長との間の年次協議を開催すること，日本政府と欧州委員会との間の閣僚級の年次会合が引き続き開催されること，日本の外相とEC加盟国の外相および欧州委員会の対外関係担当委員との間で，半年ごとの協議が引き続き開催されることが決定された。同じ1991年には，旧ソ連と東欧諸国の経済再建を促進することを目的とする欧州復興開発銀行（European Bank for Reconstruction and Development）が設立され，日本も加盟した。また，1996に年設立された**アジア欧州会合（ASEM）**[◁1]にも，最初から日本

▷1　**アジア欧州会合（ASEM）**
1996年に設立されたアジアと欧州との対話の強化を目指すフォーラム。51カ国と2機関が加盟するASEMは，首脳会合，閣僚会合，セミナーなどを通して，政治，経済，文化等の分野で活動している。［IX-9］「インターリージョナリズム」も参照。

はメンバーとして加盟した。

2 冷戦後における多チャンネル化とこれからの課題

経済および金融は今日も日・EU 関係の主要な取組み分野であるが，1991年以降は，教育，文化，外交政策および安全保障の分野においても無視できない進展がみられた。東西冷戦の二極構造が終焉した結果，地球規模での日本とEU とのかつてない協力が可能になった。先の「ハーグ共同宣言」が導入した枠組みが協力の一層の強化を促進することになった。1993年のマーストリヒト条約の発効による EU の発足も，日・EU の多チャンネル化に貢献した。EU 発足を契機に拡大と深化を実現しつつあった EU は，日本とその他の東アジア諸国との関係を強める姿勢をみせた。一方日本は，国際社会でより大きな役割を果たすようになった EU との関係を，経済のみならず，外交政策・安全保障，文化等の幅広い分野においても重視するようになった。

冷戦後に現れた以上のような変化の代表例として，安全保障分野における日・EU 関係の進展が挙げられる。二極構造の世界で日本と EC は NATO (北大西洋条約機構) を協議の場として利用したものの，双方の協力はそれほど深められなかった。東西対立がなくなった後は，北朝鮮問題や国際テロのような新しい脅威が台頭し，日本と欧州を取り巻く安全保障環境が厳しくなった。日本と欧州は個々の対応だけでなく，両者の共同事業を通して脅威の多様化と複雑化に対応したのである。日・EU 共催によるタジキスタン・アフガニスタン国境管理会議の実施，ソマリア沖・アデン湾における海賊対処活動を目的に EU が開始した EU NAVFOR の取組みは，日本と欧州のより緊密な連帯を示す事例として指摘できる。

このように発展してきた日・EU 関係はこれからどのように展開していくのだろうか。2018年に署名された**日・EU 経済連携協定（EPA）**[◁2]と**日・EU 戦略的パートナーシップ協定（SPA）**[◁3]から判断すると，日本と欧州がより包括的かつ重層的な関係に向かっていると考えられるだろうが，今後，日・EU 関係は取り組むべき課題は少なくない。短期的には，EU は移民・難民流入，イギリスの離脱問題に対応しなければならない。中長期的には，EU も日本も深刻化していく地球環境問題，複雑化していく安全保障環境，そして不安定化のリスクを抱えた世界経済という課題に直面する。これらの解決に取り組むことは EU と日本それぞれにとっての外交的挑戦であると同時に，日・EU 関係にとっての試練の場でもあるだろう。「ハーグ共同宣言」以来強まってきた対話と共有の価値に対するコミットメントが，これからも有力な協力の手段になり得るかが試される。

（ランナ・ノエミ）

▷2 日・EU 経済連携協定（EPA）
貿易自由化を目的とする協定。この協定によって，日本産品と EU 産品が相互の市場に参入する際の関税の一部，または全部が撤廃されて，日本と欧州は世界の GDP の約3割，世界貿易の約4割を占める世界最大級の自由経済圏の構築へ向かう。

▷3 日・EU 戦略的パートナーシップ協定（SPA）
政治分野における日・EU 間の協力の促進を目的とする協定。当協定が目指している戦略的パートナーシップは，平和および安全の促進，大量破壊兵器の不拡散および軍縮，通常兵器の移転管理，テロ対策，国連改革，科学技術，宇宙，環境，海洋などの分野における日本と欧州連合との協力を通して実現することとなる。

X　国家・地域との関係

アメリカ

1 「ヨーロッパの要塞」と大西洋二つの柱

1985年欧州委員会（EC）委員長に就任したドロールは，1992年末までの「EC 域内市場統合の完成」を提唱した。アメリカはこの欧州統合の新たな試みを「ヨーロッパの要塞化」と呼んで警戒した。市場統合という名の下に巨大な排他的ヨーロッパ市場の誕生を懸念したためだった。アメリカはそれに対抗して GATT ウルグアイ・ラウンドで自由化の圧力をかけてきたのであった。

他方で安全保障面でも，冷戦終結直後からアメリカはことあるごとに大西洋防衛におけるヨーロッパの自立に対する懸念を表明してきた。アメリカがヨーロッパに対する懐疑的見方を改め，落ち着くのは，1992年12月マーストリヒト欧州理事会以降のことであった。そこでは，EU（欧州連合）条約の下に，共通外交・安全保障政策（CFSP）という形で欧州における将来の安全保障・防衛分野での欧州の主体性・自立の方向と，将来 EU の防衛政策の中心となる WEU（西欧同盟）の役割強化（共通防衛政策の主体）が確認された。

米欧間で防衛上の役割分担が最終的に合意されたのは1994年1月の NATO ブリュッセル首脳会議で，西欧諸国（WEU）が主体的に NATO を利用し，NATO 加盟国と協力する枠組みが約束されたのである。そうした枠組みにおいて欧州安全保障防衛政策（ESDP）が発展していくことになった。欧州安全保障・防衛協力の発展によって，大西洋同盟の中の米・欧（EU）という「二つの柱」の相互補完関係を一層強化すべきとの認識が共有されていったのだった。

2 好調な経済関係から米欧摩擦へ

しかし域内市場統合の成功の結果，アメリカの好況とあいまって米欧経済関係は1990年代半ばには急速な発展をみた。EU はアメリカ最大の貿易相手でもあり，それぞれ双方の貿易額の19%を占めた。クリントン政権は1995年新大西洋アジェンダを提唱し，米・EU 協力行動計画も同年調印された。その一方で米欧間の多くの係争は同年に成立した世界貿易機関（WTO）に委ねられた。

1999年には EU は通貨統合（ユーロ導入）を実現した。しかし新しい通貨ユーロはドルに対して低めに設定されており，それはアメリカの対 EU 輸出にとって決して有利なものではなかった。アメリカは極端な対応は避けたが，ユーロ導入には基本的に消極的だった。

3 共通防衛政策の発展

米欧安全保障・防衛関係は次第に定着していったが，問題はNATOの防衛範囲以外の地域における紛争への対応だった。冷戦時代からの課題「域外協力」はいまだ解決していない。イラク戦争をめぐる激しい対立はその象徴だった。そうした中で，EUは共通安全保障防衛政策（ESDP，現在はCSDP）をNATO・アメリカと協力しながら発展させていくことになった。ESDPはアメリカに対抗するものと，歴代米政権にみなされてきた。しかしイラク戦争をめぐる激しい対立の中で，EUも世界の安全保障・防衛へのコミットが不可避だという認識が強くなり，イラク戦争後アフリカなどに軍事部隊を派遣するようになった。

イラク戦争をめぐって独仏と激しく対立したブッシュ政権だったが，結局2005年にはESDPを支持した。その後オバマ政権は，ヨーロッパ防衛のさらなる強化，平和と安全保障を維持するためのEUの役割の増大，NATO・EUの一層強化されたパートナーシップの支持を明らかにした。米欧間での「公正な」役割分担によって，アメリカはその負担を軽減することができると考えるようになったのである。

4 「アメリカ第一主義」にどう対応するのか：EUとの摩擦

2014年以来交渉してきた**TTIP**[1]の実施は，ついにオバマ政権時代には実現しなかった。トランプ政権の誕生によりオバマ大統領時代の温和な米欧関係は一変してとげとげしいものになっている。

米欧の貿易についてはトランプ政権になると摩擦が逆に大きくなった。2018年3月トランプ大統領は，EUに対して安価な鉄鋼・アルミニウム製品に10%の関税を課すことを発表し，6月に導入された。この輸入関税は，鋼板，板用鋼片，コイル，アルミニウム圧延品や鉄管，鉄鋼アルミニウム原料など，米国の製造業，建築業，石油産業で広く使われている製品にも適用される。その後これらの措置は延期されたが，EUと加盟各国からの激しい批判を浴びた。

これに対してEUは米輸入関税発表の前にすでに，ハーレー・ダビッドソンのオートバイからリーバイスのジーンズ，バーボンウイスキーに至る米国製品33億ドル相当を報復関税の対象にすると示唆し，カナダとともに米国の輸入制限に関してWTOに提訴する意向を示した。

安全保障関係では，トランプ政権は欧州側の負担増がない場合にはNATOからの撤退を示唆，それは結果的に欧州独自の防衛強化を各国に痛感させた。2017年12月のEU外相会議で決定した**PESCO（常設構造化協力）**[2]はトランプの対応に対する欧州側の反応であった。**欧州防衛共同体（EDC）**[3]と**フーシェ・プラン**[4]挫折以来60年以上を経て，超国家機関としての欧州防衛機構が設立されることになった。

（渡邊啓貴）

▷1 **TTIP**
環大西洋貿易投資パートナーシップ協定。アメリカとEUとの自由貿易協定で，TPP（環太平洋パートナーシップ協定）の大西洋版に相当する。

▷2 **PESCO**
⇨VI-2「安全保障」

▷3 **欧州防衛共同体**
⇨VI-2「安全保障」

▷4 **フーシェ・プラン**
⇨VI-1「外交」

X　国家・地域との関係

 ロシア

1 広大な領土をもつロシアの強み・弱みと欧州の重要性

ロシアは，世界で最も広い国だが，それは強みでもあり弱みでもある。それは石油，ガス，鉱物など豊かな資源をもたらすが，多様な民族が住む広大な領土の統治には，道路･鉄道網を整備し，長大な国境を管理しなければならず，莫大なコストがかかる。これが，ロシアの勢力圏的安全保障観につながっている。

ロシアの政治･経済の中心はウラル山脈以西にあり，自ずと欧州との関係が重要である。EU は，ロシアの貿易の 4 割以上を占める最大の市場で，EU にとってもロシアは最大のエネルギー供給国[1]だ。同時に，西欧はロシアの脅威であり，第二次世界大戦では2700万人もの犠牲者が出た。ソ連は1991年末に15の国に分裂するが，それはロシアの西側国境が1613年の状態に戻る衝撃だった。

▷1 ⇨ V-10「エネルギー」

2 EU とロシアの領域と制度の変化

2004年，EU は，ソ連から独立したバルト三国を中東欧諸国とともに加盟させた[2]。だが，これは，**カリーニングラード**[3]，エストニア，ラトビアに住む多数のロシア人の人権問題を伴っていた。また，ロシアに対する警戒心の強いポーランドやリトアニアの加盟は，EU の対ロシア政策に影響を及ぼしはじめた。こうした EU の変化は，NATO（北大西洋条約機構）の拡大と同時進行し，ロシアの疑念を深めた。

▷2 ⇨ I-7「EU 拡大の歴史」

▷3 **カリーニングラード**
かつて哲学者カントが生涯を過ごしたケーニヒスベルクは，第二次世界大戦後，ソ連とポーランドに分割され，ソ連領となった部分はカリーニングラードと改称され，ロシア人の入植が進んだ。その後，ソ連が崩壊し，EU 加盟国のリトアニアとポーランドに挟まれたロシアの飛び地となった。ソ連時代はバルト艦隊の拠点として閉鎖都市だったが，1990年代に開放され経済特区となっている。世界の琥珀の90％以上を占める産地としても知られている。とはいえ，カリーニングラードには，核弾頭搭載可能なミサイル－イスカンデルが配備されており，安全保障からも重要な位置にある。

1990年代，ロシアは，国際通貨基金（IMF），欧州復興開発銀行（EBRD），TACIS（旧ソ連向け EU 支援）の支援を受けながら市場経済化を進め，欧米との融和が期待された。だが GDP が半減するほどに経済は疲弊し，ロシアは欧米への失望と不信を増幅させた。1999年の NATO 軍のコソボ紛争への介入，NATO の第一次東方拡大は，ロシアに無力感を意識させた。2000年代になり，政権が安定し，油価の上昇もあり急速に経済成長するとともに，ロシアは，独自の国家資本主義的な体制を強め，老朽化した軍備の近代化にも着手し始めた。

3 戦略的パートナーシップ：対立と協調

1990年代以来，EU とロシアの関係は，戦略的パートナーシップに基づく。最初の協定は，1994年に打ち出され1997年に批准された EU・ロシアのパートナーシップ協力協定（PCA）である。1995年，ロシアと国境を接するフィンラ

ンドのEU加盟は，サンクトペテルブルクやロシア北西部を含めたEUの地域協力枠組みノーザン・ダイメンションを生み出し，協力の機運が高まった。

1999年6月にEUが作成した対ロシア共通戦略は，**共通外交・安全保障政策（CFSP）**[4]の最初の適用事例だった。同年11月，ロシアは，対EU関係発展中期戦略でカリーニングラードをEUとの協力を試行するパイロット地域にする展望を示した。この頃からチェチェン紛争をめぐるEU・ロシアの対立が生じていたが，2002年，EU政策文書「EUとカリーニングラード」が公表され，エネルギー対話や共通経済空間のための共同作業が開始され，拡大後を念頭にロシアとの協力を模索する動きが顕著になった。2002年のロシアEU首脳会議では，四つの共通空間（経済，自由・安全・司法，対外的安全保障，研究・教育）で合意した。

EUの東方拡大が実現した2004年，EUは，**欧州近隣諸国政策（ENP）**[5]を打ち出した。またEUは，対ロシア関係に関する政策文書を公表し，ENPの枠組みの中でロシアとの協力を打ち立てていく方針を示した。ロシアはENP対象国となることは拒否したものの，その予算による支援は受け入れた。

4 ウクライナ問題：ロシアの「近い外国」かEUの「近隣諸国」か？

ロシアとEUの関係を複雑にしているのが，その間に位置するウクライナやジョージアといった旧ソ連から独立した国々である。ソ連崩壊後，独立国家共同体（CIS）という緩やかな枠組みがつくられ，ウクライナはCIS憲章には調印しなかったが，ロシアはこうした国々を「近い外国」と呼んだ。だが，ジョージアで2003年に**バラ革命**[6]が，ウクライナで2004年に**オレンジ革命**[7]が生じ，ロシア離れが進んだ。これらの国々は，ENP対象国であるばかりでなく，2008年のロシアとジョージアの紛争後には，EUの積極的関与を意図して2009年に導入された東方パートナーシップ（EaP）政策の対象国となった。ロシアは，「近い外国」に対するEUやNATOの関与に反発を強めていった。

ウクライナとの間では，2006年にガス紛争が生じ，それは2009年にも繰り返された。2014年2月のウクライナ政変を契機に，同年3月，ロシアは，クリミアを併合し，ドンバス地方の親ロシア派勢力へのてこ入れを強めた。これに対して，欧米諸国は，金融制裁，石油開発関連の製品・サービスの禁止など対ロシア経済制裁を導入した。こうしてロシア・EU関係は冷え込んだ。

しかし，欧州諸国とロシアは，これまでも対立と協調を繰り返しながら共存し，また現在も制裁対象以外の分野では協力が継続されているという事実を見落としてはならない。ロシアは，欧州依存を是正しアジア諸国との関係強化を目指す東方シフトを進めているが，EUとの関係はロシアにとって今後も重要であり続けるだろう。

（蓮見　雄）

▷4　**共通外交・安全保障政策**
⇨ VI-1「外交」，VI-2「安全保障」

▷5　**欧州近隣諸国政策**
⇨ VI-8「近隣諸国政策」

▷6　**バラ革命**
独立以来，元ソ連外相シュワルナゼが大統領であったが，2003年11月の議会選挙不正疑惑でデモが広がり，シュワルナゼが辞任し，2004年1月，36歳のサアカシュビリが9割を超える得票で大統領に選ばれた。

▷7　**オレンジ革命**
⇨ VIII-3「ウクライナ」

参考文献

蓮見雄『琥珀の都カリーニングラード――ロシア・影響力の試金石』東洋書店，2007年。

パスカル・マルシャンほか（太田佐絵子訳）『地図で見るロシアハンドブック』原書房，2017年。

X　国家・地域との関係

中　国

欧中関係の歩み

EUと中国は，お互いに重要な戦略的パートナーである。EUが成立した1993年以前には，欧中関係は主に欧州共同体（EC）と中国の経済的な関係に限定されていたが，冷戦終結後，欧州諸国間の政治協力の進展に伴い，1992年にECと中国の政治対話が始まった。EUが発足して以降，中国との外交関係も大きく発展し，1995年，EUと中国の間では人権をめぐる対話が始まり，1998年からはEU・中国サミットが毎年開かれるようになった。

その後，EU・中国サミットをはじめ，定期的な閣僚会議，60を超える分野別対話など，EUと中国の間に多様な対話ルートが数多く構築されてきた。とりわけ2000年以降，両者の協力関係が大きく進展した。2003年にEU・中国の「戦略的パートナーシップ」が構築され，2008年にEU・中国経済貿易ハイレベル対話が開始し，さらに2013年に「中国・EU協力2020戦略計画」が共同で発表された。他方，貿易摩擦や人権問題などの面において，EUと中国の見解が対立し，両者の関係は複雑な様相を呈している。

2　EU・中国の経済関係

EUにとって，中国はアメリカに次ぐ2番目の貿易パートナーであり，EUも中国の最大の貿易パートナーである。現在，両者間の貿易額は1日に10億ユーロを超え，双方の貿易額を合わせると，世界最大規模のものである。しかし，EUと中国間の貿易不均衡によって，貿易摩擦が多発した。

EUと中国の貿易摩擦は，2000年代半ばまでEU加盟国が中国から大量に輸入した安価な労働密集型製品に集中していた。膨大な貿易赤字を削減するため，EUは2005年に中国と紡績品の**輸入割当**[1]の合意を結んで量的制限に踏みきり，2006年に中国産革靴の大量輸入を背景に，中国に対して厳しい**アンチ・ダンピング（AD）**[2]措置をとった。2000年代後期に入ると，環境保全製品をめぐる貿易摩擦が多くみられるようになった。2007年に中国産の省エネ電球をめぐるAD措置をとるかどうか，また2012年に中国産の太陽光パネルをめぐるAD措置を撤廃するかどうかについて，EU域内において活発な議論が行われ，政治・外交の問題に発展した。

2009年にリスボン条約が発効したことによって，加盟国の域外投資がEU

▷1　**輸入割当**
域内の産業を保護するため，特定の輸入商品に対して輸入数量と総額の上限を設定し，その枠内に各輸入者に割当てを行うこと。

▷2　**アンチ・ダンピング**
⇨[IX-4]「WTO」側注4

の単独権限になった。それに基づいて，EU・中国の包括的投資協定に関する交渉が2013年に始まった。同協定の実現が現在，欧中経済関係にとって最も重要な課題である。これまで計20回以上の交渉が行われ，現在2020年の最終合意を目指している。また，EU は中国市場における国有企業の特殊な位置づけや政府補助金の存在などを理由に，中国の市場経済国ステータス（MES）を否定し，これも中国との経済関係を阻害する要因の一つになっている。

3 EU・中国の政治関係

経済面の貿易関係と同様に，政治面においても協力と対立の関係が両方存在する。人権や法の支配などの問題をめぐって，EU は中国の現状を批判しているのに対し，中国は EU の対中武器輸出禁止措置に不満を抱いている。しかしながら，近年グローバル・ガバナンスにおける EU と中国の協力が強化されてきた。特に，イランの核協議問題や気候変動抑制に関するパリ協定において，EU と中国の相互協力が国際的合意の達成に重要な役割を果たした。アメリカのトランプ政権がパリ協定とイラン核合意から離脱すると宣言したため，EU と中国の協力関係はより一層重要性が増していくだろう。

中国にとっても，EU はグローバル多極秩序における重要なパートナーである。2013年，中国は**アジアインフラ投資銀行（AIIB）**[◁3]の設立を提案し，日本とアメリカはこれに消極的な態度を示したが，2015年にイギリスが AIIB への加入を宣言した後，ほかの EU 加盟国も相次ぎ加入を表明した。このような一連の動きが中国主導の AIIB の国際的地位の向上につながったといえる。

一方，中国は近年，EU の枠組みを超えて欧州諸国との関係を強化しつつある。2012年より，中国は EU 非加盟国を含めた16の中東欧諸国と協力関係を推進する枠組み（「16プラス１」）を構築し，また，2013年から欧州大陸とつながる広域経済圏構想である「**一帯一路**[◁4]」を推進してきた。中国の存在感が高まる中，EU 加盟国は決して一枚岩ではないが，2019年現在，十数カ国が中国と「一帯一路」に関する協力合意を結んでいる。

4 今後の課題

EU にとって，整合性のある対中政策を策定するのは，容易なことではない。各 EU 機構，すべての加盟国および数多くの NGO はどのように共同で対中政策を決定し，そして異なる分野における政策の連携を実現していくのかが今後の課題である。

また，欧州における中国の経済的・政治的影響力が高まる中で，EU は中国に警戒感を示している。2019年３月，欧州委員会が最新の対中政策文書の中に中国を「戦略的パートナー」と「競合相手」の両方として位置づけたことから，両者の関係は厳しい現実に直面していることがわかる。　（舒　旻）

▷3　アジアインフラ投資銀行（AIIB）
アジアにおける発展途上国へ融資し，インフラの整備を支援するために設立された国際開発金融機関。中国が2013年に提唱し，2015年に発足した。本部は北京にある。

▷4　一帯一路
中国が唱えた広域経済圏構想であり，中国西部，中央アジアとヨーロッパを結ぶ「シルクロード経済ベルト」と中国沿岸部，東南アジア，インド洋沿岸と東アフリカを結ぶ「21世紀海上シルクロード」からなる。

参考文献

田中素香「EU の対中国通商戦略」『世界経済評論』2016年3/4月号。

Farnell, John and Paul Crookes, *The Politics of EU-China Economic Relations,* Palgrave Macmillan, 2016.

X　国家・地域との関係

5 台　湾

1 EC・EU との歴史的関係

台湾はその正式な国家名称を「中華民国」という。EU 加盟国はいずれも中華民国を国家承認しておらず，EU も中華民国と外交関係をもっていない。[1]

第二次世界大戦後，日本の植民地だった台湾は，戦勝国となった中華民国の一部に編入された。まもなく中国大陸で内戦が起こり，これに勝利した中国共産党が1949年に中国大陸で中華人民共和国を建国すると，中国国民党は台湾に敗走して中華民国政府を台北に移した。以後，中華民国政府が実効支配する領域は事実上台湾とその周辺の島々だけとなった。この状況はいまも続いている。

中華民国と中華人民共和国は，国際社会において「中国」の正統政府の地位をめぐって争った。1950〜60年代には，中華民国政府が国連をはじめとする国際社会で中国代表権を保持し，当時の EC 加盟国も中華民国を承認していた。[2]

1970年代に入り，中華民国政府が国連での中国代表権を失い[3]，東西冷戦が米中両国の接近と和解という新たな局面を迎えると，EC 加盟国をはじめ西側諸国は相次いで中華民国と断交し，中国代表権を手にした中華人民共和国と外交関係を樹立した。1975年には EC が中華人民共和国との外交関係を樹立した。

この時，中華人民共和国は「一つの中国」原則[4]の受入れを求めた。それに対して，EC は「一つの中国」政策を遵守し，中華人民共和国政府を中国の唯一の正統政府と認めるとの立場を示し，台湾との関係は非政府間の実務関係として維持されることになった。この基本的立場は EU にも引き継がれている。

1970年代以降，国際的孤立を深めた台湾だったが，1980年代にかけて「東アジアの奇跡」と呼ばれる急速な経済成長を遂げ，1990年代には政治の民主化を実現して国際社会の注目を集めた。東西冷戦の終結という国際環境の大転換とあいまって，EC・EU は経済実体としての台湾，そして自由，民主や人権といった普遍的な価値を共有する台湾に改めて価値や利益を見出すようになった。台湾と EU の実務関係は経済・貿易分野を中心に発展してきたが，2000年代に入ってさらに広範な分野での交流や協力に拡大されている。

2 非政府間の実務関係

非政府間の実務関係を処理するために，台湾と EU の間には民間の窓口機関としての在外事務所が相互に設けられている。台湾側の対 EU 窓口機関は

▷1　2019年末現在，世界中で中華民国と国交のある国は15カ国である。

▷2　フランスは1964年１月に中華人民共和国を承認し，外交関係を樹立した。

▷3　1971年10月に国連総会で採択されたアルバニア決議による。

▷4　①世界で中国はただ一つである，②台湾は中国の領土の不可分の一部である，③中華人民共和国政府はすべての中国人民を代表する唯一の合法政府である，の三つの要素からなる（福田円『中国外交と台湾――「一つの中国」原則の起源』慶應義塾大学出版会，2013年，３頁）。

ブリュッセルにある駐EU兼ベルギー代表処で，EU側のカウンターパートが台北にある欧州経貿弁事処（European Economic and Trade Office）である[5]。経済・貿易・文化などの分野での実務関係の促進やビザの取り扱いなど，実質的には大使館の役割を果たしているが，外交活動には従事していない。

台湾とEUはともに重要な経済的パートナーである。貿易関係（2018年統計）をみると，物品貿易では台湾はEUにとって第15位の貿易パートナー，EUは台湾にとって第5位の貿易パートナーだが，EUの貿易赤字が続いている[6]。近年拡大しているサービス貿易ではEUの貿易黒字が基調となっている。

投資関係（2018年統計）では，台湾にとって最大の投資者がEUである。台湾の対内直接投資残高（約1691億ドル）のうち，EUは全体の30.4%を占め，英領西インド諸島，アメリカや日本をおさえて第1位となっている[7]。これとは対照的に，EUは必ずしも台湾の主要な投資先ではない。台湾の対外直接投資残高（約3212億ドル）では，第1位の中国が圧倒的に大きな割合（56.8%）を占めており，第7位のEUの割合はわずか2.5%である[8]。

経済・貿易分野では，台湾EU経済貿易対話と呼ばれる次官級経済会合が毎年開催され，幅広い議題での意見交換や協議が行われている。このほか，人権，男女共同参画，研究・技術開発，環境・気候変動，教育・文化，知的所有権などの各分野での交流や政策協力も活発に行われている[9]。

3 「一つの中国」政策と台湾

EUの「一つの中国」政策は，台湾を主権国家と認めるものではない。台湾とEUの関係は，今後もこの「一つの中国」政策という前提の下で，実務関係の発展が図られていくものと考えられる。

民主化後の台湾は（中国の一部ではなく）「台湾」としての主体性を強めているが，中華人民共和国（中国）は台湾統一という国家目標を放棄していない。中国と台湾の政治的対立が，当事者同士の対話により平和的に解決されることを期待する，というのがEUの立場である。EUは中台関係の安定に利益を見出しており，それを脅かしかねない台湾独立を支持していない。

ただし，欧州対外行動庁（EEAS）は，EUの「一つの中国」政策は中国が主張する「一つの中国」原則と異なるとして，「一つの中国」政策の下で引き続き台湾との関係の発展に努めると明言している。「一つの中国」原則を掲げる中国が台湾の国際機関への参加を認めない中，EEASは2018年5月，台湾の世界保健機関（WHO）の年次総会（WHA）への参加を支持すると表明した[10]。

台湾とEUの実務関係の発展が，外交関係の樹立につながることは考えにくい。しかし，EUの「一つの中国」政策およびEUの政策目標に合致する範囲で，台湾との実務関係の拡大やレベルの格上げが図られ，EUから台湾への支持がさらに示されていく可能性は存在している。（松本充豊）

▷5 2019年末現在，EU加盟国のうち16カ国がそれぞれ台北に在外事務所を開設している。

▷6 台湾の対EU貿易（輸出入総額）ではドイツが31.0%，オランダが19.8%を占めている。

▷7 EUの対台湾投資残高ではオランダが64.4%，イギリスが19.0%を占めている。

▷8 台湾の対EU投資残高ではオランダが44.1%，イギリスが39.1%を占めている。

▷9 European Economic and Trade Office, *EU-Taiwan Relations 2019*（歐盟—台灣雙邊關係概況），European Economic and Trade Office, 2019.

▷10 EU議会も，台湾の国際機関への有意義な参加や，台湾の自由や民主を支持する立場を繰り返し表明している。

参考文献

Lim, Paul and Sigrid Winkler, "The European Union's Relations with the Republic of China (Taiwan)," Jens Damm and Paul Lim (eds.), *European Perspectives on Taiwan*, Springer VS, 2012.

X　国家・地域との関係

6 韓　国

1 韓国・EU関係の歩み

韓国は，1948年8月15日の政府樹立後の翌年から，イギリスを皮切りに欧州主要国と次々と国交を正常化し，2018年12月現在，欧州連合（EU）に加盟している28カ国すべてと国交を結んでいる。その間，1963年7月，韓国は当時EUの前身である欧州経済共同体（EEC）と公式の外交関係を樹立した。その後，1980年代に入り，韓国政府は欧州諸国との経済・通商分野における実質的な協力関係を強化するために積極的な外交を展開し，1983年からは欧州共同体（EC）との間で長官級の協議会を毎年開催することになった。

そして冷戦終結後の1993年にEUが発足すると，韓国・EU関係はさらに進展することになる。1996年10月，「韓・EU基本協力協定」の締結および「韓・EU共同政治宣言」の合意により，両者は既存の経済・通商分野だけではなく政治・安保分野にまで，その関係を拡大，発展させた。特に，1990年代初期から国際社会に浮上した北朝鮮の核開発問題に対して，EUは韓国政府の対北朝鮮政策を支持し続けており，朝鮮半島の平和と北東アジアの安定のために韓国と緊密に協力してきた[1]。またEUは，1997年9月～2006年6月まで，**朝鮮半島エネルギー開発機構**（KEDO）[2]の執行理事国として，韓国，アメリカ，日本とともにKEDOの運営にも参加した。

▷1　EU 28カ国すべてが加盟国となっている欧州安全保障協力機構（OSCE）は，北朝鮮が6回目の核実験を行った直後の2017年9月に糾弾声明を発表し，北朝鮮問題に対する韓国政府との協力を支持した。また，EU加盟国の大多数が構成メンバーとなっている北大西洋条約機構（NATO）も，2017年9月，すべての国に対し，北朝鮮の核・ミサイル開発阻止に向けた制裁措置の強化を求める声明を出している。

▷2　**朝鮮半島エネルギー開発機構（KEDO）**
「第一次北朝鮮核危機」を収束させた「米朝枠組み合意」（1994年10月21日）による措置として，北朝鮮への軽水炉の供与を目的に1995年3月に発足した国際コンソーシアム（企業連合）である。しかし，2002年から始まった「第二次北朝鮮核危機」により，KEDO執行理事会は2005年11月にKEDOを解体し，2006年6月に軽水炉事業の終了を公式に決定した。

2 韓国・EU間の三大主要協定の締結

2000年代に入り，韓国とEUはより成熟した関係を迎えることになる。特に，経済面における貿易規模の拡大に伴い，2007年5月に自由貿易協定（FTA）交渉を開始した。その後，2010年10月6日にFTAに署名，2011年7月1日から暫定適用を開始し，最終的に2015年12月13日，FTAの発効に至った。EU・韓国FTAは，EUにとってアジアの国と結んだ最初のFTAであり，また2006年に発表した新通商戦略「グローバル・ヨーロッパ」に基づきEUが締結した実質上初のFTAとして，象徴的な意味をもつ[3]。EUは，EU・韓国FTAを「新世代のFTA」として位置づけ，今後のEUのFTAのモデルとして高く評価している[4]。2018年12月現在，EUにとって韓国は世界で8番目の貿易相手であり，韓国にとってEUは中国，アメリカに次ぐ3番目に大きな貿易相手である。

また，韓国とEUは，2010年5月，政治，経済，社会，文化，教育，行政，内務司法など諸分野における法的・制度的措置の一環として，1996年に締結した「韓・EU基本協力協定」に代わる，両者間のより包括的な協力を規定した「韓・EU協力協定」を締結した。現在，アジアの中で，EUとの協力協定およびFTAを締結した国は，韓国のみである。

さらに，2014年5月に締結された「韓・EU危機管理基本参与協定」に基づき，2017年2月から韓国海軍の清海（チョンヘ）部隊がEU主導の東アフリカ・ソマリア沖の海賊対処のための共同訓練（EU NAVFOR Atalanta Somalia）に参加している[5]。危機管理基本参与協定は，これまでの対話中心の韓国・EU間の政治・安保協力を「行動レベル」の協力に発展させた法的措置として，両者間の協力関係が，世界が抱える安全保障上の脅威への対応にまで拡大しつつあることを示す。

3 戦略的パートナー関係の拡大と深化：韓国・EU関係の展望

このように，韓国とEUは，政治，経済，安全保障分野における三大主要協定（協力協定，FTA，危機管理基本参与協定）の下，両者間の協力関係をさらに進展させている。そして，その関係は現在，両者間関係にとどまらず，世界を見据えての関係へと，変貌を遂げつつある。

実は，韓国とEUの間では，2010年の「韓・EU協力協定」の締結およびFTA署名の後，同年10月に開催された首脳会談において，韓国・EU関係を戦略的パートナー関係に格上げすることに合意した。つまり，韓国とEUおよびEU構成国は，民主主義，法の支配，人権，基本的自由などの共通の価値および原則に基づき，世界の平和，安全および安定を構築するためにともに行動する戦略的パートナーであることを宣言したのである。その内容は北朝鮮問題にとどまらず，全地球的問題群（global issues），すなわちテロリズム，難民，サイバー，大量破壊兵器の非拡散，自由貿易体制，開発，気候変動，軍縮，持続可能な成長，人道支援，災害救援など，人類共通の課題への取組みにおける協力を盛り込んでいる。こうした基本的な考え方は，2018年10月に開かれた韓・EU首脳会談においても再確認されている[6]。

2018年は，韓国とEECが公式の外交関係を樹立した1963年から数えて，「韓・EU修交55周年」を迎える年である。欧州と韓国は地理的に遠く離れているが，半世紀以上の長い間，韓国とEUは様々な分野において協力を積み重ねてきた。前述した三大主要協定は，これまで両者間で蓄積してきた努力の産物である。そして，ますますグローバル化が進む今日，幅広い分野における地球的規模の課題に対して，両者は認識と行動をともにしており，こうした戦略的パートナー関係は今後，さらに発展していくと思われる。韓国・EUによる国際社会の平和と安定に対する貢献が，一層進むことを期待したい。（鄭　勛燮）

▷3 新通商戦略「グローバル・ヨーロッパ」に基づくEU・韓国FTAは，広範かつ高度な貿易投資の自由化を目指すものとして，非関税障壁，知的財産権，サービス，政府調達，競争，持続可能な開発などの分野を含む包括的かつ高度な内容の規定を盛り込んでいる（牧野直史『EU韓国FTAの概要と解説』海外調査シリーズNo. 384，ジェトロ，2011年，1-2頁）。

▷4 牧野（2011，1）。

▷5 チョン・ヘウォン「グローバル安保協力パートナーとしての韓国とEU――危機管理活動を中心に（政治／安保）」『JPI政策フォーラム』2018年2月，1-13頁〔韓国文〕。

▷6 大韓民国青瓦台（大統領官邸）公式ブログ，@TheBlueHouseKR〔韓国文〕（2018年12月24日アクセス）。

参考文献

長部重康編著『日・EU経済連携協定が意味するものは何か――新たなメガFTAの挑戦と課題』ミネルヴァ書房，2016年，第3章。

『2018外交白書』大韓民国外交部，2018年11月〔韓国文〕。

X　国家・地域との関係

カナダ

 カナダと英仏そして EU

カナダはフランスと英国を「母国」とするために，現在では英仏二言語多文化主義を採用し，第二次世界大戦も米国よりも早く英仏側として戦っている。EU の中でも英国との関係は「特殊」である。国家元首はエリザベス２世女王であり，英連邦に属し，英国型の議院内閣制を採用している。さらに，1982年憲法を制定するまでは，英領北アメリカ法がカナダ憲法として機能しつつ，憲法改正権限をカナダ政府はもっていなかった。現在でも米国に次いで，英国との関係が防衛面でも重要であり，軍レベルでの交換なども実施。NATO（北大西洋条約機構）の設立においても，カナダは英米とともに推進し，対ソ連共産圏に対する集団的自衛権にコミットしてきた。カナダにとっての欧州とは伝統的には英仏両国との関係が最重要だった。

2 P. トルドーの第三の選択と EC

このような英仏中心的対欧州関係を変えるよう試みたのが，合計16年近く首相を務めた自由党の **P. トルドー**[1]である。仏語系ケベック州出身の P. トルドーは，1972年に内閣として第三の選択を採用した。対米現状維持と対米統合強化ではない，３番目の選択とは「現在のカナダの脆弱性を減じる過程の中で，カナダの経済その他を発展・強化するための包括的・長期的な戦略を追求する」ことであり，具体的には，貿易関係をより多角化することだった。

米国と異なるカナダ・アイデンティティ樹立には，EC と日本に焦点が当てられた。EC 加盟国との「契約的連結」交渉は紆余曲折したが，西独の支援もあり，1976年10月にはカナダ・EC 経済協力協定として結実した。この協定によると，カナダと EC は最恵国待遇を相互付与し，商業面での協力による貿易の拡大や投資の増額を約していた。結果的には民間レベルでの対 EC との通商や投資深化は加首相が望むほどではなかったが，フランスの抵抗を押し切って，協定を発効させたことは成果だった。

3 EU・カナダ間の協定

より野心的な協定は，保守党の**ハーパー**[2]が追求した。自由市場経済や減税を重んじるハーパーは，EU に対しても関税などの通商障壁をなくし，投資やヒ

▷1 **P. トルドー**（Pierre Trudeau：1919-2000）
カナダの政治家。1968年４月～84年６月まで，10カ月間下野した期間を除いて，カナダ首相。1982年憲法を英国から移管して，人権規約を加えた。

▷2 **ハーパー**（Stephen Harper：1959-）
カナダの政治家。2006年２月～2015年11月まで首相。地盤は西部のアルバータ州。連邦消費税を減税し，経済運営面では2008年リーマン・ショックを乗り切った。

トの移動を容易にする自由貿易協定を希望した。その結果，2014年９月に協定骨子がEUとカナダで正式妥結された。翌年の総選挙では，自由党の**J. トルドー**[3]（P. トルドーの長男）が勝ったが，この貿易協定の批准交渉は継続した。

2017年９月には，EU・カナダ包括的経済貿易協定（CETA）が暫定適用された。暫定適用でも，すでにEUはカナダにとって２番目の財とサービス貿易相手となっている。この協定は多国籍企業中心で，環境に悪影響を与えるなどの批判も欧州では一部みられたが，カナダでは世論面でも大きな反発はみられず，続いている。

そもそもカナダは人口3700万人でEUの５億1350万人の14分の１程度しかなく，経済的にはカナダはEUの10分の１以下にとどまる。国力面からもカナダはEUに対して，米国，ロシア，中国のような影響を行使できない。また，法の支配，人権，市場経済などの基本的価値観面やロシアのクリミア半島吸収合併（**ウクライナ危機**[4]）を認めないなどの方針も両者で共有し，戦略的パートナーシップ協定（SPA）による国防分野での協力も推進してきている。

▷3 **J. トルドー**（Justin Trudeau：1971-）
カナダの政治家。2015年11月から，首相。P. トルドーの長男としてオタワで生まれ育つ。ミドルクラスや多文化を重視する政治を目指し，2019年10月総選挙では，少数与党政権となる。

▷4 **ウクライナ危機**
⇨VIII-3「ウクライナ」

4 カナダとEU加盟国間の紛争

死刑制度廃止に例示される制度面での共通点も多いカナダとEUには，米国とEUがもっているほどの相違もない。カナダは米国と異なり，政府が主体となる国民皆保険制度をもち，社会保障政策も整備されている。また，国連海洋法条約をカナダやEUは批准しているなど，米国よりも多国間国際制度を重んじている。

一方で，領土紛争を含め，いまだに解決されていない争点も残っている。たとえば北極海においては，デンマーク領グリーンランドとカナダの係争地となっているハンス島がある。ここには，国境線をどこに引くかという厄介な問題が続いている。しかし，両国は専門家によるタスクフォースを組織して，冷静な問題解決を目指している。

さらに，EU加盟国間同士の紛争もカナダに大きな影響を及ぼす。英国なきEUはカナダにとって望ましい構図ではない。カナダの対EU通商の４割を英国が占め，対EU直接投資の半分が英国に集中しているからだ。仏語系ケベック分離独立運動[5]への対抗面からもBrexitはよい影響を与えず，統一された強固なカナダを望むJ. トルドー政権にとってはダメージとなる。

以上の課題にもかかわらず，カナダとEUの間には，武力による紛争解決を望まない共通基盤が存在し，この構造はBrexit後の両国関係についても不変であろう。

（櫻田大造）

▷5 カナダではこれまでに，仏語系ケベック州で実質的にカナダ連邦からの分離独立を支持するか，否かの州民投票が２回実施されている。1980年の投票結果は，分離独立反対派が約６割を占めたが，1995年の投票ではわずか1.2％の僅差で分離独立反対派が勝利した。いまなおケベック州の仏語系を中心に分離独立問題はくすぶっている。

参考文献

飯野正子・竹中豊編『現代カナダを知るための57章』明石書店，2017年。
細川道久編『カナダの歴史を知るための50章』明石書店，2017年。
櫻田大造『カナダ外交政策論の研究』彩流社，1999年。

X　国家・地域との関係

中南米

1 中南米と EU の関係の背景

中南米といえば，旧宗主国のスペインおよびポルトガルとの絆がまず思い浮かぶが，そのほかにも移民によるドイツ，イタリア，フランスなどと中南米との結びつきも無視できない。中南米住民のうち500万人はドイツ系であり，アルゼンチン人の40%がイタリアにルーツをもつ。[1]

1960～70年代には，ブラジル，アルゼンチン，ペルー等多くの国が軍事政権・権威主義体制下にあった中南米でも，中米紛争・債務危機等を経て1980～90年代には，民主主義国家が誕生した。特にドイツは，1970年代頃から，ドイツ社会民主党（SPD）やドイツキリスト教民主同盟（CDU）系の政党系財団を通じて，中南米の民主化促進に尽力してきた。EC とカリブ海地域間では，1975年ロメ協定が締結された。ただ，1982年の**フォークランド（マルビナス諸島）紛争**[2]の影響もあり，その後 EC と中南米の関係は低調であった。

スペイン・ポルトガルが EC に加盟した1986年以降，中南米と EC との間で政治･経済関係が深化していった。翌年，EC の対中南米政策が再検討され，1991年には，スペインはポルトガルとともに民主主義の強化を目指し**イベロアメリカ首脳会議**[3]を開催，対等なパートナーとしてのイメージを打ち出している。

EU 自体も進化し，外交政策遂行上の超国家主義と政府間主義の整合性を解決すべくつくられた1993年マーストリヒト条約の第二の柱の共通外交政策，外務・安全保障政策上級代表が創設された2009年のリスボン条約により，主に経済協力，政治対話，貿易関係に関して，中南米との関係が強化された。

また，スペインとフランスのイニシアチブで，1999年 EU と中南米首脳との初の会議がブラジルで開催され，貿易自由化，経済統合，社会文化に関する協力が提唱された。以降，両者の関係は地域間会議，**メルコスール**[4]等のサブリージョナルな組織との協力，イベロアメリカ首脳会議等を通じ発展した。

2 リージョナルな組織との関係

2011年，米国の影響から自立すべくすべての中南米諸国が加盟してラテンアメリカ・カリブ諸国共同体が発足した。EU はこれをカウンターパートとして，中南米の他の地域統合，二国間関係を展開している。

ACP（アフリカ・カリブ・太平洋）諸国の中のカリブ海諸国地域は，政情不安

▷1　亀野邁夫「欧州連合（EU）と中南米の経済関係」『レファレンス』638，国立国会図書館，2004年，37頁。

▷2　**フォークランド（マルビナス諸島）紛争**
アルゼンチン沖の英領，フォークランド（スペイン語ではマルビナス）諸島の領有権をめぐり，イギリスとアルゼンチンが3カ月にわたって争った紛争。

▷3　**イベロアメリカ首脳会議**
欧州・中南米のスペイン・ポルトガル語圏の22カ国から構成される，政治・経済・社会分野の協力を目指すフォーラム。中南米における米国のプレゼンスを牽制する意味もある。イタリア，フランス，オランダ，ベルギーのほか，日本も2013年よりオブザーバーとして参加。

▷4　**メルコスール**（MERCOSUR）
南米南部共同市場。域内の関税撤廃を目指し，1995年に発足した関税同盟。加盟国は，アルゼンチン，ブラジル，パラグアイ，ウルグアイ。ベネズエラは加盟資格停止中，ボリビアは各国議会の批准待ち。

やモノカルチャー型経済構造からの脱却が課題である。ACP 諸国の他の地域との協定締結は難航したが，同地域と EU はカリブ地域フォーラム（CARIFORUM）を通じて，2008年包括的な経済パートナー協定（EPA）を締結した。

また EU は，設立当初からメルコスールを支援してきた。1999年，政治対話，経済社会協力，貿易（自由貿易協定，FTA）を３本の柱とする連携協定交渉が始まったが，中断・再開を繰り返し，2019年ようやく暫定的に合意した。

EU とアンデス共同体（ボリビア，コロンビア，エクアドル，ペルー）は，政治対話・貿易（EU 市場へのアクセス）・協力対話の枠組みを軸に関係を構築している。2012年，ペルーとコロンビアは EU と FTA に署名した。

EU と中米は，1984年の中米紛争和平プロセス開始以来，政治対話・経済社会協力・貿易の分野で，武装勢力解除のため緊密な協力関係を築いてきた。中米共同市場（グアテマラ，エルサルバドル，コスタリカ，ニカラグア，ホンジュラス，パナマ，ベリーズ，ドミニカ共和国）は，2012年 EU との連携協定に署名した。

3 近年の動向

2015年にはブリュッセル会議が開催されたが，世界情勢の変化から中南米への協力活動が低下し，EU 内の世論は同地域に比較的無関心となっていった。また，外交に対する主権の問題を解決すべくつくられた共通外交政策も，個々の国々のナショナリズムから，両地域の関係は再び多国間関係から二国間関係へシフトしてきている◁5。一方 EU は，民主化していないキューバに対し，2016年ようやく政治対話・協力協定を締結し，関係を正常化させた。

EU と中南米の経済関係に関しては，スペイン・ポルトガルの加盟以降，EU による投資は増加していた。特にスペインは，EU の競争政策への調和を目指し，通信，電力，金融セクターなどの自由化を進めて，中南米にも進出した。しかし貿易額は，1990年から2000年にかけて２倍に拡大するものの，中南米の輸出入におけるシェアは低下し，米国のシェアは拡大している。

2017年，米国で保護主義政策をとるトランプ政権が成立，中南米諸国では過度に米国に依存せぬよう，輸出関係の多角化が模索されている。メキシコ・EU 間の自由貿易協定（FTA，2000年）は，2018年に新合意に至った。

中南米においては，日本，EU のプレゼンスを翳らせるように，中国の進出も目覚しい。2017年にはパナマが台湾との国交を断絶し，中国と国交を結んだ。

中南米地域は EU への輸出が第一次産品中心で，時として EU 加盟国の農産品と競合する場合もある。また中南米の政情不安も EU にとって懸案事項である。安定した貿易相手としてのみならず，民主化という EU の理念に抵触することがあるためである。EU は中南米地域とは，経済的のみならず政治的つながりも重視しているのである。（細田晴子）

▷5 Caballero, S. "La política de la Unión europea hacia América Latina y El Caribe," in Steffen Bay Rasmussen, y Alberto Priego Moreno coords, *La proyección exterior de la UE hacia el Mediterráneo sur tras las primaveras Árabes,* Cizur Menor, Thomson Aranzadi, 2018, pp. 193-211.

参考文献

浦部浩之「2015年ラテンアメリカ政治の動向と地域統合の展望――UNASUR と CELAC の現状と課題」『マテシス・ウニウェルサリス』第18巻１号，2016年，39-66頁。

X　国家・地域との関係

9 アフリカ

1 冷戦と脱植民地化の中でのアフリカ

▷1　シューマン・プラン
⇨I-3「EC の発足と共通政策の開始」

EU とアフリカの関係の起源は，1957年3月25日に調印されたローマ条約である。一般に EU の起源とされる**シューマン・プラン**[▷1]はアフリカの開発を謳いながら，制度的にアフリカの植民地をヨーロッパの機構に取り込むことはなかった。それが変化するのが，ローマ条約でもうけられた「連合」(association) である。その中では，それまでフランスなどがその植民地との間で排他的に行っていた特恵貿易と開発援助が，西ドイツ等を含めた欧州レベルで行われることになる。フランスは，独立後の植民地に影響力を残す手段として，他の EEC 加盟国を説得していった。西ドイツは当初消極的だったが，開発援助の減額や西側との関係を重視する立場を維持するため，フランスと同額の開発援助を負担することに渋々合意した。

その「連合」が変化するのが，第一次ヤウンデ協定である。欧州共同体 (EC) は，独立したばかりのアフリカ諸国との関係維持を目指した。アフリカ諸国も，欧州経済共同体 (EEC) との連合にとどまり特恵を維持することを望んだのであった。

その後，EC とアフリカの関係が大きく変わるのは1975年に調印されたロメ協定においてである。この協定は，特恵をアフリカ諸国だけに認め (欧州諸国のアフリカ諸国への輸出に関する特恵は廃止)，輸出収入安定化制度 (STABEX) を設け，南北関係のモデルと自画自賛されるほど，革新的なものとされた。ただし，ロメ協定は，アフリカに限定されず，カリブ海，太平洋の旧植民地諸国へと対象を拡張したのである (これらの国はアフリカ諸国を含め，ACP 諸国と呼ばれた)。

ロメ協定当時は，アフリカが EC の途上国関係においては最重要の地域であった。そして，開発援助基金は，参加国の拡大とともに増額されていった。ただし，念頭に置くべきは，加盟国の二者間援助の総額と比べると，そのヨーロッパレベルでの援助は，補完的であったことである。さらに，援助供与は無条件ではなかった。四次にわたるロメ協定では，人権などの条件づけ (第四次第243条) が行われていった。この動きの背景には，冷戦が終焉に近づき，EC にとって中東欧諸国の地位が ACP より高まりつつあったことがある。

2 冷戦後における継続と変化

冷戦後の国際環境は，EU に貿易と援助中心のアフリカ支援体制からの変化を促した。アフリカで内戦などの紛争が増え，ヨーロッパ諸国は，安全保障や移民・難民を優先事項とするようになるからである。

2000年に結ばれた**コトヌー協定**[▷2]は，それまでの EU・ACP 関係を「平常化」したものと捉えられる。第一に，援助の分配が受益者のニーズだけでなく，それらの国のパフォーマンスで決まる。第二に，自由貿易協定が，従来の特恵貿易にとってかわる（ACP はそれぞれアフリカ，カリブ海，太平洋諸国に分かれ，アフリカも５地域に分けられた）。第三に，安全保障，武器輸出，移民・難民，ドラッグや腐敗などの問題についての政治対話が強化された。第四に，最貧国に対して配慮した協力関係が，EU と ACP 側との間で定められている。最貧国が EU 市場への一方的なアクセスを2005年まで享受する一方で，最貧国より経済的に豊かな国は，人権，民主主義，法の支配の尊重が促進されるという新たな条件の下に置かれた。

コトヌー協定が結ばれたのは，WTO（世界貿易機関）の創設に対応し，新たな枠組みをつくる必要があったためである。さらに EU にとっては，冷戦後の国際情勢において，中東欧諸国，地中海諸国の地位が ACP より高まったことにより，国際的な批判を浴びながら ACP と特恵貿易を続けていくことに意味を見出さなくなっていたのである。

たしかに，この貿易と援助中心の対アフリカ政策は，冷戦後，変化した側面もあった。内戦や紛争に端を発する難民，安全保障の問題がヨーロッパ諸国の問題となり，軍事・警察ミッションが行われるようになった。その一つはアルテミスである。コンゴ民主共和国において，2003年に展開され，安全保障と人道的状況の回復という点で成果をあげたとされるが，短期的という限界ももっていた。もう一つは，ソマリア沖の海賊掃討作戦であるアタランタである。2008年以降，ベネルクス三国，スペイン，フランス，イタリアなどが海上部隊を派遣しており，2018年末現在でも進行中である。

▷2 コトヌー協定
2000年にベナンの最大都市コトヌーで署名され，EU 28カ国と ACP 諸国79カ国（48のサハラ以南アフリカ諸国，16のカリブ海諸国，15の太平洋諸国からなる）によって結ばれている。

3 ポスト・コトヌーのアフリカ

コトヌー協定が2020年に失効した後にどのようなアフリカ政策を展開するのかが EU にとっての大きな課題である。特に中国のアフリカでの動きが注目に値する。中国は，石油の獲得など経済的利益に基づきアフリカに進出しているといわれているが，米中の覇権争いが続けば，その関与の動機や程度も変化するかもしれない。それに伴い，EU のアフリカ政策が変化する可能性もあり，ACP にも依拠しているグローバル・パワーとしての EU の地位も揺らぎうるのである。

（黒田友哉）

参考文献

黒田友哉『ヨーロッパ統合と脱植民地化，冷戦——第四共和制後期フランスを中心に』吉田書店，2018年。

X　国家・地域との関係

中　東

1 EU にとっての中東

西洋世界で発明された中東という概念は操作的で可変的である。広義では，アフガニスタン，イラン以西でトルコやアラビア半島を含む西アジア地域およびスーダンやモーリタニアを含む北アフリカ一帯を指し，狭義にはアラブ諸国にイラン，トルコ，イスラエルを加えた地域を指す。いずれの定義にせよ，EU にとって中東はアフリカと並び，最も近い隣接地域である。

現在，EU と中東の関係を考える際に真っ先に議題となるのは移民問題，EU 諸国内でのムスリム人口の増加（もちろんアフリカやアジアからのムスリムの流入も多い），テロリズムの問題であろう。EU には100万人以上のシリア難民が流入している。EU 諸国をはじめとしたヨーロッパにおけるムスリムの割合は年々増加している。ピューリサーチセンターの調査では2016年におけるヨーロッパのムスリム人口は全体の4.9％を占めており，今後も一定程度の移民の流入を想定すると，2050年にその割合は11.2％になると予想されている◁1。

▷１ “Europe's Growing Muslim Population”, Pew Research Center Website (http://www.pewforum.org/2017/11/29/europes-growing-muslim-population/).

「イスラーム国」に傾倒した一部の過激な若者によって起こされた2015年11月のパリの同時多発テロや2016年３月のブリュッセルでの連続テロに代表されるように，ムスリム移民は大規模テロと関連づけられる。もちろん，ムスリムの大多数は平和を望んでいる。しかし，こうした事象は一般の人々の不安を招き，一部の政治家の煽動により，ポピュリズムや排外主義の温床となる。

2 近隣諸国政策

EU は中東と北アフリカに対し，民主化を目指す政治改革と経済改革を通して，脅威の源泉としての中東の改善を試みている。それが2004年に立ち上げられた**近隣諸国政策**◁2である。近隣諸国政策は，16カ国の対象国家および政体（アルジェリア，アルメニア，アゼルバイジャン，エジプト，ジョージア，イスラエル，ヨルダン，レバノン，モルドバ，モロッコ，パレスチナ，チュニジア，ウクライナ，シリア，リビア，ベラルーシ）に対しての二国間関係の協力枠組みである。2010年末から11年にかけて起こった「アラブの春」を考慮し，2015年11月に政策が全面的に改訂された。ただし，近隣諸国政策の中東での実際の活動は，エジプトとレバノンとの間の協力，そしてシリアに対する政策の打ち上げなど，限定的である。

▷２　**近隣諸国政策**
⇨ VI-8 「近隣諸国政策」

EU は近隣諸国政策の一環として，アラブ連盟とも協力を行っている。2019

年2月には初めてのEUとアラブ連盟の共同サミットがエジプトで実施され，主に北アフリカからEUに渡る移民やリビアの将来について話し合われた。

また，近隣諸国政策とは別に，EUは**湾岸協力会議（GCC）**[3]との間で1988年から協力協定を結んでおり，定期的に共同評議会・閣僚会議を実施している。GCCはEUにとって重要な貿易相手であり，2017年の貿易量はアメリカ，中国，スイス，ロシア，トルコに次いで第6番目となっている（個別で最もEUとの間の貿易量が多いのはサウジアラビア）。FTAについても1988年から交渉が始まり，現在も続けられている。

3 EUとパレスチナ問題

EUが中東において力を入れてきたのが，パレスチナ問題の解決（中東和平）である。EUはまだECであった1980年代からこの問題への関与を強めた。1980年代から現在に至るまで，EUは一貫してパレスチナの立場を擁護し，パレスチナを国家とし，イスラエルとの二国家共存を模索してきた。とりわけ，2014年11月から2019年11月30日までEU外務・安全保障政策上級代表を務めた**フェデリカ・モゲリーニ**[4]は，パレスチナ問題の解決に熱心である。彼女は2015年9月にEU，アメリカ，ロシア，国連によるカルテットを中心としたパレスチナ問題の解決案を打ち出した。その後もモゲリーニ上級代表は，たびたびイスラエルとパレスチナの二国家解決案を支持すると発言している。

2017年にアメリカ大統領に就任したドナルド・トランプが，ビル・クリントン政権期から進めてきた二国家解決案を転換する姿勢を明確にし，パレスチナ問題の公正な仲介者という役割を半ば放棄した。そのため，パレスチナ問題解決のためにEUが果たす役割が大きくなるとともに，パレスチナ人のEUに対する期待も高まっている。

4 シリア難民への支援

EUはシリア難民の支援も実施している。EUは流入する難民に対して，①EU圏内の難民に緊急の資金援助を実施，②難民のトランジット国（経由国）に対する人道援助，③EU加盟国および近隣諸国への市民保護メカニズムの適用，④大規模危機に対する人道援助，という四つの異なった対応を想定し，実施している。大規模危機に該当するシリア内戦に関して，EUはシリア，レバノン，ヨルダン，エジプトに滞在するシリア人の国内避難民および難民に対して援助を実施している。シリアに関しては，人命保護と緊急の人道作戦を展開している[5]。レバノン，ヨルダン，エジプトに対しては，これらの国に滞在するシリア難民の経済支援，保健衛生に関する援助，教育支援，物資の支援を展開している。もちろん，シリア難民の最大の受入国であり，加盟交渉国でもあるトルコのシリア難民に対しても援助を行っている。　　　（今井宏平）

▷3 **湾岸協力会議（GCC）**
構成国はサウジアラビア，アラブ首長国連邦（UAE），クウェート，バハレーン，オマーン，カタルの6カ国である。ただし，2017年から5カ国がカタルに対して断交しているため，GCCの足並みはそろっていない。

▷4 **モゲリーニ**（Federica Mogherini：1973-）
イタリアの政治家。2008年に初当選し，2014年2～10月までイタリアの外務大臣を務めた後，同年11月からEU外務・安全保障政策上級代表の職に就いた。

▷5 国連難民高等弁務官事務所（UNHCR）によると，2019年11月21日の時点で，トルコに368万人，レバノンに91万人，ヨルダンに65万人，イラクに23万人，エジプトに13万人のシリア難民が避難している。

参考文献

臼杵陽『世界史の中のパレスチナ問題』講談社，2013年。
坂井一成「EUの対中東予防外交」『日本EU学会年報』第30号，2010年。

資料1　欧州委員会の歴代委員長

（①任期，②名前，③出身国，④出身政党，⑤経歴）

① （第1代）1958年1月1日〜1967年6月30日
② ヴァルター・ハルシュタイン（Walter Hallstein）
③ ドイツ
④ キリスト教民主同盟（CDU）
⑤ 1949　欧州石炭鉄鋼共同体加盟交渉の西ドイツ政府主席代表
1950　連邦首相府事務次官に就任
1951　外務次官に転任
1969〜1974　連邦議会議員

① （第2代）1967年7月2日〜1970年7月1日
② ジャン・レイ（Jean Rey）
③ ベルギー
④ 自由改革党
⑤ 1949〜1950　復興担当大臣
1954〜1958　経済大臣
1958〜1967　欧州経済共同体委員会対外関係担当委員

① （第3代）1970年7月2日〜1972年3月21日
② フランコ・マルファッティ（Franco Maria Malfatti）
③ イタリア
④ キリスト教民主党
⑤ 1978〜1979　財務大臣
1979〜1980　外務大臣

① （第4代）1972年3月22日〜1973年1月5日
② シッコ・マンスホルト（Sicco Leendert Mansholt）
③ オランダ
④ 労働党
⑤ 1940年代後半〜1950年代前半　計6代の内閣で閣僚
1958〜1972　欧州委員会副委員長，農業担当委員

① （第5代）1973年1月6日〜1977年1月5日
② フランソワ＝グザヴィエ・オルトリ（François-Xavier Ortoli）
③ フランス
④ 共和国連合
⑤ 1968　国民教育大臣
1968〜1969　経済・財務大臣
1969〜1972　産業科学技術開発大臣

① （第6代）1977年1月6日〜1981年1月19日
② ロイ・ジェンキンス（Roy Harris Jenkins）
③ イギリス
④ 労働党
⑤ 1965〜1967　内務大臣
1967〜1970　財務大臣
1974〜1976内務大臣

① （第7代）1981年1月20日〜1985年1月6日
② ガストン・トルン（Gaston Egmond Thorn）
③ ルクセンブルク
④ 民主党
⑤ 1969〜1980　外務・通商大臣
1974〜1979　首相
1975〜1976　国際連合総会議長

① （第8代）1985年1月7日〜1995年1月24日
② ジャック・ドロール（Jacques Lucien Jean Delors）
③ フランス
④ 社会党
⑤ 1979〜1981　欧州議会議員
1981　経済・財政大臣
1983　経済・財政・予算大臣

① （第9代）1995年1月25日〜1999年3月15日
② ジャック・サンテール（Jacques Santer）
③ ルクセンブルク
④ キリスト教社会党
⑤ 1979〜1989　財務大臣
1984〜1995　首相
1999〜2004　欧州議会議員

① （委員長代行）1999年3月15日〜1999年9月17日
② マヌエル・マリン（Manuel Marín González）
③ スペイン
④ 社会労働党
⑤ 1978〜1983　欧州審議会議員会議議員
1986〜1988　欧州委員会副委員長，社会問題・雇用・教育担当委員
1989〜1992　欧州委員会副委員長，協力・開発・漁業担当委員
1993〜1994　欧州委員会副委員長，協力・開発・人道支援担当委員
1999　サンテール委員会の辞職後，新委員会任命まで委員長代行を務める

① （第10代）1999年 9 月17日～2004年11月22日
② ロマーノ・プローディ（Romano Prodi）
③ イタリア
④ 民主党
⑤ 1978～1979　商工大臣
1995　中道左派連合「オリーブの木」を結成し議長に就任
1996～1998　首相
2006～2008　首相

① （第11代）2004年11月22日～2014年11月 1 日
② ジョゼ・マヌエル・バローゾ
(José Manuel Durão Barroso)
③ ポルトガル
④ 社会民主党
⑤ 1987～1992　外務副大臣
1992～1995　外務大臣
2002～2004　首相

① （第12代）2014年11月 1 日～2019年12月 1 日
② ジャン＝クロード・ユンカー
(Jean-Claude Juncker)
③ ルクセンブルク
④ キリスト教社会人民党
⑤ 1989～2009　財務大臣
1995～2013　首相

① （第13代）2019年12月 1 日～
② ウルズラ・フォン・デア・ライエン
(Ursula Gertrud von der Leyen)
③ ドイツ
④ キリスト教民主同盟
⑤ 2005～2009　家族・高齢者・女性・青少年大臣
2009～2013　家族大臣，次いで労働・社会大臣
2013～2019　国防大臣

資料2　欧州委員会委員（2019年12月発足のウルズラ・フォン・デア・ライエン委員会）

（①名前，②職掌，③出身国，④就任時年齢，⑤出身政党・政治運動，⑥経歴）

【上級副委員長】（3名）

① フランス・ティマーマンス（Frans Timmermans）
② 欧州グリーンディール政策総括，気候変動対策担当
③ オランダ
④ 58歳
⑤ オランダ労働党
⑥ 2007～2010　欧州担当大臣
2012～2014　外務大臣
2014～2019　欧州委員会筆頭副委員長

① マルグレーテ・ヴェスタエアー（Margrethe Vestager）
② 欧州デジタル化対応総括，競争政策担当
③ デンマーク
④ 51歳
⑤ デンマーク社会自由党
⑥ 2000～2001　教育大臣
2001～2014　国民議会議員
2007～2014　社会自由党党首
2011～2014　経済大臣及び内務大臣
2014～2019　欧州委員会競争政策担当委員

① ヴァルディス・ドムブロフスキス（Valdis Dombrovskis）
② 人のために機能する経済政策総括，金融サービス政策担当
③ ラトビア
④ 48歳
⑤ 新時代
⑥ 2002～2004　財務大臣
2004～2009　欧州議会議員
2009～2014　首相
2014～2016　欧州委員会副委員長兼ユーロ・社会的対話担当委員
2016～2019　金融安定・金融サービス・資本市場同盟担当委員を兼任

【副委員長】（5名）

① ジョセップ・ボレル・フォンテージェス（Josep Borrell Fontelles）
② より強い欧州担当（外務・安全保障政策上級代表）
③ スペイン
④ 72歳
⑤ 社会労働党
⑥ 1986～2003　国会議員
1991～1996　公共事業・運輸・電気通信・環境大臣
2004～2007　欧州議会議長
2018～2019　外務・欧州連合・協力大臣

① ヴェラ・ヨウロヴァー（Věra Jourová）
② 価値・透明性担当
③ チェコ
④ 55歳
⑤ ANO2011
⑥ 2014　地域開発大臣
2014～2019　欧州委員会司法・消費者・ジェンダー平等担当委員

① マルガリティス・スキナス（Margaritis Schinas）
② 欧州生活様式推進担当
③ ギリシャ
④ 57歳
⑤ 新民主主義党
⑥ 2007～2009　欧州議会議員
2014～2019　欧州委員会主席広報官
2015～2019　欧州委員会コミュニケーション総局副総局長

① マロシュ・シェフチョヴィチ（Maroš Šefčovič）
② EU 機構間関係・将来展望担当
③ スロバキア
④ 53歳
⑤ 方向・社会民主主義
⑥ 2009～2010　欧州委員会教育・職業訓練・文化・青少年担当委員
2014～2019　欧州委員会副委員長兼エネルギー同盟担当委員

① ドゥブラフカ・シュイツァ（Dubravka Šuica）
② 民主主義・人口問題担当
③ クロアチア
④ 62歳
⑤ クロアチア民主同盟
⑥ 2001　ドブロブニク市長
2000～2011　国会議員
2004～2014　欧州地方自治体協議会副議長
2013～2019　欧州議会議員

【委員】（18名）

① ヨハンネス・ハーン（Johannes Hahn）
② 予算・総務担当
③ オーストリア
④ 61歳
⑤ 国民党
⑥ 2007～2010　科学技術・研究大臣
2010～2014　欧州委員会地域政策担当委員
2014～2019　欧州委員会欧州近隣政策・拡大交渉担当委員

① ディディエ・レンデルス（Didier Reynders）
② 法務担当
③ ベルギー
④ 61歳
⑤ 改革運動
⑥ 1999～2011　財務大臣
2011～2014　外務・通商・欧州大臣
2014～2019　副首相
2018～2019　外務・欧州・防衛大臣

① マリヤ・ガブリエル（Mariya Gabriel）
② イノベーション・研究・文化・教育・青少年担当
③ ブルガリア
④ 40歳
⑤ ヨーロッパ発展のための市民
⑥ 2009～2017　欧州議会議員
2017～2019　欧州委員会デジタル経済・社会担当委員
2019　欧州人民党（EPP）第一副代表

① ステラ・キリアキデス（Stella Kyriakides）
② 保健・食品安全担当
③ キプロス
④ 63歳
⑤ 民主運動党
⑥ 2006～2019　下院議員
2012～2019　欧州審議会議員会議キプロス代表団長
2019　欧州審議会議員会議欧州人民党（EPP）副代表

① カドリ・シムソン（Kadri Simson）
② エネルギー担当
③ エストニア
④ 42歳
⑤ 中央党
⑥ 2016～2019　経済インフラ大臣
2019　国会議員，中央党代表，NATO 議員会議エストニア議員団長

① ユッタ・ウルピライネン（Jutta Urpilainen）
② 国際連携担当
③ フィンランド
④ 44歳
⑤ 社会民主党
⑥ 2008～2014　社会民主党党首
2011～2014　副首相兼財務大臣
2014～2019　国会議員

① ティエリー・ブルトン（Thierry Breton）
② 域内市場担当
③ フランス
④ 64歳
⑤ 共和党
⑥ 2002～2005　フランステレコム CEO
2005～2007　経済・財政・産業大臣
2008～2019　Atos 社 CEO

① オリヴェール・ヴァールヘイ（Olivér Várhelyi）
② 欧州近隣政策・拡大交渉担当
③ ハンガリー
④ 47歳
⑤ フィデス＝ハンガリー市民同盟
⑥ 2008～2011　欧州委員会域内市場・サービス総局産業財産権課長
2015～2019　駐 EU ハンガリー代表部大使

① フィル・ホーガン（Phil Hogan）
② 通商担当
③ アイルランド
④ 59歳
⑤ フィナ・ゲール（アイルランド統一党）
⑥ 1994～1995　財務大臣
2011～2014　環境・共同体・地方政府大臣
2014～2019　欧州委員会農業・農村開発担当委員

① パオロ・ジェンティローニ（Paolo Gentiloni）
② 経済担当
③ イタリア
④ 65歳
⑤ 民主党
⑥ 2006～2008　通信大臣
2014～2016　外務・国際協力大臣
2016～2018　首相

① ヴィルギニユス・シンケヴィチュウス（Virginijus Sinkevičius）
② 環境・海洋・漁業担当
③ リトアニア
④ 29歳

⑤ 農民・緑の連合
⑥ 2016～2019 国会議員
2017～2019 経済・イノベーション大臣

① ニコラ・シュミット（Nicolas Schmit）
② 雇用・社会権担当
③ ルクセンブルク
④ 66歳
⑤ 社会主義労働者党
⑥ 2004～2009 外務・移民大臣
2009～2013 労働・雇用・移民大臣
2013～2018 労働・雇用・社会連帯経済大臣
2019 欧州議会議員

① ヘレナ・ダッリ（Helena Dalli）
② 機会均等担当
③ マルタ
④ 57歳
⑤ 労働党
⑥ 1996～2019 国会議員
2013～2017 社会対話・消費者問題・市民の自由担当大臣
2017～2019 欧州・機会均等大臣

① ヤヌシュ・ヴォイチェホフスキ（Janusz Wojciechowski）
② 農業担当
③ ポーランド
④ 65歳
⑤ 法と正義
⑥ 1993～1995 2001～2004 国会議員
2014～2016 欧州議会議員
2016～2019 欧州会計検査院検査官

① エリサ・フェレイラ（Elisa Ferreira）
② 結束・改革担当
③ ポルトガル
④ 64歳
⑤ 社会党
⑥ 1995～1999 環境大臣
1999～2001 計画大臣
2002～2004 国会議員
2004～2016 欧州議会議員
2016～2019 ポルトガル銀行副総裁

① アディナ・ヴァレアン（Adina Vălean）
② 運輸担当
③ ルーマニア
④ 51歳
⑤ 自民党
⑥ 2004～2007 国会議員
2007～2019 欧州議会議員
2014～2017 欧州議会副議長
2017～2019 欧州議会環境・公衆衛生・食品安全部会長

① ヤネス・レナルチッチ（Janez Lenarčič）
② 危機管理担当
③ スロベニア
④ 52歳
⑤ 独立
⑥ 2008～2014 OSCE 民主主義・人権事務所（ODIHR）長
2014～2016 欧州・外務副大臣
2016～2019 駐 EU スロベニア代表部大使

① イルヴァ・ヨハンソン（Ylva Johansson）
② 内務担当
③ スウェーデン
④ 55歳
⑤ 社会民主党
⑥ 2004～2006 保健・高齢者福祉大臣
2006～2014 国会議員
2014～2019 雇用・統合大臣

（出典） 欧州委員会，EU 理事会資料などを参考に作成。

資料3　欧州委員会総局・局・執行機関

【総局（Directorate-general)】
農業・農村開発総局：Agriculture and Rural Development
予算総局：Budget
気候行動総局：Climate Action
コミュニケーション総局：Communication
通信ネットワーク・コンテンツ・技術総局：Communications Networks, Content and Technology
競争総局：Competition
経済・金融総局：Economic and Financial Affairs
教育・若者・スポーツ・文化総局：Education, Youth, Sport and Culture
雇用・社会問題・一体性総局：Employment, Social Affairs and Inclusion
エネルギー総局：Energy
環境総局：Environment
欧州市民保護・人道支援総局：European Civil Protection and Humanitarian Aid Operations
欧州近隣政策・拡大交渉総局：European Neighbourhood Policy and Enlargement Negotiations
欧州統計総局（ユーロスタット)：European Statisties (Eurostat)
金融安定・金融サービス・資本市場同盟総局：Financial Stability, Financial Services and Capital Markets Union
保健・食品安全総局：Health and Food Safety
人事・保安総局：Human Resources and Security
情報総局：Informatics
域内市場・産業・起業・中小企業総局：Internal Market, Industry, Entrepreneurship and SMEs
国際協力・開発総局：International Cooperation and Development
通訳総局：Interpretation
共同研究センター：Joint Research Centre
司法・消費者総局：Justice and Consumers
海事・漁業総局：Maritime Affairs and Fisheries
移民・内務総局：Migration and Home Affairs
移動・運輸総局：Mobility and Transport
地域・都市政策総局：Regional and Urban Policy
研究・イノベーション総局：Research and Innovation
税制・関税同盟総局：Taxation and Customs Union
貿易総局：Trade
翻訳総局：Translation

【局（Service department)】
行政・給与局：Administration and Payment of Individual Entitlements
情報保護官：Data Protection Officer
欧州不正対策局：European Anti-Fraud Office
欧州人事局：European Personnel Selection Office
欧州政治戦略センター：European Political Strategy Centre
外交政策ツール部門：Foreign Policy Instruments
歴史資料部門：Historical Archives Service
インフラ・ロジスティックス局（ブリュッセル)：Infrastructure and Logistics in Brussels
インフラ・ロジスティックス局（ルクセンブルク)：Infrastructure and Logistics in Luxembourg
内部監査部門：Internal Audit Service
法務サービス：Legal Service
図書・電子資料センター：Library and e-Resources Centre

出版局：Publications Office
官房：Secretariat-General
構造改革支援部門：Structural Reform Support Service
英国との交渉タスクフォース：Task Force for Relations with the United Kingdom

【執行機関（Executive agency)】
消費者・保健・農業・食品執行機関：Consumers, Health, Agriculture and Food Executive Agency
教育・視聴覚・文化執行機関：Education, Audiovisual and Culture Executive Agency
欧州研究会議執行機関：European Research Council Executive Agency
中小企業執行機関：Executive Agency for Small and Medium-sized Enterprises
イノベーション・ネットワーク執行機関：Innovation and Networks Executive Agency
研究執行機関：Research Executive Agency

（出典） 欧州委員会資料、外務省資料を参考に作成。

資料4　欧州議会内会派（2019-2024年）

会派名	イデオロギー	おもなメンバー政党
欧州統一左派・北欧緑左派同盟（GUE/NGL）	左派，反 EU	急進左派連合（ギリシャ），不服従のフランス（仏），左翼党（独），ポデモス（西）
緑・欧州自由同盟（Greens/EFA）	左派，親 EU	同盟90/緑の党（独），ヨーロッパエコロジー・緑の党（仏），緑の左派党（蘭）
社会主義・民主主義進歩同盟（S&D）	中道左派，親 EU	社会労働党（西），民主党（伊），社会民主党（独），労働党（英），社会党（ポルトガル），社会民主党（ルーマニア），労働党（蘭），社会党（仏）
欧州刷新グループ（RE）	中道，親 EU	共和国前進（仏），自由民主党（英），シウダダノス（西），ANO2011（チェコ），自由民主党（独）
欧州人民党（キリスト教民主主義）（EPP）	中道右派，親 EU	キリスト教民主同盟/社会同盟（独），市民プラットフォーム（ポーランド），フィデス＝ハンガリー市民同盟（ハンガリー），国民党（西），国民自由党（ルーマニア），共和党（仏），新民主主義党（ギリシャ）
欧州保守・改革グループ（ECR）	右派，反 EU	法と正義（ポーランド），イタリアの同胞（伊），保守党（英），市民民主党（チェコ），民主党（スウェーデン），民主主義フォーラム（蘭），新フラームス同盟（ベルギー）
アイデンティティと民主主義（ID）	右派，反 EU	同盟（伊），国民連合（仏），ドイツのための選択肢（独），自由党（オーストリア），フラームス・ベラング（ベルギー）

（注）EU 離脱党（英）や五つ星運動（伊）を含む右派の反 EU「自由と直接民主主義の欧州」（EFDD）は，2019年の選挙の結果，会派結成要件（25名以上の議員が7カ国以上から選出）に満たなかった。
（出典）欧州議会資料を参考に作成。

資料5　EU エージェンシー

ACER：欧州エネルギー規制協力機関
BEREC OFFICE：欧州電子通信機器規制協力局
BBIJU：欧州バイオ産業開発事業団
CdT：EU 翻訳センター
CEDEFOP：欧州職業訓練センター
CEPOL：EU 法執行訓練機関
CLEAN SKY JU：航空開発事業団
CPVO：植物多様性保護局
EASA：欧州航空安全機関
EASO：欧州難民支援局
EBA：欧州銀行監督庁
ECDC：欧州疾病防止管理センター
ECHA：欧州化学機関
ECSEL JU：欧州電子機器システム開発事業所
EDA：欧州防衛機関
EEA：欧州環境機関
EFCA：欧州漁業管理機関
EFSA：欧州食品安全機関
EIGE：欧州ジェンダー平等研究所
EIOPA：欧州保険年金機関
EIT：欧州技術開発研究所
EMA：欧州薬品機関
EMCDDA：欧州薬物中毒監視センター
EMSA：欧州海上安全機関
ENISA：EU 情報ネットワーク機関
ERA：EU 鉄道機関
ESMA：欧州株式市場機関
ETF：欧州訓練財団
EUIPO：EU 知的財産局
EUISS：欧州安全保障研究所
eu-LISA：欧州自由安全正義の領域 IT システム運用管理機関
EU-OSHA：欧州労働安全機関
EUROFOUND：欧州生活労働条件財団
EUROJUST：EU 検察協力部局
EUROPOL：EU 警察局
F4E JU：欧州核融合開発事業所
FCH 2 JU：燃料電池・水素エネルギー開発事業所
FRA：EU 基本権機関
FRONTEX：欧州国境沿岸警備機関
GSA：欧州 GNSS（全地球的航法衛星システム）機関
IMI JU：薬品開発イニシアティブ
SatCen：EU 衛星センター
SESAR JU：単一欧州航空交通研究事業所
S2R JU：鉄道開発事業所
SRB：単一破産処理メカニズム委員会

（注）欧州委員会提案により設立されたもの。日本語名称は内容を示すための便宜的な表示。
（出典）The EU Agencies: working for you. https://euagencies.eu/assets/files/EU_Agencies_brochure_2017.pdf（2019年1月1日アクセス）.

人名索引

事項索引

あ行

か行

さ行

た行

執筆者紹介（氏名／よみがな／生年／現職／業績）

50音順，＊は編者，執筆担当は本文末

東　史彦（あずま・ふみひこ／1975年生まれ）
上智大学法学部准教授
『イタリア憲法の基本権保障に対する EU 法の影響』（単著，国際書院，2016年）
「イタリア憲法における人権保障と欧州人権条約」（共著，『政経研究』50巻４号，2014年）

池本大輔（いけもと・だいすけ／1974年生まれ）
明治学院大学法学部教授
European Monetary Integration 1970-79 : British and French Experiences（単著，Palgrave Macmillan, 2011）

市川　顕（いちかわ・あきら／1975年生まれ）
東洋大学国際学部教授
『教養としてのヨーロッパ政治』（共著，ミネルヴァ書房，2019年）
『現代世界とヨーロッパ――見直される政治・経済・文化』（共著，中央経済社，2019年）

井上典之（いのうえ・のりゆき／1960年生まれ）
神戸大学大学院法学研究科教授
『「憲法上の権利」入門』（編著，法律文化社，2019年）
『EU の揺らぎ』（編著，勁草書房，2018年）

今井宏平（いまい・こうへい／1981年生まれ）
日本貿易振興機構アジア経済研究所研究員
『トルコ現代史――オスマン帝国崩壊からエルドアンの時代まで』（単著，中公新書，2017年）
『中東秩序をめぐる現代トルコ外交――平和と安定の模索』（単著，ミネルヴァ書房，2015年）

上原良子（うえはら・よしこ／1965年生まれ）
フェリス女学院大学国際交流学部教授
『フランスと世界』（編著，法律文化社，2019年）
『戦後民主主義の青写真――ヨーロッパにおける統合とデモクラシー』（編著，ナカニシヤ出版，2019年）

臼井陽一郎（うすい・よういちろう／1965年生まれ）
新潟国際情報大学国際学部教授
『環境の EU，規範の政治』（単著，ナカニシヤ出版，2013年）
『変わりゆく EU――永遠平和のプロジェクトの行方』（編著，明石書店，2020年）

遠藤　乾（えんどう・けん／1966年生まれ）
北海道大学公共政策大学院教授
『統合の終焉――EU の実像と論理』（単著，岩波書店，2013年）
The Presidency of the European Commission under Jacques Delors（単著，Macmillan, 1999）

岡部みどり（おかべ・みどり／1971年生まれ）
上智大学法学部教授
EU External Migration Policies in an Era of Global Mobilities : Intersecting Policy Universes,（共著，Brill Nijhoff, 2018）
『人の国際移動と EU――地域統合は「国境」をどのように変えるのか？』（編著，法律文化社，2016年）

荻野　晃（おぎの・あきら／1966年生まれ）
長崎県立大学国際社会学部教授
『NATO の東方拡大――中・東欧の平和と民主主義』（単著，関西学院大学出版会，2012年）
「ハンガリー外交と東欧の政治危機――1956年，1968年，1980-1981年」（『国際政治』第176号，2014年）

川嶋周一（かわしま・しゅういち／1972年生まれ）
明治大学政治経済学部教授
『独仏関係と戦後ヨーロッパ国際秩序――ドゴール外交とヨーロッパの構築 1958-1969』（単著，創文社，2007年）
『ヨーロッパ統合史』（共著，名古屋大学出版会，2008年）

川村陶子（かわむら・ようこ／1968年生まれ）
成蹊大学文学部教授
『国際文化関係史研究』（共編著，東京大学出版会，2013年）
『想起の文化とグローバル市民社会』（共著，勉誠出版，2016年）

黒田友哉（くろだ・ともや／1979年生まれ）
専修大学法学部准教授
『ヨーロッパ統合と脱植民地化，冷戦――第四共和制後期フランスを中心に』（単著，吉田書店，2018年）
「EC／アセアン関係の制度化　1967-1975年」（『国際政治』第182号，2015年）

小畑理香（こばた・りか／1985年生まれ）
大阪大学大学院人間科学研究科助教
「国境を越える学生モビリティと高等教育分野におけるヨーロッパ地域協力の歴史的展開」（『国際政治』第191号，2018年）
「フランスの高等教育政策におけるヨーロッパ協調――ボローニャ・プロセス発足過程の検討を中心に」（『フランス教育学会紀要』第24号，2012年）

小林正英（こばやし・まさひで／1970年生まれ）
尚美学園大学総合政策学部准教授
『変わりゆく EU――永遠平和のプロジェクトの行方』（共著，明石書店，2020年）
『現代ヨーロッパの安全保障――ポスト2014：パワーバランスの構図を読む』（共著，ミネルヴァ書房，2019年）

執筆者紹介（氏名／よみがな／生年／現職／業績）

50音順，＊は編者，執筆担当は本文末

小森宏美（こもりひろみ／1969年生まれ）
早稲田大学教育・総合科学学術院教授
『パスポート学』（共編著，北海道大学出版会，2016年）
『エストニアを知るための59章』（編著，明石書店，2012年）

小山洋司（こやま・ようじ／1943年生まれ）
新潟大学名誉教授
『EU の東方拡大と南東欧——市場経済化と小国の生き残り戦略』（単著，ミネルヴァ書房，2004年）
『ユーゴ自主管理社会主義の研究——1974年憲法体制の動態』（単著，多賀出版，1996年）

五月女律子（さおとめ・りつこ）
神戸市外国語大学外国語学部准教授
『欧州統合とスウェーデン政治』（単著，日本経済評論社，2013年）
『北欧協力の展開』（単著，木鐸社，2004年）

＊坂井一成（さかい・かずなり／1969年生まれ）
編著者紹介参照

阪野智一（さかの・ともかず／1956年生まれ）
神戸大学名誉教授
『比較議院内閣制論——政府立法・予算から見た先進民主国と日本』（共著，岩波書店，2019年）
「2017年イギリス総選挙の分析：ブレグジットと二大政党政治への回帰」（『選挙研究』34巻１号，2018年）

櫻田大造（さくらだ・だいぞう／1961年生まれ）
関西学院大学国際学部教授
『NORAD 北米航空宇宙防衛司令部』（単著，中央公論新社，2015年）
『対米交渉のすごい国——カナダ・メキシコ・NZ に学ぶ』（単著，光文社新書，2009年）

佐藤良輔（さとう・りょうすけ／1987年生まれ）
龍谷大学ほか非常勤講師
「トゥルコ・ナポリターノ法制定過程に対する欧州統合の影響——移民政策の『欧州化』に関する一考察」（『国際文化学』（神戸大学）第27号，2014年）
「イタリアにおける義務的な市民統合政策——『移民政策の安全保障化』の観点から」（『国際文化学』（神戸大学）第29号，2016年）

舒　旻（しゅう・みん／1976年生まれ）
早稲田大学国際教養学部准教授
Handbook on the EU and International Trade（共著，Edward Elgar, 2018）
Interregionalism and the European Union: A Post-Revisionist Approach to Europe's Place in a Changing World（共著，Routledge, 2015）

正躰朝香（しょうたい・あさか／1969年生まれ）
京都産業大学国際関係学部教授
『現代ベルギー政治——連邦化後の20年』（編著，ミネルヴァ書房，2018年）
『国際文化関係史研究』（共著，東京大学出版会，2013年）

鈴井清巳（すずい・きよみ／1957年生まれ）
京都産業大学国際関係学部教授
『EU 経済入門』（共著，文眞堂，2019年）
『危機の中の EU 経済統合——ユーロ危機，社会的排除，ブレグジット』（共著，文眞堂，2018年）

鈴木一人（すずき・かずと／1970年生まれ）
東京大学公共政策大学院教授
『宇宙開発と国際政治』（単著，岩波書店，2011年）
Policy Logics and Institutions of European Space Collaboration（単著，Ashgate Publishers, 2003）

武田　健（たけだ・けん／1978年生まれ）
青山学院大学国際政治経済学部准教授
『変わりゆく EU——永遠平和のプロジェクトの行方』（共著，明石書店，2020年）
「難民の分担をめぐる欧州諸国の世論分析：欧州懐疑要因の検討」（共著，『国際政治』第190号，2018年）

鄭　勛燮（ちょん・ふんそぷ／1968年生まれ）
日本大学国際関係学部教授
『現代韓米関係史——在韓米軍撤退の歴史的変遷過程1945～2008年』（単著，朝日出版社，2009年）
『北朝鮮 核危機の歴史——米朝対立25年の軌跡』（単著〔韓国文〕，知識共感，2015年）

月村太郎（つきむら・たろう／1959年生まれ）
同志社大学政策学部教授
『民族紛争』（単著，岩波新書，2013年）
『ユーゴ内戦——政治リーダーと民族主義』（単著，東京大学出版会，2006年）

執筆者紹介（氏名／よみがな／生年／現職／業績）

50音順，＊は編者，執筆担当は本文末

鶴岡路人（つるおか・みちと／1975年生まれ）
慶應義塾大学総合政策学部准教授
『EU 離脱――イギリスとヨーロッパの地殻変動』（単著，ちくま新書，2020年）
『EU の国際政治――域内政治秩序と対外関係の動態』（共編著，慶應義塾大学出版会，2007年）

寺尾智史（てらお・さとし／1969年生まれ）
一橋大学大学院社会学研究科教授
『言語多様性の継承は可能か――新版・欧州周縁の言語マイノリティと東アジア』（単著，彩流社，2017年）
"Reconsidering our linguistic diversity from Mirandese: the "latest" and the "least" among Romance languages" (*Linguistic Regionalism in Eastern Europe and Beyond*, Peter Lang, 2018)

中田瑞穂（なかだ・みずほ／1968年生まれ）
明治学院大学国際学部教授
『農民と労働者の民主主義――戦間期チェコスロヴァキア政治史』（単著，名古屋大学出版会，2012年）
『ヨーロッパ・デモクラシー――危機と転換』（共著，岩波書店，2018年）

西川太郎（にしかわ・たろう／1990年生まれ）
ルーヴェン大学（KU Leuven）社会科学部博士課程
"An Ideational Institutionalist Analysis of the Japanese Trade Policy-Making Process vis-à-vis the EC: Focus on the EC-Level Voluntary Export Moderation in 1983"（『日本 EU 学会年報』第41号，2021年）

西脇靖洋（にしわき・やすひろ／1976年生まれ）
静岡文化芸術大学文化政策学部准教授
『新・世界の社会福祉 4　南欧』（共著，旬報社，2019年）
『引揚・追放・残留――戦後国際民族移動の比較研究』（共著，名古屋大学出版会，2019年）

蓮見　雄（はすみ・ゆう／1960年生まれ）
立教大学経済学部教授
『拡大する EU とバルト経済圏の胎動』（編著，昭和堂，2009年）
『揺らぐ世界経済秩序と日本――反グローバリズムと保護主義の深層』（共著，文眞堂，2019年）

八谷まち子（はちや・まちこ）
九州大学 EU センターアドバイザー
『EU 拡大のフロンティア――トルコとの対話』（編著，信山社，2007年）
「経済の共同体から価値の共同体へ――欧州統合における世俗主義」（『日本 EU 学会年報』第38号，2018年）

花田エバ（はなだ・えば，旧姓バニンコバ／1977年生まれ）
神戸大学国際連携推進機構 EU 総合学術センター准教授
『EU の揺らぎ』（共著，勁草書房，2018年）
『EU 統合の深化とユーロ危機・拡大』（共著，勁草書房，2013年）

東野篤子（ひがしの・あつこ）
筑波大学人文社会系国際公共政策専攻准教授
「EU の対ウクライナ政策――近隣諸国政策の成立からゼレンスキー政権の発足まで」（『ロシア・ユーラシアの経済と社会』1043号，2019年）
「ヨーロッパと一帯一路――脅威認識・落胆・期待の共存」（『国際安全保障』第47巻 1 号，2019年）

福田耕治（ふくだ・こうじ／1953年生まれ）
早稲田大学政治経済学術院教授
『国際行政学――国際公益と国際公共政策（新版）』（単著，有斐閣，2012年）
『EU・欧州統合研究［改訂版］―― "Brexit" 以後の欧州ガバナンス』（編著，成文堂，2016年）

細田晴子（ほそだ・はるこ）
日本大学商学部教授
Castro and Franco: The Backstage of Cold War Diplomacy (Routledge, 2019)
『カザルスと国際政治――カタルーニャの大地から世界へ』（単著，吉田書店，2013年）

松本充豊（まつもと・みつとよ／1969年生まれ）
京都女子大学現代社会学部教授
『中台関係のダイナミズムと台湾――馬英九政権期の展開』（共著，アジア経済研究所，2019年）
『現代台湾の政治経済と中台関係』（共著，晃洋書房，2018年）

村田奈々子（むらた・ななこ）
東洋大学文学部教授
『物語 近現代ギリシャの歴史――独立戦争からユーロ危機まで』（単著，中公新書，2012年）
『学問としてのオリンピック』（編著，山川出版社，2016年）

執筆者紹介（氏名／よみがな／生年／現職／業績）

50音順，＊は編者，執筆担当は本文末

森井裕一（もりい・ゆういち／1965年生まれ）
東京大学大学院総合文化研究科教授
『ドイツの歴史を知るための50章』（編著，明石書店，2016年）
『ヨーロッパの政治経済・入門』（編著，有斐閣，2012年）

＊八十田博人（やそだ・ひろひと／1965年生まれ）
編著者紹介参照

山本いづみ（やまもと・いづみ／1968年生まれ）
名城大学経営学部准教授
『EU 経済入門』（共編著，文眞堂，2019年）
『危機の中の EU 経済統合――ユーロ危機，社会的排除，ブレグジット』（共著，文眞堂，2018年）

豊　嘉哲（ゆたか・よしあき／1973年生まれ）
福岡大学商学部教授
『欧州統合と共通農業政策』（単著，芦書房，2016年）
『危機の中の EU 経済統合――ユーロ危機，社会的排除，ブレグジット』（共著，文眞堂，2018年）

吉井昌彦（よしい・まさひこ／1958年生まれ）
神戸大学大学院経済学研究科教授
『EU の揺らぎ』（共編著，勁草書房，2018年）
『EU 統合の深化とユーロ危機・拡大』（共編著，勁草書房，2013年）

吉沢　晃（よしざわ・ひかる／1985年生まれ）
関西大学法学部准教授
「EU 競争政策の正統性と消費者の役割――集団損害賠償請求制度案の失敗を事例として」（『日本 EU 学会年報』第39号，2019年）
「WTO における競争法制定失敗の政治過程――EU の役割を中心に」（『ワセダアジアレビュー』第20号，2018年）

ランナ・ノエミ（LANNA Noemi／1974年生まれ）
ナポリ東洋大学アジア・アフリカ・地中海研究科准教授
『地域と理論から考えるアジア共同体』（共著，芦書房，2015年）
“LE RELATIONES NIPPO-INDIENNES DANS L'ERE DE L'INDO-PACIFIQUE” (*Outre-terre. Revue Européene de geopolitique*, 54-5, 2018)

渡邊啓貴（わたなべ・ひろたか／1954年生まれ）
帝京大学法学部教授，東京外国語大学名誉教授
『アメリカとヨーロッパ――揺れる同盟の八十年』（単著，中公新書，2018年）
『米欧同盟の協調と対立――二十一世紀国際社会の構造』（単著，有斐閣，2008年）

《編著者紹介》

坂井一成（さかい・かずなり／1969年生まれ）

神戸大学大学院国際文化学研究科教授。博士（学術）。

東京工業大学助手，パリ政治学院客員研究員，パリ・ナンテール大学客員教授，パンテオン・アサス（パリ第2）大学客員教授などを経て現職。

専門は国際関係論，EU 対外関係，EU 移民・難民政策，フランス政治外交。

『ヨーロッパの民族対立と共生〔増補版〕』（単著，芦書房，2014年）

『新版 グローバリゼーション国際関係論』（編著，芦書房，2014年）

『ヨーロッパ統合の国際関係論（第2版）』（編著，芦書房，2007年）

『EU の揺らぎ』（共著，勁草書房，2018年）

『グローバル・ガバナンス学Ⅱ　主体・地域・新領域（グローバル・ガバナンス学叢書）』（共著，法律文化社，2018年）

八十田博人（やそだ・ひろひと／1965年生まれ）

共立女子大学国際学部教授。

東京大学大学院総合文化研究科博士後期課程満期退学。修士（学術）。

日本学術振興会特別研究員，大阪大学大学院国際公共政策研究科特任研究員を経て，現職。

専門はイタリア政治外交，EU 研究。

『戦後民主主義の青写真――ヨーロッパにおける統合とデモクラシー』（共著，ナカニシヤ出版，2019年）

『越境する一九六〇年代――米国・日本・西欧の国際比較』（共著，彩流社，2012年）

『ヨーロッパの政治経済・入門』（共著，有斐閣，2012年）

『帝国の長い影――20世紀国際秩序の変容』（共著，ミネルヴァ書房，2010年）

『比較外交政策――イラク戦争への対応外交』（共著，明石書店，2004年）

やわらかアカデミズム・〈わかる〉シリーズ

よくわかる EU 政治

2020年4月30日　初版第1刷発行　〈検印省略〉

2022年2月25日　初版第2刷発行

定価はカバーに表示しています

編著者　坂井一成　八十田博人

発行者　杉田啓三

印刷者　坂本喜杏

発行所　株式会社 ミネルヴァ書房

〒607-8494 京都市山科区日ノ岡堤谷町1

電話代表（075）581-5191

振替口座 01020-0-8076

冨山房インターナショナル・新生製本

ISBN 978-4-623-08824-9

Printed in Japan